Roman Braun

Die Macht der Rhetorik

PIPER

Zu diesem Buch

Ihre Zukunft entscheidet sich – in Gesprächen. Denn alles hängt davon ab, wie geschickt Sie mit anderen Kontakt aufbauen, sich selbst darstellen und Konflikte lösen. Heutzutage ist Fachkompetenz längst nicht mehr ausreichend – man muss die Welt auch wissen lassen, wie gut man ist. Roman Braun zeigt Ihnen bewährte und innovative Wege, sich die nötige rhetorische Fitness anzueignen. Ob im Zweiergespräch oder in der Gruppendiskussion: Mit diesem erfolgreichen Ratgeber lernen Sie, die gängigsten rhetorischen Fehler zu vermeiden, Argumente überzeugend zu präsentieren, Charisma zu entwickeln und bei Präsentationen und in Gesprächen zu überzeugen. Stellen Sie Ihr Licht nicht unter den Scheffel und verbessern Sie Ihre Wirkung auf andere durch die vielfältigen Möglichkeiten in der Kunst der guten Rede!

Roman Braun, geboren 1960 in Wien, studierte Psychologie, Pädagogik und Philosophie. Er verfügt über langjährige internationale Erfahrung als Rhetorik-Trainer, Mental-Coach und Berater in Wirtschaft und Sport. Umfassende Ausbildung unter anderem bei Paul Watzlawick, Bert Hellinger und Richard Bandler. Er ist Präsident von TRINERGY® International (www.trinergy.at), NLP-Master-Trainer und Master Coach der ICF (International Coach Federation). Zu seinen Kunden zählen neben Organisationen wie IBM, Philips, Beiersdorf und Agip auch Spitzenpolitiker und Weltmeister.

Roman Braun

DIE MACHT DER RHETORIK

Besser reden – mehr erreichen

Aktualisierte Neuausgabe

Piper München Zürich

Mehr über unsere Autoren und Bücher:
www.piper.de

MIX
Papier aus verantwortungsvollen Quellen
FSC® C083411

Ungekürzte Taschenbuchausgabe
der 2., aktualisierten und überarbeiteten Neuauflage 2007
Piper Verlag GmbH, München
1. Auflage Dezember 2008
6. Auflage November 2014

www.redline-wirtschaft.de
Umschlaggestaltung: semper smile, München
Umschlagfoto: P. Winbladh / zefa / Corbis
Satz: Jürgen Echter, Redline GmbH
Gesetzt aus der Scala
Papier: Munken Print von Arctic Paper Munkedals AB, Schweden
Druck und Bindung: CPI books GmbH, Leck
Printed in Germany ISBN 978-3-492-25252-2

Für meine erste Rhetoriklehrerin,
meine Mutter
Hertha Braun

Inhaltsverzeichnis

Willkommen in der Welt der Worte

Im Anfang war das Wort

Die Geschichte hat es gezeigt: Nicht weil er umsichtiger, edler, gütiger ist, unterscheidet sich der Mensch vom Tier, sondern weil er Worte finden kann, mit denen er das größte Leid in notwendiges Übel verwandelt, tiefste Trauer in gute Hoffnung und alte Träume in neue Wirklichkeiten.

Und Worte bewegen Menschen immer schon: Aristoteles, Jesus, Buddha und Mohammed, von ihnen haben wir keine Fotos, keine Tonaufzeichnungen und keine Videos. Wir haben nur ihr Wort. Es prägte das Antlitz unserer Erde und tut es immer noch. Es wird gehasst, gekämpft und getötet wegen ihrer Worte. Aber auch geliebt, errettet und erschaffen durch ihre Worte.

Unser eigenes Lebensglück wird bestimmt durch das rechte Wort zur rechten Zeit, auch noch Jahrzehnte danach. Worte, die unsere Eltern an uns richteten, und jene, die sie nicht über die Lippen brachten. Worte, die wir sprachen, und jene, mit denen wir zu lange warteten, die wir jetzt nur mehr sprechen können, ohne zu wissen, ob sie gehört werden.

Ein einfaches „Ja“ oder „Nein“ zur rechten Zeit, und unser Leben wird nie mehr so sein, wie es einmal war. Worte, die wir an geliebte Menschen richten, bestimmen über Glück und Unglück in dieser Stunde. Und was wird bleiben, eines Tages? Die Worte in den Liedern über uns, die jene, die bleiben, singen werden, wenn wir für sie die rechten Worte fanden zur rechten Zeit.

Bis dorthin schmieden wir unser Glück – mit dem Wort.

Und wir sollten gut darin sein!

„Worte sind Taten“ (Friedrich Nietzsche)

Wie wichtig sind Worte? Wie weit wirken sie durch Raum und Zeit? Wie lange wirken sie noch, nachdem wir gewesen sind? Hier ein Beispiel als Antwort auf diese Fragen:

> 20. Juli 1969, 21.17 MEZ, Mond, Meer der Ruhe.
> „Houston, Tranquility Base here. The Eagle has landed.“
> Der Astronaut Neil Armstrong meldete die erfolgreiche Landung der Mondfähre an die Bodenkontrolle in Houston.

Worte als Mittler zwischen Traum und Tat. John F. Kennedy hatte am 25. Mai 1961, zu einem Zeitpunkt, als dies niemand für möglich hielt, vor dem amerikanischen Kongress erklärt, dass es gelingen könnte, einen Mann auf den Mond zu schicken. Und zwar noch im Laufe dieses Jahrzehnts.

Acht Jahre später klettert Neil Armstrong die Leiter der Mondfähre herunter und sagt den berühmt gewordenen Satz: „Das ist ein kleiner Schritt für einen Menschen, aber ein großer Schritt für die Menschheit.“ In Europa ist es jetzt 3.56 Uhr am Morgen des 21. Juli. Der Flug zum Mond dauerte insgesamt 8 Tage, 3 Stunden und 18 Minuten, die maximale Entfernung zur Erde betrug 389.645 Kilometer. Zehn weitere Astronauten sollten in den nächsten drei Jahren den Mond betreten. Eugene Cernan, Kommandant der Apollo-17-Mission, war im Dezember 1972 der letzte.

Hier ein Auszug aus John F. Kennedys Worten, die den Mann auf den Mond brachten:

> Zuallererst glaube ich, dass sich diese Nation dem Ziel widmen sollte, noch bevor dieses Jahrzehnt zu Ende ist, einen Mann auf den Mond und sicher wieder zurück auf die Erde zu bringen ...
> Ich glaube, wir sollten zum Mond fliegen. Aber ich glaube, jeder Bürger sowie jedes Mitglied des Kongresses sollte diese Angelegenheit, der wir während der letzten Wochen und Monate so viel Aufmerksamkeit geschenkt haben, sorgfältig

abwägen, um zu einer Ansicht zu gelangen, weil es eine schwere Bürde darstellt. Und es macht keinen Sinn es gutzuheißen oder zu wünschen, daß die Vereinigten Staaten eine positive Haltung zur Raumfahrt einnehmen, es sei denn, wir sind bereit, die Arbeit zu machen und die Bürde zu tragen, um dabei erfolgreich zu sein. Falls nicht, sollten wir es heute und dieses Jahr entscheiden.

Neue Ziele und neues Geld können dieses Problem nicht lösen. Sie könnten es tatsächlich weiter verschlimmern – es sei denn, jeder Wissenschaftler, jeder Ingenieur, jeder Servicemitarbeiter, jeder Techniker, Lieferant und Beamter gibt seine persönliches Versprechen, dass sich diese Nation vorwärtsbewegt, mit der vollen Geschwindigkeit der Freiheit hinein in das aufregende Abenteuer des Alls.

John F. Kennedy erlebte die Verwirklichung seines Traumes nicht mehr.

Aber 500 Millionen Menschen an ihren Fernsehapparaten.

Und seine Worte wirken noch immer.

„Worte waren einst Zauber“ (Sigmund Freud)

Der amerikanische Traum. Der Grund, warum in diesem Buch häufig amerikanische Sprecher zitiert werden, hat mit der einfachen Tatsache zu tun, dass es in der Neuzeit mehr begeisternde amerikanische Sprecher gab als europäische. Das kommt unter anderem daher, weil es in der ältesten Demokratie der Welt schon immer notwendig war, Träume zu kommunizieren, Ideen in Wettstreit treten zu lassen und Menschen zu überzeugen. Durch Jahrhunderte mussten sich amerikanische Politiker in Wahlkämpfen bewähren, während europäische Monarchen mit Heiratspolitik beschäftigt waren. Die freie Marktwirtschaft der Ideen und das Überleben der besseren Rhetorik hat daher jenseits des großen Teiches eine lebendigere Tradition. Heute ist das immer noch zu bemerken im Vergleich zwischen amerikanischen und europäischen Werbeagenturen, amerikanischer und europäischer Unterhaltungsindustrie und den Reden amerikanischer und europäischer Manager.

> *Sprich nur dann, wenn du etwas Wertvolleres zu sagen hast als dein Schweigen.*
> (Dionysius)

Die Voraussetzung. Dabei stand die Wiege der Redekunst, wie auch bezeichnenderweise die der Demokratie, in Europa. Wir gehen also davon aus, dass die Menschen diesseits des Atlantiks genauso viel zu sagen haben wie die jenseits. Und wir gehen im Besonderen davon aus, dass Sie persönlich etwas zu sagen haben und den großen Wunsch hegen, es auch zu tun. Denn erst dann sollten Sie anfangen, daran zu denken, vor ein Publikum zu treten.

Anfänger und Amateure. Haben Sie das, können Sie anfangen. Und Anfänger machen Anfängerfehler, auch in der Rhetorik. Anfängerfehler sind vorhersehbar, denn es sind immer die gleichen. Sie sind ausdrücklich erlaubt, denn nur so sind wir unbefangen genug für einen guten Anfang. Und sie sind verzeihlich, denn wir können aus ihnen lernen! Fehlt aber das Lernen, werden aus Anfängerfehlern schlechte Gewohnheiten, und aus Anfängern werden lebenslange Amateure.

Könner und Sprachmagier. Könner haben aus ihren Anfängerfehlern gelernt. Sie sind nicht mit dem zufrieden, was sie haben. Sie wollen das, was ihnen machbar erscheint, auch können. Deshalb heißen sie auch so: Könner! Sprachmagier sind Spitzenkönner. Sie lernen immer weiter, lustvoll und lebenslang. Sie lernen, daheim zu sein in den Herzen und Köpfen ihres Publikums, und bezaubern es damit. So entstehen neue Lösungen, neue Ideen und neue Welten. Und wir danken es ihnen mit Anerkennung, Bewunderung und Zuneigung.

Viel Spaß und gutes Gelingen!

1. Zehn Tipps, um Anfängerfehler zu vermeiden

Was Sie für den Anfang schon mal ändern könnten

Jedem Anfang wohnt ein Zauber inne,
der uns beschützt und hilft zu wachsen.
(Hermann Hesse)

Fangen Sie hier an! Egal was Sie anstreben: Verlernen Sie zuerst die gängigsten Anfängerfehler. Sie werden sich alleine dadurch schon enorm verbessern! Die folgenden zehn Ratschläge entspringen unseren langjährigen Vergleichen zwischen Amateuren und Sprachmagiern. Bevor Sie ausgefeilte Strategien der Rhetorik und Hypno-Rhetorik® kennenlernen, üben Sie schon mal, die folgenden weitverbreiteten Unsitten zu vermeiden. Beginnen Sie gleichzeitig, die empfohlenen Tipps umzusetzen. Sie werden bemerken, wie Sie dabei immer mehr Bewusstheit und Kontrolle über Ihren Redestil bekommen. An den freundlicheren Rückmeldungen Ihrer Zuhörer, werden Sie Ihre zunehmende Kompetenz als Redner ablesen können.

1. Tipp: Freude statt Angst

Sagen Sie nicht „Ich freue mich ...“, sondern: Freuen Sie sich!

Der Kontakt mit dem potenziellen Kooperationspartner war von langer Hand vorbereitet. Rosis Chef setzt hohe Erwartungen in diesen Kontakt. So sitzt Rosi nun fünf Entscheidungsträgern gegenüber, denen sie die Produkte und die Services ihres Unternehmens schmackhaft machen soll.
„Ich freue mich, dass ich heute die Gelegenheit habe, Ihnen unsere Leistungen zu präsentieren.“

Ihre Stimme kann die Nervosität nicht verheimlichen. Sie klingt zittrig und unsicher. Unruhig spielen ihre Finger mit den Tasten ihres Laptops.

Wirkung? Kein Mensch glaubt ihr die Freude. Wir haben ein untrügliches Gespür für Stimmungen. Wenn die Worte etwas anderes sagen als Tonalität, Haltung und Körpersprache, bemerken wir es sofort – wir misstrauen den Worten und bald auch dem Sprecher. Schlimm genug, dass Rosi freudlos in dieses Meeting geht. Wenn sie schon keine Freude empfindet, dann sollte sie diesbezüglich nicht auch noch lügen. Die Zuhörer kaufen es ihr ohnehin nicht ab.

Freude, schöner Götterfunken. Wer selten vor Publikum spricht, neigt dazu, eher defensiv zu sein. Leider ist das eine ungünstige Ausgangsposition. Die Umsetzung aller folgenden Tipps ist davon abhängig, ob Sie in einer halbwegs annehmbaren Stimmung sind. Außerdem zeigt die häufige Verwendung der Floskel „Ich freue mich“, dass wir wissen, wie wichtig es wäre, wenn wir uns wirklich freuten. Konfuzius sagte: „Wer nicht lächeln kann, soll kein Geschäft aufmachen!“ Warum? Weil sich die Stimmung vom Redner auf das Publikum überträgt. Und intuitiv streben wir an, dass sich unser Publikum freut. Denn guter Stimmung treffen Menschen leichter Entscheidungen, wagen eher neue Wege und haben mehr Lust, weiterzumachen. Und wenn wir wollen, dass sich unser Publikum freut, gerne mit uns zusammen ist und mit uns Geschäfte macht, dann müssen wir den ersten Schritt tun.

Der Weg zur Freude. Die Faustregel lautet: zuerst Worst Case, dann Best Case: Malen Sie sich am Anfang Ihrer Vorbereitung ruhig aus, was alles passieren könnte. Benützen Sie dann Ihre Fantasie, um Lösungsmöglichkeiten zu finden und Wege umzusetzen. So lange, bis Sie trotz aller Worst-Case-Szenarien ein ungetrübtes gutes Gefühl haben. Der zweite Teil geht dann von alleine: Unmittelbar vor Ihrer Performance stellen Sie sich jetzt das Best-Case-Szenario vor. Erleben Sie das Happy End mit allen angenehmen Auswirkungen. Machen Sie das möglichst mit allen Sinnen. Sehen Sie sich, die Früchte ernten, hören Sie Ihre zufriedene Stimme, spüren Sie das angenehme Gefühl des Gelingens, schmecken Sie den Erfolg. Halten Sie sich vor Augen, dass Sie diese Erfolge nur mit Ihrem Publikum erreichen können, und stellen Sie sich (nur hypothetisch) vor, man würde Sie nun daran hindern, mit Ihrem geliebten und notwendigen Publikum zusammenzutreffen. Dann machen Sie sich klar, dass Sie die Möglichkeit haben, es zu treffen – lassen Sie die dazugehörige Freude zu und zeigen Sie sie! Ihren Zuhörern ist ein lachendes Gesicht tausendmal lieber als jede Beteuerung.

Rosis zweiter Anlauf wirkt schon um vieles professioneller: Sie richtet kurz ihre Gedanken auf die künftige Zusammenarbeit mit diesem Unternehmen. Lockende Provisionen und das Bild dieser sympathischen Menschen als zukünftige Partner lassen in ihr ein Gefühl von Vorfreude entstehen. Ihr Gesicht beginnt zu strahlen. Sie strafft ihre Haltung, muss ihr immer breiteres Lächeln fast zügeln und mit warmer, herzlicher Stimme sagt sie: „Ich präsentiere Ihnen heute unsere möglichen Leistungen für Sie. Und wenn es Ihnen recht ist, werde ich Sie, als einen unserer wichtigsten Partner, auch zukünftig persönlich betreuen. Dadurch werden Sie in mir eine vertraute Ansprechpartnerin haben."

Wirkung! So wirkt Rosi authentisch und ehrlich. Ihre heitere Stimmung breitet sich rasch über ihre Zuhörer aus. Sie spürt schon nach den ersten Sätzen, dass es gut gehen wird. Kann Ihnen etwas Besseres passieren?

2. Tipp: Machen Sie Platz!

Sprechen Sie nicht von sich, sondern vom einzig Wichtigen – dem Publikum

Peter ist Entwickler in einem Softwarehaus. Zum ersten Mal präsentiert er den Servicetechnikern der eigenen Firma die Vorteile der neuesten Softwaremodifikationen. Zeitrahmen:

eine Stunde, die die Zuhörer normalerweise an ihren Servicebildschirmen verbringen.
„Ich habe noch nie vor so vielen Leuten gesprochen und bin daher etwas aufgeregt. Ich hoffe, ich habe mich genügend vorbereitet, um alle Ihre Fragen ausreichend beantworten zu können."

Wirkung? Was ist unsere Reaktion als Publikum? Wahrscheinlich so ähnlich wie: „Na das hoffen wir auch, denn wozu sind wir sonst hergekommen!" Ist es denkbar, dass Peter diese Wirkung wollte? Höchstwahrscheinlich nicht, eher im Gegenteil! Trotzdem ist es eine weitverbreitete Eröffnungsform von Anfängern und Amateuren. Die Botschaften sind zwar ehrlich, aber irrelevant für das Publikum. Es gibt bessere, die genauso ehrlich und noch dazu relevant und interessant sind. Der Schlüssel ist erstaunlicherweise: Bescheidenheit!

Mehr Bescheidenheit. Lassen Sie sich nicht durch die Szene täuschen. Die Augen und Ohren der Zuhörer sind zwar auf den Redner gerichtet, er steht aber nicht im Mittelpunkt – im Mittelpunkt steht, auch wenn es nicht so aussieht, immer das Publikum! Egal ob Sie vor Tausenden oder mit einem Menschen sprechen. Und für das Publikum ist es unwichtig, zum wie vielten Mal Sie öffentlich sprechen, ob Sie viel oder wenig Zeit für Ihre Vorbereitung hatten, ob Sie zum Vortrag gedrängt wurden oder ihn freiwillig halten, ob Sie ein Manuskript zu Hilfe nehmen oder frei sprechen werden, ob Sie zum ersten Mal Ihre Stimme über Mikrofon hören oder nicht. Ab dem ersten Wort des Vortrages stehen die Gedanken, Wünsche und Gefühle des Auditoriums im Mittelpunkt. Ziel ist nicht, dass Sie etwas sagen, sondern dass das Publikum informiert, motiviert und berührt wird.

Peter sollte seinem Publikum nicht zumuten, seine emotionalen Probleme mit ihm zu teilen. Wenn er aufgeregt ist, dann sollte er froh darüber sein. Es bedeutet, dass er engagiert ist und seinem Publikum viel bieten möchte. Hat er sich jedoch schlecht vorbereitet oder setzt er sich gewohnheitsmäßig zu sehr unter Druck und hat bis jetzt noch nichts dagegen getan, dann ist das schlimm genug. Er sollte aber sein Publikum damit verschonen. Es wird sich nach den ersten Minuten sowieso eine Meinung über ihn gebildet haben. Überflüssig, darüber noch Worte zu verlieren.

Ihr Fokus: das Publikum. Wir sagen nicht, dass Sie Ihre Aufregung überspielen sollten, denn Ihr Engagement ist entscheidend für die Qualität Ihres Vortrages. Und dafür braucht es schon ein wenig Feuer. Das spüren Sie, wie jeder Sprachmagier, den wir kennengelernt haben, als Lampenfieber. Außerdem werden weit mehr Zuhörer, als Sie glauben, Ihre emotionalen Probleme gar nicht bemerken, sie Ihnen nachsehen oder sich ganz einfach nicht dafür interessieren. Denn wie die meisten Menschen, interessieren sich Ihre Zuhörer in der Regel viel mehr für sich selbst und ihre eigenen Angelegenheiten. Deshalb lautet die Devise, dass Sie sich für Ihre Zuhörer mehr interessieren sollten als für sich selbst. Stellen Sie sich ein paar Fragen zu den Menschen in Ihrem Publikum:

- Woher kommen sie?
- Welche Stimmung haben sie?
- Welche Ängste und Wünsche haben sie?
- Was brauchen sie?
- Welche besonderen Erwartungen haben sie?
- Wie groß ist ihre Eigenmotivation?
- Was gilt es zu würdigen?

Wenn Sie diese Hausaufgaben gemacht haben, dann zeigen Sie es gleich zu Beginn Ihrer Präsentation! Sprechen Sie über die Ausgangssituation des Publikums. Eröffnen Sie so, dass sich der größte Teil der Zuhörer verstanden und angesprochen fühlt. Das Publikum wird es Ihnen mit Zuneigung danken. Und das ist eines der größten Geschenke, das Sie von Ihrem Publikum bekommen können. Ein Nebeneffekt ist, dass sich Ihre Aufregung umso schneller verflüchtigt, je mehr Sie mit Ihrer Aufmerksamkeit bei anderen Menschen sind. Lassen wir es Peter also noch einmal versuchen:

> „Herzlich willkommen! Danke, dass Sie sich für diese Stunde von Ihren Servicebildschirmen getrennt haben. Wie

ich Sie kenne, ist das einigen von Ihnen schwerer, anderen leichter gefallen. Jedenfalls erwarten Sie jetzt von mir lohnende Neuigkeiten, und Sie können sich freuen, dass es die wirklich geben wird. Um Ihre Zeit zu schonen, lassen Sie uns gleich mit den ersten drei Verbesserungen beginnen, die Ihnen Ihre Arbeit in Zukunft leichter machen werden."

Wirkung! Wenn Sie so beginnen, ist es dem Publikum ziemlich egal, ob Sie aufgeregt sind oder nicht. Es fühlt sich gewürdigt, ist neugierig auf das, was Sie präsentieren, und merkt: Ihnen ist klar, was wichtig ist – nämlich das Publikum. Und damit haben Sie es auf Ihrer Seite.

3. Tipp: Wie Wörter wirken

Verwenden Sie nur Wörter, die Ihr Ziel stützen, denn – Wörter sind Bilder im Kopf!

Herbert ist Geschäftsführer. Nach einigen schwierigen Zeiten ist er stolz auf ein erfolgreiches Geschäftsjahr. Zum Abschluss des Geschäftsjahres möchte er sich bei seinen Mitarbeitern bedanken. Nun stehen sie ihm mit einem Glas Sekt in der Hand gegenüber und warten auf seine Ansprache:

„Meine Damen und Herren, hoffentlich kommt jetzt nicht gleich Bürostimmung auf, wenn ich Sie bitte, für ein paar Minuten Ihr Feiern zu unterbrechen. Ich möchte Sie mit den Zahlen des abgelaufenen Geschäftsjahres nicht langweilen, aber wir sollten sie nicht ignorieren. Auch wenn wir sie bald wieder vergessen. Sie werden sehen, dass sie bei weitem nicht so schlecht sind, wie die letzten. Wir haben ja auch keine Mühe gescheut und das wird auch für die zukünftige Entwicklung nicht unser Schaden sein."

Wirkung? Alles, was er nicht will, verursacht Herbert mit den Wörtern, die er verwendet: „Bürostimmung", „Ihr Feiern zu unterbrechen", „langweilen", „ignorieren", „vergessen", „so schlecht", „Mühe gescheut", „unser Schaden sein".

Wörter sind schneller als der Satz. Sie meinen, Herbert habe ja ganz klar und deutlich gesagt, was er nicht will. Na gut, dann machen wir ein kleines Experiment: Denken Sie jetzt bitte auf keinen Fall an einen herrlich duftenden, rotbackigen, saftigen Apfel, in den Sie in Kürze nicht genussvoll hineinbeißen. Denken Sie auch nicht an den süßsauren Geschmack, auch nicht daran, wie er sich auf Ihrer Zunge breitmacht. Denken Sie nicht daran, wie es sich anfühlt, wenn Ihre Zähne das Fruchtfleisch zerdrücken, sodass Sie noch mehr süßsauren Saft auf Ihrer Zunge schmecken; denken Sie nicht an diesen verstärkten Speichelfluss ... Jetzt schlucken Sie erst mal, und bemerken Sie, dass Sie reagiert haben, sogar körperlich, obwohl Sie sich ja all das nicht vorstellen sollten. Alfred Korzybski, der Begründer der Neuro-Linguistik, nannte das „Semantische Reaktion". Er meinte damit: Wir hören und verstehen die einzelnen Wörter, bevor wir den Satz verstehen. Daher reagieren wir auf die Bedeutung der Wörter schneller und unbewusster als auf die Bedeutung des Satzes, in dem sie stehen. Und Verneinungen gehören zur Satzaussage. Sie kommen erst viel später an als die einzelnen Wörter und deren Wirkung. Wenn überhaupt!

Das Publikum folgt aufs Wort. Lassen wir also nur jene Wörter an die Zuhörerohren, die auch wirklich dort ankommen sollen. Nicht nur die Sätze, die wir sprechen, transportieren unsere Botschaft, auch die darin enthaltenen Wörter tun das. Sie müssen zu unserer Absicht passen und sie unterstützen. Wenn Sie also loben wollen, dann nehmen Sie das Wort „schlecht" gar nicht erst in den Mund. Nicht einmal verneint. Vermeiden Sie also: „Nicht schlecht!", sagen Sie stattdessen schlichtweg: „Sehr gut!" Und wenn wir schon einmal das anführen, was wir nicht wollen (so wie im letzten Beispiel), dann sollten wir wenigstens unmittelbar danach nur zu unserer Botschaft passende Wörter verwenden. Geben Sie also auch mit Ihrer Wortwahl den Zuhörern die richtige Denkrichtung vor – und beachten Sie immer: Die Stimmung bestimmt! Und die Wörter wirken unbewusst auf unsere Stimmung. Nun Herberts zweite Chance:

> „Meine Damen und Herren, bitte nehmen Sie Ihre feierliche Stimmung mit, während Sie mir für ein paar wichtige Momente Ihre Aufmerksamkeit schenken, denn es gibt ja heute wirklich etwas zu feiern. Zum ersten Mal seit zwei Jahren können wir mit Neugier und mit Vergnügen auf die Zahlen des abgelaufenen Geschäftsjahres warten. Wenn sie in Kürze hier auf der Wand erscheinen, werden Sie sie vielleicht etwas länger im Gedächtnis behalten als die letzten. Und das nicht nur deshalb, weil sie wesentlich besser sind, sondern auch, weil Sie wissen: Wir alle haben etwas dazu beigetragen und wir alle werden davon schon in nächster Zukunft profitieren."

Wirkung! Diese zweite Version drückt exakt den gleichen Sachverhalt aus. Die verwendeten Wörter sind gänzlich anders und damit auch die Wirkung. Lassen Sie die beiden Einleitungen von Herberts' Rede auf sich einwirken und vergleichen Sie Ihr Gefühl, das Sie beim Lesen empfinden. Welche Version fühlt sich für Sie angenehmer an? Welche wird die Zuhörer mehr begeistern und motivieren? Positive Wörter machen positive Stimmung. Und auf die Stimmung Ihrer Zuhörer kommt es an.

4. Tipp: Die Last der Entschuldigung

Sie brauchen sich nur für eines zu entschuldigen – für Ihre dauernden Entschuldigungen

> „Guten Morgen. Wir haben alle miteinander nicht viel Zeit. Am besten wir gehen gleich in medias res."
> Thomas ist gerade dabei, seiner Führungsmannschaft die Planzahlen für das neue Geschäftsjahr vorzustellen.

> „Entschuldigen Sie bitte die Qualität der Folien. Ich habe sie heute Nacht fertiggestellt. Auf Schönheit konnte ich da weniger Rücksicht nehmen. Außerdem schmiert der Drucker schon wieder. Ach ja, und meine Stimme bitte ich Sie auch zu entschuldigen. Ich habe in der Nacht zu viel geraucht. Ich hoffe, ich kann mich dennoch verständlich machen."

Wirkung? „Entschuldigung!" heißt: „Tun Sie etwas: Nehmen Sie die Schuld von mir!" Das ist wohl ein bisschen viel verlangt. Zuerst mutet Thomas den Zuhörern schlechte Vortragsqualität zu. Und dann fordert er sie auch noch auf, ihn zu entschuld(ig)en – die Schuld von ihm zu nehmen. Diese Absolution werden ihm die Zuhörer allerdings höchstens oberflächlich erteilen. Auf einer unbewussten Ebene hat er seine Schuld vergrößert.

Stehen Sie dazu. Besser ist, das, wofür Sie sich entschuldigen, gleich gar nicht zu tun. Wenn Ihnen etwas so unangenehm ist, dass Sie glauben, sich entschuldigen zu müssen, dann lassen Sie es erst gar nicht so weit kommen. Möglicherweise hatte Thomas aber auch gute Gründe, weniger Zeit auf die Gestaltung der Folien zu verwenden. Vielleicht entschied er sich für wichtigere Vorbereitungen für die heutige Präsentation und dachte: „Die Qualität der Folien wird schon reichen." Dann sollte er nachher aber auch so ehrlich sein, dazu zu stehen.

Ihre Glaubwürdigkeit steht auf dem Spiel. Wenn Sie eine Entschuldigung noch dazu so vorbringen, als würden Sie den Wetterbericht lesen, glauben Ihnen die Menschen sowieso nichts mehr. Wenn es in Ihrem Vortrag etwas gibt, das Sie aufrichtig bedauern, sagen Sie lieber: „Es tut mir leid!" Diese Formulierung bürdet dem Zuhörer wenigstens keine Absolution auf – und umso eher wird sie erfolgen. Ansonsten stehen Sie einfach zu Ihren Unterlassungen und Leistungen – wecken Sie das Interesse Ihre Zuhörer, machen Sie sie neugierig auf das, was kommen wird. Denn positive Gefühle sind den Menschen viel lieber als die Klärung der Schuldfrage. Aber Thomas könnte ja auch anders:

„Ich sage Ihnen voraus: die Planzahlen für das nächste Geschäftsjahr werden Ihnen gefallen. Die Zuwächse sind so groß, dass sie selbst auf diesen einfachen Folien eindrucksvoll aussehen. Ich wollte, dass Sie die Pläne unmittelbar nach ihrer Entstehung kennenlernen können. So können Sie sich schon früh Ihre Meinung bilden. Um meine angegriffene Stimme besser zu hören, lassen Sie uns noch etwas näher zusammenrücken, so kommen Sie auch den neuen Zahlen schon einmal räumlich näher."

Wirkung! Das ist es, was Thomas' Kernteam hören will. Im internen Gespräch sind sie sicher mit einfachen Folien zufrieden. Wichtig ist, dass man ihnen das Wesentliche entnehmen kann. Thomas' Idee, die Unzulänglichkeit der angestrengten Stimme in einen Vorteil umzuwandeln, ist viel besser als die Entschuldigung. Niemanden stört jetzt die schwache Stimme. Alles, was Thomas' Mitarbeiter aufnehmen ist: wir sind ein Team, das eng zusammenarbeitet. Und damit erreicht Thomas weit mehr.

5. Tipp: Die Macht des Humors

Ein interessanter Vortrag wird nur übertroffen von – einem unterhaltsamen Vortrag

Hans hat den Workshop gut vorbereitet. Er möchte die Teilnehmer seines Workshops davon überzeugen, dass manchmal grundlegende Veränderungen und große Sprünge notwendig sind, um eine Situation zu verbessern. Er hat seinen Teilnehmern bereits zwei Statistiken über die nichtlineare Entwicklung von Unternehmen gezeigt und holt aus zum nächsten Sachargument:

„Ilya Prigogine, ein belgischer Chemiker, der 1977 den Nobelpreis erhielt, prägte den Ausdruck ‚Bifurkationspunkt'. Er entdeckte, dass die Entwicklung eines Systems kein vorhersehbarer, linearer Prozess ist, sondern einem bestimmten Muster folgt."

Hans bemerkt zwar die Anstrengung, mit der die Teilnehmer ihre Augen offen halten, entschließt sich aber, hart bei seinem Konzept zu bleiben und da einfach „durchzutauchen".

Er fährt fort: „An einem Bifurkationspunkt wird das System instabil, und entwickelt sich in spontaner Nichtlinearität. So wie wir das manchmal auch tun sollten."

Wirkung? Etwas spontane Nichtlinearität hätten die Teilnehmer jetzt auch gerne. „Die Hände auf den Tisch und stumm wie ein Fisch. Wer lacht, ist ein böser Schüler und hat am Jahresende schlechte Noten im Zeugnis." Sinngemäß ähnliche Ermahnungen haben Sie vielleicht auch aus Ihrer Kindheit in Erinnerung. Bis zum Schulalter sind lachende Kinder o.k. Dann beginnt der „Ernst des Lebens". Interessant ist, wie mühelos Kleinkinder lernen zu sprechen und sich zu bewegen. Mit Einführung der Ernsthaftigkeit wird Lernen plötzlich anstrengend.

Lernen ist zu wichtig, um es ernst zu nehmen. Hans kann jetzt die Meinung vertreten, nur durch Ernsthaftigkeit und Anstrengung ans Ziel zu kommen. Wenn er das glaubt, ist das seine Sache. Viel Spaß beim angestrengten Lernen! Er hat einen dornenvollen und mühseligen Weg gewählt. Und das ist kein Schicksal, er selbst traf diese Wahl. Dabei handelt es sich bloß um die Folge einer Verwechslung. Denn meist geht es nicht um die „Ernsthaftigkeit" eines Themas, sondern um seine „Wichtigkeit", ein relevanter Unterschied! Wir können ernsthaft untergehen oder über uns selbst lachend triumphieren. Vielleicht hat Hans Angst, die Achtung der Teilnehmer zu verlieren. Aber Achtung erwerben wir uns nicht durch Ernsthaftigkeit, sondern durch den Mut, auch vor Gruppen natürlich zu agieren, d.h., auch die ganze Bandbreite unserer Gefühle zuzulassen.

Lachen und Lernen. Wie steht es mit Ihnen? Wenn Sie glauben, lustvolles Lernen durchzogen mit Spaß und Lebensfreude ist effektiver und noch dazu angenehmer, kann ich Ihnen nur gratulieren. Sie sind damit auf dem neuesten Stand der Forschung. Neurophysiologen wissen heute, dass Lachen genau jenes chemische Milieu in unserem Gehirn schafft, in dem die Bildung neuer Synapsen am besten verläuft. Die Realität beweist Ihnen tagtäglich, wie recht Sie haben. Wir tragen die Verantwortung für den Zustand unserer Zuhörer. Welchen Weg wollen wir ihnen zumuten? Sollen sie ihr Hirn zermartern oder mit Freude lernen? Lachen ist Entspannung für das Gehirn. Würzen Sie Ihren Vortrag durch ein freundliches Lächeln, einen eingestreuten Scherz, eine lustige Geschichte. Wagen Sie es, auch einmal über sich selbst zu lachen, wenn Ihnen ein Missgeschick passiert. Ihre Zuhörer sehen das als Zeichen soliden Selbstwertgefühls.

> Und nun wieder zu Hans:
> Er hat gelernt, dass Lernen eine zu wichtige Sache ist, um ernst genommen zu werden. Er zeigt nur eine Statistik über die nichtlineare Entwicklung von Unternehmen und beginnt dann:
> „Zur Erläuterung vielleicht folgendes Beispiel: Wie jedes Jahr gehen drei Freunde in Kanada auf Elchjagd. Sie lassen sich in ein kleines Tal mit einem See fliegen, in dem das Wasserflugzeug landen kann. Nach drei Tagen kehren sie zurück. Jeder hat einen Elch erlegt. Sie beginnen das Flugzeug vollzupacken, binden den einen Elch an den linken Schwimmer, den anderen an den rechten und den dritten verstauen sie im Gepäckraum.
> Der Pilot, der das alles ruhig beobachtet, empfiehlt ihnen, zweimal zu fliegen, weil mit voller Bepackung und Besetzung das Flugzeug zu schwer und der See als Startbahn zu kurz wäre.
> Daraufhin erklärt ihm einer der drei Freunde: ‚Guter Mann, wir tun das nun schon seit zehn Jahren und es ist immer der gleiche See, wir drei sind die gleichen, es sind immer drei Elche und es ist immer das gleiche Flugzeug. Nur der Pilot ist heuer jemand anderer, nämlich Sie!‘
> Der Pilot fühlt sich bei seiner Ehre gepackt, startet das überfüllte Flugzeug, setzt so weit wie möglich zurück, lässt

die Motoren auf Hochtouren laufen, flitzt mit dem Wasserflugzeug über den See, zieht es im letzten Moment hoch, kommt über die ersten Baumwipfel hinweg ... Doch dann verfängt sich ein Schwimmer in einem Baumwipfel, das Flugzeug stürzt ab und alle fallen heraus.
Der erste der drei rappelt sich auf und ruft einen seiner Freunde: ‚Hallo Paul! Wo sind wir da?‘ Paul rappelt sich auf und antwortet: ‚Ich weiß nicht genau, aber ich glaube circa 20 Meter weiter als voriges Jahr.‘“
Nach dem Lachen der Teilnehmer ergänzt Hans: „Die Verbesserung um 20 Meter ist wohl nicht als Erfolg zu sehen. Wahrscheinlich wäre es hier angebracht, wenn unsere Freunde einen Bifurkationspunkt durch mehr Kreativität schaffen und das nächste Mal etwas völlig Neues probieren.“

Wirkung! Offenbar kann der Vortragende sowohl mit Sach- als auch mit Gefühlsargumenten umgehen. Er ist dabei locker und entspannt, lacht selbst mit und hat Verständnis für das Unterhaltungsbedürfnis seiner Zuhörer. Sie danken es ihm mit Wohlwollen und Aufmerksamkeit!

6. Tipp: Augen, die Fenster der Seele

Die toten Augen von London oder – Eye of the Tiger

Alexander ist Versicherungsmathematiker eines großen Versicherungskonzerns. Neue fondsgebundene Lebensversicherungen sollen die Produktpalette erweitern. Alexander wirkt in einer Produktschulung erstmals unterstützend mit. Teilnehmer sind Außendienstmitarbeiter des Vertriebs.
Wie eingefroren steht Alexander vor der Gruppe. Er atmet unmerklich, starrt mit hochgezogenen Augenbrauen in die Gruppe und beginnt zu sprechen:
„Meine Damen und Herren, wir haben viel Aufwand für die Produktentwicklung betrieben. Diese fondsgebundenen Le-

bensversicherungen werden sich zwar nicht von alleine verkaufen, aber sie stellen mit Sicherheit für den Klienten die beste Kosten-Nutzen-Relation dar, die am Markt zu bekommen ist."

Wirkung? So gut er es meint, so sehr er hinter dem neuen Produkt steht: Es wäre besser, er wäre gar nicht gekommen. Auch wenn er innerlich vom neuen Produkt überzeugt ist, Alexanders Augenpartie drückt Unsicherheit aus. Und, was noch schlimmer ist, diese Unsicherheit überträgt sich unmittelbar auf das Publikum. Erst viele Worte, Argumente und Schweißtropfen später ist dieser Schaden vielleicht wieder gutgemacht.

Der Goofy-Effekt. Wir nennen diese hochgezogenen Augenbrauen den Goofy-Effekt. Frei nach Walt Disneys großäugigem und naivem Geschöpf: unschuldig und sympathisch, aber auch unsicher und inkompetent. Das Gesicht zeigt unsere Gefühle. Besonders markant wirkt die Augenpartie und die wird dominiert von den Augenbrauen. Aus sozialpsychologischen Untersuchungen wissen wir, dass die Augenpartie 15-mal (!) mehr Aufmerksamkeit bekommt als irgendein anderer Teil des Gesichts. Sie meinen, das kann Ihnen nicht passieren? Ihr Pokerface verrate Sie schon nicht? Na ja. Dann denken Sie jetzt bitte an ein Gespräch, das Sie in sehr unangenehmer Erinnerung behielten. Erinnern Sie sich an den oder die Gesprächspartner. Wie waren Sie gekleidet? Wie saßen oder standen Sie? Wie bewegte sich Ihr Gegenüber? Was wurde gesprochen und in welcher Tonalität? War es laut oder leise, weich und langsam oder kurz und abgehackt? Welche Gefühle verspürten Sie selbst in diesen Momenten? Wo war dieses Gefühl in Ihrem Körper wahrzunehmen? Nehmen Sie alle diese Sinneseindrücke so wahr, als würden Sie dieses Gespräch in diesem Augenblick führen. Und nun werfen Sie einen Blick in den Spiegel. So oder so ähnlich war Ihr Gesichtsausdruck in diesem Gespräch! Achten Sie auf die Stellung Ihrer Brauen. Sind sie wirklich glatt und freundlich, wie Sie vorhin meinten oder tragen Sie Ihre Gefühle doch deutlicher nach außen, als Sie dachten?

Achtung Augenbrauen-Kontrolle! Aber wir können diesen Prozess auch umkehren: Senken Sie jetzt bewusst Ihre Augenbrauen, schauen Sie sogar ein bisschen gefährlich mit ein wenig zusammengekniffenen Augen, „Eye of the Tiger", und erleben Sie, wie Ihre Atmung dabei von ganz alleine tiefer und ruhiger wird, die Nervosität schwindet und Entschlossenheit einkehrt. Unsere Augenbrauen zeigen nicht nur unsere Emotionen, sie steuern sie auch! Zwischen „angstgeweiteten Augen" und einem verführerischen Blick liegen nur ein paar Millimeter. Also achten Sie auf Ihre Brauen. Wenn Ihre Brauen dasselbe sagen wie Ihre Worte, sind Sie der Liebling des Publikums. Lachende Augen und glatte Brauen signalisieren: die Ampel ist grün. Freude am Zuhören und Sicherheit über die Kompetenz des Vortragenden sind die Gefühle, die Sie damit im Publikum verbreiten. Beim nächsten Mal ist Alexander schon etwas klüger:

> Als Alexander vor die Gruppe tritt, achtet er auf seine Augenbrauen. Er bringt sie genau in jene Position, die seiner Überzeugung über die Güte des Produkts entspricht.
> „Meine Damen und Herren, wir haben viel Aufwand für diese Produktentwicklung betrieben."
> Er fühlt seine Augenbrauen und dabei die gleiche Sicherheit wie vor seinem Computer, als er die Demonstrationsfälle das letzte Mal durchrechnete.
> „Diese fondsgebundenen Lebensversicherungen werden sich zwar nicht von alleine verkaufen ..."
> Er fühlt seine Augenbrauen und seine Atmung geht tief und ruhig, als er dabei auf die Teilnehmer schaut.
> „... aber sie stellen mit Sicherheit für den Klienten die beste Kosten-Nutzen-Relation dar, die am Markt zu bekommen ist."
> „Eye of the Tiger" denkt er, lächelt etwas und bemerkt, dass die ersten Teilnehmer jetzt schon nicken und zurücklächeln.

Wirkung! Noch bevor sein Part eigentlich begonnen hat, ist er schon am Ziel. Die Überzeugung und Sicherheit, die aus monatelanger Entwicklungsarbeit kommt, ist bereits übergesprungen. Zustimmung, eine entspannte Atmosphäre und am Ende längerer Applaus sind die Folge.

7. Tipp: Runter vom hohen Ross

Ich weiß, dass ich nicht alles weiß – Na und?

Wolfgang hält einen Vortrag über Motivation am Arbeitsplatz. Seine Zuhörer sind sehr interessiert. Der Vortrag ist spannend und praxisorientiert. Und dann stellt eine Teilnehmerin diese Frage:
„Kennen Sie die kürzlich veröffentlichte Studie der Harvard-Universität über den Einfluss großer Stressfaktoren auf die Effizienz von Arbeitsgruppen?"
Wolfgang antwortet, ohne zu überlegen:
„Ja, ja, die kenne ich. Über Stress als Demotivaton wurde schon viel geschrieben. Und natürlich hat Stress sehr großen Einfluss auf die Motivation, aber ..."
Doch die junge Frau lässt nicht locker:
„Das verstehe ich jetzt aber nicht. Die Studie widerlegt doch diesen Einfluss."

Wirkung! Peinlich! Das hat er nun davon. Selbst wenn der Fehler weniger offensichtlich zutage träte, die Zuhörer sind verunsichert und vermuten gröbere Wissenslücken.

Ich weiß, dass ich manches nicht weiß. Wolfgang muss auf den Irrglauben verzichten, er wüsste mehr als seine Zuhörer. Das Gegenteil ist der Fall. Zehn oder hundert Köpfe verfügen nun einmal über mehr Wissen und Erfahrung als einer. Stimmt schon: Es sollte zum Vortragsthema ein grundsätzliches Wissensgefälle von Ihnen zu den Zuhörern geben, sonst bräuchten Sie gleich gar nicht anzutreten. Aber über Teilgebiete wissen einige Teilnehmer immer mehr als Sie. Verkaufen Sie also Ihre Zuhörer nicht für dumm, sonst bekommen Sie es prompt heimgezahlt. Siehe oben!

Ich weiß, was ich weiß. Und das beinhaltet: Ich weiß auch, was ich nicht weiß. Stehen Sie zu beidem. Die Zuhörer erwarten sowieso nicht, dass Sie allwissend sind. Sie sollten die Einladung, zu einem bestimmten Thema zu sprechen, nur annehmen, wenn Sie wissen, dass zum Zeitpunkt des Vortrags Ihr Wissen über das Thema im Verhältnis zum nötigen Wissen für den Vortrag ungefähr so groß ist wie ein DIN-A4-Blatt zu einer Briefmarke. Wenn Sie das erreichen, haben Sie Ihre Hausaufgaben gemacht. Wenn nicht, sollten Sie die Veranstaltung schon entsprechend ankündigen: als einen Rahmen, in dem gemeinsam zu einem neuen Thema erste Ideen entwickelt werden. Ihre Aufgabe als Trainer ist dann mehr die eines Moderators (siehe Kapitel Events). In jedem Fall sollten Sie neue Informationen von Teilnehmern mit einbeziehen und würdigen. Wenn Sie das gelassen tun können, zeigen Sie Größe.

> Geben wir Wolfgang also eine zweite Chance:
> Wolfgang hört sich die Frage der Teilnehmerin an, überlegt kurz und antwortet:
> „Nein, diese Studie kenne ich nicht. Wenn Sie meinen, der Inhalt passt zu unserem Thema, dann sagen Sie bitte ein paar Worte darüber."
> Die junge Frau erzählt, was sie darüber weiß. Wolfgang dankt ihr und stellt anschließend die Verknüpfung dieser Ergänzung zu dem bisher Gesagten her.

Wirkung? So schlägt Wolfgang mehrere Fliegen mit einer Klappe. Er würdigt das Wissen der Teilnehmer, indem er es zulässt, dass sich neben ihm auch andere einbringen. Er gibt damit auch Raum für thematische Bereicherung, Lebendigkeit und Praxisbezogenheit. Und er steht offen zu seinem Wissen und Nichtwissen und gewinnt damit noch mehr die Sympathie der Zuhörer.

8. Tipp: Fels in der Brandung

Wenn Wanderprediger Wurzel schlagen – haben sie endlich einen Standpunkt!

Helmut hat viel zu sagen, denn sein Wissen über Aktienhandel und Börsenmärkte ist umfassend. Das Thema fasziniert ihn. Er spricht auch gerne darüber. Fast wie in Trance geht er dabei innerhalb der U-förmig angeordneten Tische vor und zurück. Als er einmal versucht, Blickkontakt aufzunehmen, stolpert er fast. Also achtet er in der Folge lieber auf den unebenen Boden.

„Sie haben jetzt einen guten Überblick über die Welt der Futures. Bevor ich über Optionen spreche, möchte ich Ihnen Gelegenheit geben, Fragen zu stellen."

Betroffenes Schweigen im Raum.

Helmut bleibt stehen, seit langem wieder einmal, schaut in die Gesichter der Teilnehmer und es dämmert ihm: Könnte es sein, dass er die Gruppe vor geraumer Zeit verloren hat und keiner mehr weiß, worum es eigentlich geht?

Wirkung? Helmut meint, Bewegung könne die Aufmerksamkeit fesseln? Ja, er hat recht: Bewegung fesselt die Aufmerksamkeit – aber leider nur seine eigene. Er wird abgelenkt von seiner unangemessenen Angst vor dem Publikum, und sein Publikum wird vom Vortrag abgelenkt. Jetzt erst wäre es an der Zeit, Angst zu haben.

Wandern ist des Unsicheren Lust. Bedauernswerte Zuhörer. So spannend der Vortrag sein mag, sie haben nur zwei Möglichkeiten: ihre Halswirbel auszurenken oder Helmut nicht mehr zu folgen. Und zwar im wahrsten Sinne des Wortes: Seinen Bewegungen nicht mehr zu folgen und damit auch nicht mehr seinem Vortrag. Ziehen Sie in einer ähnlichen Situation auch Spuren im Raum? Oder wissen Sie es nicht? Dann wird es Zeit, sich zu beobachten. Nehmen Sie bei nächster Gelegenheit bewusst wahr, ob und wie Sie sich bewegen. Bitten Sie eine Person, der Sie vertrauen, Ihnen darüber Feedback zu geben. Diese Rückmeldung sagt Ihnen dann noch weit mehr. Denn bei Vorträgen ist das „Wandern" nicht des Müllers Lust, sondern das Fluchtverhalten der Unsicheren. So wird es auch, zumindest unbewusst, von den Teilnehmern verstanden. Am Umgang mit Bewegung kann man erkennen, ob der Vortragende genügend Sicherheit hat, um sich dem Publikum zu stellen.

Beziehen sie Stellung! Wählen Sie eine für Sie angenehme und für die Zuhörer günstige Position im Raum und „beziehen Sie Stellung". Sie können abhängig von Ihrer Befindlichkeit und der Länge des Vortrages sitzen oder stehen. Von dort aus nehmen Sie Kontakt auf mit dem Publikum. Jetzt erst ist der viel zitierte Augenkontakt möglich und für alle Beteiligten angenehm. Achten Sie auf Ihre Augenbrauen, schauen Sie lächelnd in die Gesichter und nicken Sie leicht. Zeigen Sie damit: Ich habe meinen Standpunkt! Jetzt erst ist eine Beziehung zwischen Ihnen und den einzelnen Zuhörern möglich. Dort dürfen Sie sich dann allerdings nicht „eingraben"! Vortragende, die sich hinter ihrem Schreibtisch verschanzen und erst am Ende ihres Vortrags hervorkommen, sind genauso wenig erstrebenswert. Der goldene Mittelweg ist, unterschiedliche Phasen Ihres Vortrages zu markieren, indem Sie Ihre etablierte Position kontrolliert verändern. Diese verschiedenen Phasen können sein:

- Einleitung, Hauptteil, Schluss
- Vortrag, Diskussion
- Vergangenheit, Gegenwart, Zukunft
- Lob, Tadel
- „Jetzt bitte keine Fragen", „Fragen erwünscht"
- Kontakt mit der ganzen Gruppe, Kontakt mit Einzelnen

Wählen Sie als Anfänger maximal drei Positionen für unterschiedliche Phasen Ihres Vortrages, z. B. in der Mitte vor der Gruppe stehend für Einleitung und Schluss; in einem bequemen Sessel sitzend für den Vortrag; neben Ihrem Sessel stehend für die Diskussion. Wenn Sie dann zur entsprechenden Phase kommen, nehmen Sie mit ruhigen und langsamen Bewegungen, fast wie in Zeitlupe, die neue Position ein. Wenn Sie zwischen einzelnen Phasen mehrmals hin und her wechseln, dann tun Sie das auch räumlich. Wenn Sie ein sehr lebendiger Typ sind, dann hauchen Sie in den einzelnen Positionen Ihrer Körpersprache mehr Leben ein. Aber vorsichtig: Hektische Bewegungen lenken ab und lassen den Kontakt zum Publikum abreißen. Nützen Sie immer die Kraft der Langsamkeit!

> Helmut sitzt am oberen Rand der U-Form. Von hier aus hat er direkten Blickkontakt mit allen Teilnehmern. Er konnte die ganze Zeit an den Augenbrauenfalten der Teilnehmer ablesen, ob er das richtige Tempo hat.
> „Sie haben jetzt einen guten Überblick über die Welt der Futures. Bevor ich über Optionen spreche, möchte ich Ihnen Gelegenheit geben, Fragen zu stellen."
> Dabei steht er leger auf, stellt sich neben seinen Sessel und schaut auf die sich erhebenden Hände, um zu wissen, wen er zuerst drannehmen wird.

Wirkung! Helmut gibt den Zuhörern Orientierung und Sicherheit. Sie fühlen sich gut aufgehoben und in Kontakt mit ihm. Er selbst hat mehr Kontrolle über den Raum und konnte eigentlich schon vorhersagen, von wem die erste Frage kommen wird. Am Abend wird er mit seinem Tag zufrieden sein und sich auf den nächsten freuen.

9. Tipp: Der gute Ton

Der gute Ton macht die Musik – und sie bestimmt, ob es stimmt

> Sonja erklärt die Säulen des Projektmanagements. Praktische Erfahrung und theoretisches Wissen kennzeichnen sie als hervorragende Expertin. Aber sie spricht mit eintöniger Stimme, ohne auch nur einmal die Lautstärke zu variieren. Die Sätze sind ein monotones Band ohne wesentliche Veränderung. An der Tonalität ist nicht erkennbar, wann ein Satz zu Ende ist und ein neuer beginnt.

„Und jetzt verrate ich ihnen ein Geheimnis ein erfolgreicher Projektleiter reserviert 30 Prozent seiner Zeit um die Regeln des Projektmanagements zu befolgen doch was tut er in der restlichen Zeit reden reden reden das Erfolgsrezept heißt mit den Mitarbeitern reden."

Wirkung? Lähmende Müdigkeit greift um sich, die Zuhörer versuchen, ihr Gähnen zu unterdrücken. Sonja ist einer jener Menschen, die meinen: allein der Inhalt zählt. Weit gefehlt. Nichts macht müder als ein stimmlich monotoner Vortrag. Die Zuhörer kämpfen darum, ihre Aufmerksamkeit zu erhalten. Früher oder später verlieren sie den Kampf und gehen in die Denk-Emigration.

Das Medium ist die Botschaft. Zurück bleibt innerer Unmut, ein interessantes Thema verschlafen zu haben. Wahrscheinlich kennen Sie diesen Zustand aus eigener Erfahrung. Wollen Sie der Verursacher einer derart unangenehmen Erfahrung sein? Wenn es das Ziel einer Rede ist zu informieren, dann ist dafür viel mehr notwendig als bloße Information. Wem hören wir lieber zu? Einer Vortragenden wie Sonja oder einer Rednerin, die durch leises Sprechen Spannung aufbaut, durch Lautstärke und Volumen die Dramatik erhöht und durch beigemengtes Lachen die Stimmung verzaubert? Verpackung ist nicht alles. Aber die Verpackung sieht man zuerst, und der erste Eindruck zählt. Ein interessantes Thema verdient auch eine interessante Verpackung. Geben Sie Ihren Zuhörern die Chance, Ihrem Vortrag zu folgen. Schmücken Sie ihn mit Dramatik. Haben Sie den Mut, Gefühle mit Ihrer Stimme auszudrücken.

Die Stimme macht die Stimmung. Variieren Sie Tonhöhe und Lautstärke. Das haucht Ihrem Vortrag Leben ein. Damit fesseln Sie Ihre Zuhörer. Lassen Sie Ihre Gefühle aus dem Herzen in Ihren Körper und Ihre Kehle strömen. Damit bleiben Sie überzeugend, und Sie vermitteln mit allen Kommunikationskanälen, dass Ihnen das Thema am Herzen liegt. Zeichnen Sie Ihren nächsten Vortrag auf. Nehmen Sie sich anschließend Zeit, die Kassette in Ruhe abzuhören. Richten Sie dabei Ihre Aufmerksamkeit auf den Klang Ihrer Aussagen:

- Wie viele unterschiedliche Gefühle drückt Ihre Stimme im Laufe des Vortrages aus? (Freude, Ärger, Zuneigung, Unsicherheit, Sicherheit, Begeisterung, Tatendrang ...)
- Variieren Sie die Lautstärke Ihrer Stimme?
- Variieren Sie das Sprechtempo?
- Variieren Sie die Tonhöhe?
  Ging die Tonhöhe am Ende jeder Empfehlung nach unten?
  Blieb die Tonhöhe am Ende jedes Statements gleich?
  Ging die Tonhöhe am Ende jeder Frage deutlich nach oben?
- Ändern Sie Ihre Tonalität, wenn Sie
  andere Menschen zitierten,
  das Thema wechselten,
  einen Scherz machten,
  Richtig und Falsch gegenüberstellten,
  über Vergangenheit und Zukunft sprachen?

Ihre Antworten sind die Wegweiser, Ihren nächsten Vortrag lebendig zu gestalten. Nun Sonjas zweiter Versuch:

> „Und jetzt verrate ich Ihnen ein Geheimnis."
> Sonja wird verschwörerisch leise und etwas langsamer:
> „Ein erfolgreicher Projektleiter reserviert 30 Prozent seiner Zeit, um die Regeln des Projektmanagements zu befolgen. Doch was tut er in der restlichen Zeit?"
> Sie schließt den Satz mit einem höheren Ton, erhöhter Lautstärke und pausiert.
> „Reden, reden, reden. Das Erfolgsrezept heißt: ..."
> (ihre Stimme wird jetzt bedeutungsschwer)
> „... mit den Mitarbeitern reden."

Wirkung! Wenn jemand so über ein Thema spricht, dann muss es wohl wichtig sein. Und die Vortragende ist motiviert, energisch und begeistert. All das ist ansteckend und bleibt in Erinnerung. Die Teilnehmer werden viel Gutes zu berichten haben. Sowohl über das Thema als auch über die Vortragende.

10. Tipp: Sprechpausen richtig nützen

Äähhh ... Wenn Sie schweigen, ist es am besten – gar nichts zu sagen

> „Äähhh ..., mein Name ist Christian. Äähhh ..., ich habe ein paar Folien vorbereitet, um Ihnen die wichtigsten Regeln im Umgang mit den Gästen unseres Hotels zu illustrieren. Äähhh ..., wir wollen ja, dass unsere Gäste sich wirklich zu Hause fühlen. Äähhh ..., unsere Gäste sind manchmal etwas exzentrisch. Was Ihnen natürlich erhebliches Feingefühl abverlangen wird. Äähhh ..., aber unser Haus ist berühmt für Feingefühl."

Wirkung? Die Zuhörer denken sich: „Äähhh ..." Manche beginnen die Minuten bis zum Ende des Vortrags zu zählen, andere zählen, auf wie viele Äähhhs es Christian heute bringen wird. Eine Qual für alle Beteiligten. Was wird am besten in Erinnerung bleiben? Äähhh ...

Angst vor der Pause. Wenn Christian nicht weiß, was er sagen will oder wie er es formulieren soll, dann sollte er schweigend nachdenken. Denn denken geht auch leise. Und Sprecher brauchen manchmal Denkpausen. Amateure haben Angst vor Einwänden. Sie füllen daher die Unterbrechungen mit Unsitten und hoffen, dass die Zuhörer ihre Einwände vergessen. Das tun sie manchmal auch wirklich. Aber der schale Nachgeschmack, dass der Vortragende sich gedrückt hat und nicht auf das Publikum eingegangen ist, bleibt. Daran werden sich die Zuhörer länger erinnern als an alles andere. Sprachmagier hingegen nützen Pausen absichtlich, um Feedback zu bekommen: Bleibt das Publikum ruhig und neugierig? Von wem gibt es die ersten Fragen? Zu welchem Thema kommen die ersten Fragen? Alles wichtige Informationen auf dem Weg zu einem Erfolg.

Der richtige Zeitpunkt. Haben Sie Mut zu Denkpausen. Untersuchungen zeigen ohnedies, dass die Zuhörer die Pausen weit kürzer erleben als der Vortragende. Denn das Publikum braucht ausreichend Raum für diese Denkpausen. Sie geben ihnen Gelegenheit, über das Gehörte nachzudenken, daraus für sich Sinn zu machen. Sprachmagier unterscheiden Pausen zwischen den Sätzen (Interpausen) von Pausen innerhalb des Satzes (Intrapausen). Sie haben gänzlich andere Wirkung und wir sollten darüber Bescheid wissen:

- Interpausen (Pausen zwischen den Sätzen) lassen das Publikum *nach*-denken. Das heißt, die Zuhörer denken über das zuvor Gesagte nach, verstehen seinen Sinn, und wenn das nicht gelingt, entstehen Verständnis- oder Einverständnisfragen in ihren Köpfen. Ist die Interpause länger, werden diese auch gestellt. Der Vortragende kann daraus wichtige Informationen ableiten.
- Intrapausen (Pausen innerhalb des Satzes) lassen das Publikum vorausdenken. Sie machen neugierig auf den zweiten Teil des Satzes. Wie wird er enden? Verschiedene Möglichkeiten werden entwickelt. Spannung und Aufmerksamkeit steigen. Probieren Sie es aus: Lassen Sie sich vor wichtigen Aussagen Zeit, und beobachten Sie dabei die Reaktion des Publikums. Zusätzlich gibt Ihnen die Intrapause die Gelegenheit für
  Augenkontakt
  unterstützende Mimik und Gestik
  einen angebrachten Ortswechsel
  eine Tonlagenänderung
  ein Lächeln
  ein Nicken.

Alles förderliche Maßnahmen, um den Kontakt zum Publikum und Ihre Ausdruckskraft zu steigern.

> Christian, die Zweite:
> „Mein Name ist ... (Lächeln) ... Christian. Ich habe ein paar Folien vorbereitet, um ihnen ... (Handgeste zum Publikum) ... die wichtigsten Regeln im Umgang mit den Gästen unseres Hotels zu illustrieren. Wir wollen ja, dass ... (joviale Handbewegung) ... unsere Gäste sich wirklich zu Hause fühlen. Und unsere Gäste sind ... (Nicken) ... manchmal ... (wiegende Kopfbewegung und Lächeln zeigen: Humor) ... etwas exzentrisch. Was Ihnen natürlich erhebliches Feinge-

fühl abverlangen wird ... (Kontrolle, ob Botschaft angekommen ist – ja!) ... Aber unser Haus ist berühmt für Feingefühl."

Wirkung! Christian hat sofort Kontakt mit dem Publikum. Er erzeugt mit ganz einfachen, aber eleganten Mitteln Spannung und Dramatik. Die Folge: Die Teilnehmer fühlen sich persönlich angesprochen und finden den Vortragenden natürlich und interessant.

Zusammenfassung

Was Sie für den Anfang schon mal ändern könnten.

1.Tipp: Freude statt Angst

Sagen Sie nicht: „Ich freue mich ...", sondern: Freuen Sie sich! Machen Sie sich klar, dass die Umsetzung aller Tipps von Ihrer Stimmung abhängig ist. Tun Sie alles dafür, damit Sie sich wirklich freuen, vor Ihr Publikum zu treten. Übertragen Sie bewusst Ihre Stimmung auf das Publikum.

2.Tipp: Machen Sie Platz!

Sprechen Sie nicht von sich, sondern vom einzig Wichtigen – dem Publikum. Stellen Sie ab dem ersten Wort die Gedanken, Wünsche und Gefühle des Auditoriums in den Mittelpunkt. Lassen Sie Ihr Ziel sein, das Publikum zu informieren, zu motivieren und zu unterhalten.

3.Tipp: Wie Wörter wirken

Verwenden Sie nur Wörter, die Ihr Ziel stützen, denn – Wörter sind Bilder im Kopf! Lassen Sie nur jene Wörter an die Zuhörerohren, die auch wirklich dort ankommen sollen. Machen Sie mit positiven Wörtern positive Stimmung, denn auf die Stimmung Ihrer Zuhörer kommt es an.

4.Tipp: Die Last der Entschuldigung

Sie brauchen sich nur für eines zu entschuldigen – für Ihre dauernden Entschuldigungen. Tun Sie das, wofür Sie sich entschuldigen, gleich gar nicht erst. Wenn es in Ihrem Vortrag doch etwas gibt, das Sie aufrichtig bedauern, sagen Sie lieber: „Es tut mir leid!"

5.Tipp: Die Macht des Humors

Ein interessanter Vortrag wird nur übertroffen von – einem unterhaltsamen Vortrag. Würzen Sie Ihren Vortrag durch ein freundliches Lächeln, einen eingestreuten Scherz, eine lustige Geschichte. Wagen Sie es, auch einmal über sich selbst zu lachen, denn Lachen ist Entspannung für das Gehirn.

6.Tipp: Augen, die Fenster der Seele

Die toten Augen von London oder – Eye of the Tiger. Machen Sie sich bewusst, dass Ihre Augenbrauen der Mittelpunkt Ihrer Mimik sind, denn sie zeigen nicht nur Ihre Emotionen, sie steuern sie auch! Sagen Sie mit Ihren Brauen dasselbe wie mit Ihren Worten.

7.Tipp: Runter vom hohen Ross

Ich weiß, dass ich nicht alles weiß – Na und? Verzichten Sie auf den Irrglauben, Sie wüssten mehr als alle Ihre Zuhörer zusammen, denn die Zuhörer erwarten sowieso nicht, dass Sie allwissend sind. Beziehen Sie neue Informationen von Teilnehmern mit ein und würdigen Sie sie. So zeigen Sie Größe.

8.Tipp: Fels in der Brandung

Wenn Wanderprediger Wurzel schlagen – haben sie endlich einen Standpunkt! Wählen Sie eine günstige Position im Raum und „beziehen Sie Stellung“. Markieren Sie unterschiedliche Phasen Ihres Vortrages, indem Sie Ihre etablierte Position kontrolliert verändern.

9.Tipp: Der gute Ton

Der gute Ton macht die Musik – und sie bestimmt, ob es stimmt. Variieren Sie Tonhöhe und Lautstärke, das haucht Ihrem Vortrag Leben ein. Haben Sie den Mut, Gefühle mit Ihrer Stimme auszudrücken, damit fesseln Sie Ihre Zuhörer.

10.Tipp: Sprechpausen richtig nützen

Äähhh ... Wenn Sie schweigen ist es am besten – gar nichts zu sagen. Machen Sie Denkpausen! Sprachmagier nützen Pausen absichtlich, um Feedback zu bekommen. Unterscheiden Sie dabei Interpausen, die das Publikum nach-denken lassen, und Intrapausen, die voraus-denken lassen.

2. Typus – Ihre drei Rollen als Redner

Am Anfang schon das Ende im Sinn haben oder – die drei Grundtypen einer Rede

Alles hat heute seinen Gipfel erreicht, aber die Kunst, sich geltend zu machen, den höchsten.
(Balthasar Gracián)

Chancen nutzen. Wolfgang ist Verkaufsdirektor eines großen Direktvertriebs. Selbstständige Verkaufsleiter betreuen kleine Gruppen von Verkäufern. Die Zielgruppe für ihre Finanzdienstleistungen sind Familien. Die Verkaufsleiter haben viel zu tun, die Verkäufer mit Kontaktmöglichkeiten zu Kunden zu versorgen, die Produktunterlagen und Kundenverträge aktuell zu halten und daneben auch selbst zu verkaufen. Darüber hinaus suchen Verkäufer permanent mentale Unterstützung. Würde sich jeder Verkaufsleiter für eine dieser Aufgaben spezialisieren, könnten Sie den Betreuungsaufwand insgesamt erheblich senken.

Wolfgang hatte bereits einige Anläufe versucht, die Verkaufsleiter wollten dieser Veränderung jedoch nicht. Einige aus Bequemlichkeit, andere weil sie sich nicht in die Karten schauen lassen wollen. Im Rahmen eines groß angelegten Meetings in einem teuren Hotel erläutert Wolfgang erneut die Vorteile einer intensiven Kooperation. Der Zeitpunkt ist günstig, eine Reihe junger Verkaufsleiter hat die Riege ergänzt. Sie sind unvoreingenommen und offen für Neues.

> Wolfgang hat sich eine Liste aller Vorteile zurechtgelegt und erläutert sie nun anhand praktischer Beispiele. Doch je mehr er in das Thema eindringt, desto häufiger kommt er auf gegenwärtige Missstände zu sprechen:
> „Es reicht doch, wenn sich einer unter Ihnen um die Kundenverträge kümmert. Es ist wirklich nicht notwendig, dass jeder Verkaufsleiter seine eigenen Vertragsformulare

hortet. Wenn neue Verträge einzuführen sind, sitzen Sie in Gruppen zu fünf oder acht Leuten beisammen und sprechen darüber. Das ist extrem unproduktiv. So können wir nicht weiterarbeiten. Sie wissen, ich habe Sie schon oft genug gebeten, das in Angriff zu nehmen."
Nach einer Stunde des Tadelns sitzen die Verkaufsleiter wie begossene Pudel da, sie fühlen sich wie festgenagelt auf einer Anklagebank. Insbesondere die Jungen finden das ungerecht, sie haben eingefahrene Abläufe übernommen. Trotzdem müssen sie sich diese Tirade anhören. Wolfgang hat mit seiner Rede eine weitere Chance vertan, die Abläufe in seiner Abteilung sinnvoll zu verändern.

Wolfgang war sich offensichtlich vorher nicht klar: Soll das ein Scherbengericht werden oder Motivation für Neues? Beides zugleich geht nicht, ihre Energien heben sich auf. Wenn Sie sich vor einer Rede nicht Ihre Absichten klarmachen, werden Sie sie auch nicht erreichen. Sie handeln wie der Pilot eines Flugzeuges, der seine Maschine einfach startet, ohne zu wissen wohin. Wenn er sich während des Fluges entschließt, einen bestimmten Flughafen anzusteuern, kann es sein, dass er dafür zu wenig Treibstoff hat, er dort nicht landen darf oder das Wetter die Landung nicht erlaubt.

Klare Rollen. Stellen Sie sich vor jeder Rede folgende Frage: Was will ich erreichen? Was soll während der Rede geschehen? Was soll in den Köpfen und Herzen des Publikums passieren? Was sollen die Zuhörer nach einer Rede wissen, wollen und tun? Was soll sich in ihnen verändert haben, wenn Sie erfolgreich waren? Um diese Fragen leichter zu beantworten, lassen wir sie jetzt an den neuesten Erkenntnissen zu diesem Thema teilhaben – auch wenn diese Erkenntnisse eigentlich schon sehr alt sind und bloß zwischenzeitig in Vergessenheit gerieten: Vor mehr als 2.300 Jahren entwickelte ein Mann in Griechenland ein umfassendes und detailliertes Modell der Redegewandtheit. Der Mann hieß Aristoteles, das Werk heißt „Rhetorik".

... daher wird man wohl von
drei Redegattungen sprechen müssen,
der Beratungs-, Gerichts- und Festrede.
(Aristoteles)

Alle Reden, Vorträge, Gespräche lassen sich diesen drei Gattungen zuordnen. Vom Typ der Rede hängt auch die Rolle und die Qualität unserer Energie als Vortragender ab. Wir unterscheiden die Energien von

- *Mentor* (für den Redner in der Beratungsrede),
- *Macher* (für den Redner in der Gerichtsrede) und
- *Muse* (für den Redner in der Festrede).

Diese drei Rollen sind von Aristoteles abgeleitet und machen Rhetorikschülern die zu den einzelnen Redetypen passenden Energien klarer. Auch die Unterscheidungen der drei Absichten innerhalb der einzelnen Redetypen sind Ergänzungen von uns, die sich aus der Arbeit mit Sprachmagiern ergaben und in der Redepraxis bewährt haben.

Was das Typische an den drei Rollen und Energien des Redners ist, welche die daraus resultierenden neun Absichten sein können und wie Sie von Ihnen erfolgreich eingesetzt werden können, darum geht es in diesem Kapitel.

Der Mentor

Die Rede an der Berliner Mauer von John F. Kennedy

Das Bild auf der Vorderseite des Buches: 26. Juni 1963, Westberlin, an der Mauer. John F. Kennedy spricht zu den Westberlinern. (Es folgt eine deutsche Übersetzung eines Teils der Rede. Unterstrichenes hat Kennedy auf Deutsch gesagt.)

> Tosender Applaus. Die Menge skandiert „Ken-ne-dy! Ken-ne-dy! Ken-ne-dy! ... “

> Vor zweitausend Jahren – [Kennedy wird durch Applaus unterbrochen] – Vor zweitausend Jahren war der stolzeste Ausruf: „Civis Romanus sum!" Heute in der freien Welt ist der stolzeste Ausruf: „Ich bin ein Berliner!" [Tosender Applaus der Menge]
> Es gibt viele Menschen auf der Welt, die wirklich nicht verstehen – oder sagen, dass sie nicht verstehen –, was das größte Thema ist zwischen der freien Welt und der kommunistischen Welt. Lasst sie nach Berlin kommen! [Applaus]
> Es gibt einige, die sagen: „Kommunismus ist die Welle der Zukunft." Lasst sie nach Berlin kommen! [Applaus]
> Und da sind einige, die in Europa und anderswo sagen: „Wir können mit den Kommunisten arbeiten." Lasst sie nach Berlin kommen! [Applaus und Jubelrufe]
> Und es gibt sogar einige, die sagen: „Ja, es stimmt, dass der Kommunismus ein böses System ist, aber es ermöglicht uns wirtschaftlichen Fortschritt". Lass' sie nach Berlin kommen! Lasst sie nach Berlin kommen!
> Freiheit hat viele Schwierigkeiten, und Demokratie ist nicht perfekt. Aber wir mussten niemals eine Mauer errichten, um unser Volk drinnen zu halten, um sie am Gehen zu hindern. [Die Menge jubelt.]
> ...
> Alle freien Menschen, wo immer sie leben mögen, sind Bürger von Berlin. Und deshalb, als freier Mann, sage ich mit stolz: „Ich bin ein Berliner!" [Die Menge applaudiert und jubelt noch lange. Kennedy geht ab.]

Viele Erkenntnisse dieses Buches basieren auf unseren Untersuchungen der Reden John F. Kennedys. Egal wie man politisch zu ihm steht, er war der bedeutendste Redner der zweiten Hälfte des 20. Jahrhunderts. Schon dieser Auszug aus der „Rede an der Berliner Mauer" macht klar, warum. Verwenden Sie dieses und die anderen Beispiele, um Ihre zunehmende rhetorische Kompetenz am Erkennen der verwendeten Techniken zu prüfen. Unter anderem sehen wir hier Kennedys gekonnten Umgang mit rhetorischen Figuren wie der Epipher und dem Kyklos (siehe Kapitel 9). Darüber hinaus zeigt er in dieser Rede alle Merkmale des *Mentors.* Zu einer Zeit und in einer Situation, in der sein Publikum, die Westberliner, Mentoren wirklich nötig hatten. Sie waren vom sowjetisch besetzten Ostdeutschland eingeschlossen und man hatte ihre Heimatstadt gerade erst mit einer Mauer geteilt. Er zeigte, dass er ihnen *zustimmt, beriet* sie, mit dieser Situation umzugehen, und *ermutigte* sie durchzuhalten.

Die drei Absichten des Mentors:

- Zustimmen
- Beraten
- Ermutigen

Zustimmen

Das Verborgene. 1996 fragte ein amerikanisches Magazin: „Wer kommt in den Himmel?" Weit vorne lag Mutter Teresa mit 91%, gefolgt von der Talkshowmasterin Oprah Winfrey mit 80%, dem Basketballspieler Michael Jordan mit 72%, Hillary Clinton 55%, Bill Clinton 45% und dem freigesprochenen O. J. Simpson 22%. Noch interessanter wurden die Ergebnisse dadurch, dass eine weitere Person mit 97% vor Mutter Teresa rangierte, nämlich jeweils der Befragte selbst. Das heißt, dass der durchschnittliche Amerikaner sich als würdiger für himmlische Ehren erachtet als Mutter Teresa! Was wir daraus ablesen können ist, wie sehr jeder Einzelne um seine eigenen guten Absichten weiß. Wir wissen auch, dass wir diese guten Absichten oft genug ungeschickt verwirklichen. Manchmal wird daraus sogar das Gegenteil von dem, was wir wollen.

Lob der Zustimmung. Als Redner zeigen wir höchste Kompetenz, wenn wir erkennen lassen, dass wir darüber Bescheid wissen, dass wir hinter die Fassade unserer Handlungen schauen und die guten Absichten dahinter erkennen können. Das bedeute nicht, dass wir allem, was passiert, zustimmen. Es bedeutet bloß, dass wir mehr sehen können als das Offensichtliche, dass wir unterscheiden können zwischen Handlung und Absicht. Die stärkste Unterstützung, die wir geben können, ist, uns solidarisch zu zeigen, unsere Mitmenschen wissen zu lassen, dass wir ahnen, um wie viel mehr sie geben wollten. Gleichzeitig baut Zustimmung Vertrauen auf und schafft Verständnis. Alles lohnende Ziele für uns als Redner.

Was Sie tun können:

- Akzeptieren Sie den anderen so, wie er ist.
- Zeigen Sie sich solidarisch.
- Zeigen Sie Verständnis für den anderen, seine Situation und Handlungen.

Beraten

Wenn Du Rat möchtest, suche jemanden,
der weniger von der Sache versteht als du.
Nur dann kann er wertvoll sein.
(Oscar Wilde)

Wie Schuppen von den Augen. Beraten bedeutet nicht, zu zeigen, um wie viel klüger man ist als der Ratsuchende. Beraten bedeutet, zu erraten versuchen! Erraten, was der andere noch nicht bedacht hat, wo er gerade nicht hinschaut, was er vergessen hat. Ohne Anspruch, dass der andere unsere Ideen umsetzt oder sie als Lösung akzeptiert. Beraten ist im sokratischen Sinne die Kunst, Fragen zu stellen, eine geistige Hebammenkunst. Wir helfen und unterstützen dabei. Die eigentliche Arbeit macht der andere. Um darin gut zu sein, brauchen wir möglichst viele Informationen darüber, worum es dem anderen eigentlich geht und welche Gesichtspunkte schon bedacht wurden. Dann können Fragen das Bisherige in einen anderen Zusammenhang stellen, neue Perspektiven liefern und lösende Ideen begünstigen.

Die ersten drei Wörter in Kennedys obiger Rede leisten das: „Twothousand years ago ...“ Der Rat darin lautet: „Seht eure Situation anders. Seht den größeren Zusammenhang. Das gibt eurem täglichen Leben in dieser Enklave eine andere Bedeutung.“ Diese Schlussfolgerungen kann jeder für sich ziehen, genauso wie es seiner persönlichen Situation gemäß ist. Die Menge versteht diesen Rat auch sofort und begrüßt ihn laut und begeistert.

Was Sie tun können:

- Bevor Sie einen Rat geben, hören Sie aufmerksam zu, sammeln Sie alle verfügbaren Informationen.
- Achten Sie auf blinde Flecken und decken Sie sie durch Fragen auf.
- Liefern Sie zusätzliche Gesichtspunkte, die für den Ratsuchenden neue Einsichten parat halten.

Ermutigen

Geben Sie Hoffnung. Verlust und Enttäuschung verlangen danach. Neue Hoffnung ist Balsam auf die Wunden, sie heilen schneller und es bleiben keine Narben. Jeder Trost, der wirklich ankommt, wirkt nicht durch Mitleid, sondern durch Ermutigung und neue Hoffnung. Hat jemand einen Fehler begangen, weckt das sehr leicht den Kritiker in uns. Wir glauben oft genau zu wissen, was falschläuft und sagen das manchmal auch – gefragt oder ungefragt. Besser ist es, neuen Mut zu machen: Ein Mitarbeiter, der gerade einen 50.000-Euro-Fehler gemacht hatte, erschien mit eingezogenem Schwanz vor seinem Chef. „Sie werden mich jetzt sicher feuern." „Jetzt, nachdem ich gerade 50.000 Euro in Ihre Ausbildung investiert habe? Sie bleiben und sorgen dafür, dass weder Sie noch irgendjemand anderes in Ihrer Abteilung noch einmal einen solchen Fehler macht."

Angst vor dem Neuen. Pferde laufen in die brennende Koppel zurück. Menschen sind ganz ähnlich. Das Unbekannte fürchten sie mehr als das bekannte Übel. Dabei könnte uns keiner unserer Mitmenschen mit aufrechtem Gang begegnen, wenn wir diese Einstellung von Anbeginn gehabt hätten. Die wichtigsten Errungenschaften der Menschheitsgeschichte und unserer persönlichen verdanken wir unserer Bereitschaft, Neues zu wagen. Erinnern Sie die Menschen daran, wenn Ermutigung zu Ihren Absichten zählt. Sie können sich noch immer daran erinnern und wissen, wie wichtig dieser Abenteuergeist ist.

Was Sie tun können:

- Wenn Übles geschehen ist, spielen Sie es nicht herunter, übertreiben Sie aber auch nicht. Sagen Sie stattdessen sachlich klar, was passiert ist.
- Weisen Sie auf vergangene Ereignisse hin, bei denen es gut weitergegangen ist. Bei den Zuhörern und bei anderen.
- Zeigen Sie vorhandene, aber nicht, noch nicht oder nicht mehr genutzte Ressourcen auf.

Der Macher

Die Gettysburg-Ansprache von Abrahm Lincoln

19. November 1863. Zur Einweihung des Friedhofs von Gettysburg, jenes Ortes, an dem 1776 viele im Unabhängigkeitskrieg ihr Leben ließen:

> Vor 87 Jahren haben unsere Väter auf diesem Kontinent eine neue Nation gegründet, welche der Freiheit ihr Dasein verdankt und welche auf dem Grundsatz verankert ist, dass alle Menschen gleich erschaffen sind. Mit dem großen Bürgerkrieg, den wir jetzt führen, machen wir die Probe darauf, ob diese Nation oder irgendeine Nation, welche so begründet und so vereidigt ist, lange leben kann.
> Wir haben uns auf einem großen Schlachtfeld dieses Krieges versammelt. Wir sind hierher gekommen, um einen Teil dieses Feldes denjenigen als letzte Ruhestatt zu weihen, die an diesem Ort ihr Leben gelassen haben, damit die Nation leben kann. Es ist nur recht und billig, dass wir dies tun. In einem höheren Sinn aber können wir dieses Stück Erde weder weihen noch heiligen. Die tapferen Männer, die hier kämpften, haben es geweiht und geheiligt.

> Es geht weit über unsere armseligen Kräfte, zu mehren oder zu mindern, was sie getan haben. Die Welt wird kaum bemerken und gewiss nicht lange im Gedächtnis bewahren, was wir hier sagen, unvergesslich aber wird für alle Zeiten sein, was jene hier vollbrachten. Eher also sollten wir selber, die Überlebenden, hier der großen unvollendeten Arbeit geweiht werden, welche diejenigen, welche kämpften, so edelmütig bis zu diesem Zeitpunkt vollbracht haben.
> Es liegt also an uns, uns selber der großen Aufgabe zu weihen, die noch vor uns liegt; von diesen in Ehren Gestorbenen die stets wachsende Kraft der Hingabe an das Ziel zu erben, dem sie in der Fülle ihrer äußersten Hingabe dienten; zu geloben, dass der Tod dieser Toten nicht vergeblich sein darf; dass diese Nation mit Gottes Hilfe von neuem frei wird und diejenige Staatsform, in welcher das Volk allein durch das Volk zum besten des Volkes herrscht, nicht von der Erde verschwindet.

Wie bei allen rhetorischen Beispielen kann man in der Sache unterschiedlicher Ansicht sein, die Qualität der Rhetorik können wir aber immer als Vorbild nutzen. So auch hier: Abraham Lincoln ruft auf zum Krieg. Einem Krieg, der ihm die letzte Maßnahme scheint, um der Sklaverei ein Ende zu bereiten und seine Heimat vereint zu erhalten. Er erscheint seinen Zuhörern dabei in der Rolle des Machers: Er *gibt kund*, was an diesem Tag und Ort geschieht und wie es verstanden werden soll, er *überzeugt* sein Publikum von der Wichtigkeit der Erhaltung der Demokratie und *motiviert* es, weiter dafür zu kämpfen.

Die drei Absichten des Machers:

- Kundgeben
- Motivieren
- Überzeugen

Kundgeben

Es gibt keine Informationsveranstaltungen. Wenn wir der Welt Neues kundtun, wollen wir in den meisten Fällen nicht bloß informieren. Wir nützen die Gelegenheit und kommunizieren gleichzeitig, wie es verstanden und aufgenommen werden soll. Dieser Aspekt wird oft vernachlässigt. Das kann folgenden Unterschied machen: Ein Herrscher ließ sich ein Horoskop erstellen. Der Astrologe tat kund: „Sie haben ein schweres Schicksal. Sie werden alle Ihre Verwandten sterben sehen!“ Der Herrscher war darüber so empört, dass er den Astrologen einen Scharlatan nannte und hinrichten ließ. Man holte einen zweiten Sterndeuter. Welches Schicksal würde er sehen und welches selbst erleiden? „Sie haben ein großartiges Schicksal, Majestät. Die Sterne meinen es gut mit Euch. Ihr werdet länger leben als jeder andere in Eurer Familie!“

Ein Unternehmen entwickelt eine neue Organisationsstruktur. Wenn man meint, damit alles Nötige getan zu haben, verpasst man eine Chance und handelt sich stattdessen Probleme ein. Für die Mitarbeiter ist es erst dann offiziell, wenn die Änderung in einer angemessenen Kundgebung konstituiert wird. Damit erst fällt der Startschuss für das Neue. Wenn Sie etwas kundgeben, berichten Sie über Fakten und wie Sie sie verstanden haben möchten. Wie Sie das tun und wem Sie es verkünden, mit welchen Worten und Ritualen, in welchem Rahmen und Zeitpunkt Sie das tun, bestimmt, wie diese Neuigkeit aufgenommen, verstanden und in Zukunft betrachtet wird. Damit ist Verantwortung verbunden. Es gibt keine zweite Chance für das erste Kennenlernen. Der Kundgeber bestimmt über die Bedeutung der Neuigkeiten.

Was Sie tun können:

- Einen angemessenen Rahmen (z.B. eine Feier) schaffen.
- Die Neuigkeit so mitteilen, wie Sie sie verstanden haben wollen.
- Ein Ritual, um es zu besiegeln (z.B. Überreichung des Ringes an die Verlobte).

Motivieren

Ein weites Feld. Vorgesetzte wollen, dass ihre Mitarbeiter gerne gute Arbeit leisten. Die Menschen mit einer zündenden Rede motivieren zu können, ist der Traum vieler Führungskräfte. Seit vielen Jahrzehnten beschäftigen sich Wissenschaftler mit der Frage, was Menschen motiviert. Sie entwickelten Theorien und versuchten damit, allgemeingültige Erklärungen zu finden. Inzwischen ist klar geworden, dass es die Motivatoren nicht gibt, welche in der Arbeitswelt für jeden Menschen gleichermaßen gelten. Dennoch ist es recht einfach, Mitarbeiter zu motivieren. Sie brauchen nur von sich selbst auszugehen: Welche Arbeit tun Sie in Ihrem Beruf besonders gerne? Denken Sie jetzt darüber nach. Und nun überlegen Sie: Warum tun Sie das besonders gerne? Was haben Sie davon, wenn Sie das tun? Ihre Kriterien dafür könnten sein:

> eigene Ideen entwickeln können, eigenverantwortlich arbeiten können, sich die Zeit selbst einteilen können, viel Abwechslung, Chancen auf großen Bonus.

Vielleicht können Sie diesen Kriterien zustimmen, vielleicht aber auch eher den folgenden:

> klare Arbeitsabläufe, mit vielen Menschen zu tun haben, regelmäßige Arbeitszeit, keine großen Veränderungen erleben müssen, konstantes Einkommen.

Wir könnten noch unendlich viele dieser Listen entwickeln. So viele Menschen, so viele Gründe gibt es, etwas gerne zu tun. Egal, was Ihnen als Antwort zu dieser Frage einfiel, es ist der Schlüssel Ihrer Motivation, der Grund, warum Sie diese Arbeit gerne tun.

Jede gelungene Motivation – ein Unikat. Genau so steht es um Ihre Mitarbeiter. Allerdings haben sie mit großer Wahrscheinlichkeit andere Gründe für starke Motivation als Sie. Die müssen Sie herausfinden, um das Feuer der Begeisterung zu zünden, sonst wird Ihnen der Wind der Gleichgültigkeit das Flämmchen sofort wieder ausblasen. Wie können Sie das herausfinden? Stellen Sie ihnen doch einmal diese Frage, die Sie sich selbst gerade stellten, und hören Sie aufmerksam zu. Dann erfahren Sie alles, was Sie für Ihre Motivationsrede brauchen. Erzählen Sie den Leuten, wie die Aufgabe, die sie gerne wahrnehmen sollen, ihre Kriterien erfüllt.

Nehmen wir an, Ihre Mitarbeiter sagen: „Wir fühlen uns als Team sehr wohl, arbeiten gerne zusammen. Und die PR-Arbeit machen wir besonders gerne, weil wir da notwendigerweise immer über die neuesten Entwicklungen informiert werden müssen." Sie wollen nun diese Leute motivieren, künftig die Vertriebsabteilung bei der Erstellung von Werbeunterlagen zu unterstützen. Nichts einfacher als das, auch wenn die Aufgabe nicht gerade die große Herausforderung für PR-Leute darstellt. Sagen Sie zum Beispiel:

> „Ich glaube, es gibt ein paar gute Gründe, warum das gut funktionieren könnte. Sie haben als Team schon ein gut eingespieltes Modell, wesentliche Aussagen unseres Unternehmens so zu verpacken, dass die Menschen ein positives Bild von uns bekommen. Bei den Werbeunterlagen geht es ums Gleiche. Die Kunden sollen sehr rasch erkennen, wie hervorragend unser Service ist. Sie haben eine sehr effiziente Arbeitsaufteilung in Ihrem Team entwickelt. Deshalb bin ich sicher, Sie als Team werden gemeinsam mit den Vertrieblern die Werbeunterlagen mit neuen Ideen wesentlich besser gestalten können. Außerdem hätten Sie dabei Gelegenheit, den Kontakt mit den Verkäufern zu intensivieren. Sie wissen ja, die Leute sind immer am Puls des Geschehens und wissen das Allerneueste früher als alle anderen ..."

Was Sie tun können:

- Interessieren Sie sich aufrichtig für die Menschen.
- Halten Sie Augen und Ohren offen, Sie werden erkennen, was sie wollen.
- Verbinden Sie das mit Ihrem Ziel.

Überzeugen

Von der Mein-ung zur Dein-ung. Zumeist gilt es in der Rede, eine Meinung zu vertreten und nach Möglichkeit andere davon zu überzeugen. Zu Meinungen gibt es keine Beweise, weil Meinungen nicht die Wahrheit wiedergeben, sondern bloß Vermutungen. Sie können einem Unternehmen raten, mehr in Internetlösungen zu investieren. Dadurch würde der Fortbestand des Unternehmens abgesichert. Das ist nicht die Wahrheit, es ist eine Meinung. Genau so geht es Ihnen, wenn Sie über Vergangenes urteilen. Sie können einem Manager sagen, er hätte in der Vergangenheit mehr in das Wissen seiner Mitarbeiter investieren sollen, dann wäre er jetzt in der Position des Marktführers. Auch das ist eine Meinung.

Beides ist nicht beweisbar. Sie können Ihre Meinung jedoch plausibel machen. Entweder durch Sachargumente, d.h. Schlussfolgerungen aus Statistiken, Referenzen etc., durch Gefühlsargumente wie Beispiele, Vergleiche oder Ähnliches oder durch Suggestionen. Mehr zu all diesen Möglichkeiten in späteren Kapiteln.

Was Sie tun können:

- Stellen Sie die Sachlage Ihrer Sicht gemäß dar.
- Seien Sie dabei glaubwürdig.
- Bringen Sie Glaubwürdiges.

Die Muse

„I have a dream!" von Martin Luther King Jr.

28. August 1963, Washington, D.C., auf den Stufen des Lincoln Memorial. Der folgende Auszug ist, im Unterschied zu den anderen, im englischen Original wiedergegeben. Deshalb, weil King mehr als die anderen zitierten Redner Sprachmelodie und Rhythmik einsetzt, was im Original wesentlich besser zur Geltung kommt.

> I have a dream that one day this nation will rise up and live out the true meaning of its creed: „We hold these truths to be self-evident; that all men are created equal."
> I have a dream that one day on the red hills of Georgia the sons of former slaves and the sons of former slave owners will be able to sit down together at the table of brotherhood.
> I have a dream that one day even the state of Mississippi, a state sweltering with the heat of injustice, sweltering with the heat of oppression, will be transformed into an oasis of freedom and justice.
> I have a dream that my four little children will one day live in a nation where they will not be judged by the color of their skin but by the content of their character.
> I have a dream today! [Crowd roars.]

In einer Zeit, als sich zu viele Schwarze mit ihrer Situation abgefunden hatten, zeigte sich Martin Luther King Jr. als Muse im besten Sinn des Wortes: Er *inspiriert* seine Zuhörer, über zu selbstverständlich gewordene (Denk-)Grenzen hinaus wieder zu träumen, er *unterhält* sie mit konkreten und lebendigen Bildern und *rührt* auch die Herzen durch die persönliche Dimension seiner eigenen vier Kinder.

Die drei Absichten der Muse:

- Inspirieren
- Unterhalten
- Berühren

Inspirieren

Neuland. Menschen, die kreativ schaffen, kennen keine Routine. Sie kanalisiert das Denken. Dem Hirn wachsen Scheuklappen. Neue Ideen werden nur sichtbar, wenn sie unmittelbar vor uns am Boden liegen, woanders hin reicht der Blick dann nicht. Wie befreiend können da Worte sein, die den Menschen diese hinderlichen Scheuklappen abnehmen und ihnen den Blick nach allen Seiten hin öffnen. Inspirieren heißt, neue Denkrichtungen eröffnen und Denkweite zu ermöglichen. Inspirieren heißt auch, Dinge miteinander verknüpfen, die zuvor getrennt betrachtet wurden. Die Verbindung von Internet und Dienstleistung etwa bietet breiten Raum für Inspiration.

Führungskräfte, die ihren Mitarbeitern diesen Denkraum eröffnen, motivieren gleichzeitig, weil sie damit auch den Raum für Selbstverwirklichung und Perspektiven eröffnen. Machen Sie sichtbar, was noch nicht gedacht wurde, und lassen Sie den Zuhörern dabei möglichst viel Freiheit. J. F. Kennedy inspirierte die USA in den 60er Jahren mit seiner Idee, Amerikaner auf den Mond zu transportieren, zu einem wissenschaftlichen Höhenflug sondergleichen. Wissenschaftlerteams machten Überstunden, übernachteten in ihren Labors, ihre Frauen brachten ihnen Essen und Pyjamas und niemand beklagte sich darüber.

> *Denken heißt überschreiten.*
> (Ernst Bloch)

Was Sie tun können:

- Überschreiten Sie zuerst für sich die Denkgrenzen der Zuhörer. Entwickeln Sie neue Ideen.
- Beschreiben Sie die inspirierenden Ideen als Bilder.

Weisen Sie auf Ressourcen hin, die bei den Zuhörern brachliegen.

Unterhalten

> *Bring die Menschen zum Lachen*
> *und du hast ihre Herzen gewonnen.*
> (John F. Kennedy)

Die notwendige Würze. Diese Art der Rede vernachlässigen viele Verantwortliche in Unternehmen, oder sie delegieren sie an Menschen, die „mehr Gabe dazu haben“. Unterhalten heißt nicht unbedingt, „den Clown für alle machen". Sie haben Ihre Zuhörer unterhalten, wenn sie am Ende sagen, es hat Spaß gemacht zuzuhören. Jenseits aller sachlichen Themen haben die Zuhörer Freude an Geschichten, Anekdoten, Witzen und Bonmots. Außerdem ist laut Buddha das Lachen der Erleuchtung am nächsten. Unser Gehirn möchte auch unterhalten sein. Außer dem Wahren und dem Guten gibt es noch das Schöne, das zwar nicht notwendig erscheint, uns das andere aber erst erträglich macht.

Was Sie tun können:

- Sammeln Sie Witze, lustige Anekdoten, witzige Fakten, Zitate, Geschichten. Fangen Sie sofort damit an!
- Versetzen Sie sich selbst in eine humorvolle Stimmung, etwa indem Sie sich die besten Witze vor dem Vortrag selbst erzählen.
- Streuen Sie Ihre gesammelten Pointen in Ihre Rede ein. Möglichst an passender Stelle. Und selbst wenn die Stelle unpassend ist, der Witz aber gut, wird es Ihnen das Publikum verzeihen und dankbar sein für die Lachpause.

Berühren

Das Herz gewinnen. Berühren kann bedeuten: Betroffen machen, über den Alltag hinauszudenken an die Begrenztheit unseres irdischen Lebens, an die Größe, die in der Summe unserer täglichen Handlungen irgendwann mal liegen wird. Sie haben Ihre Zuhörer berührt, wenn sie am Ende sagen, dass sie ins Nachdenken gekommen sind. Die Zuhörer verbinden Sie als Redner mit den Stimmungen, die Sie vermitteln. Wenn Sie etwa nur ganz trocken Weisheiten von sich geben oder ausschließlich informieren, dürfen Sie sich nicht wundern, wenn Sie bald nur mehr als Computer angesehen werden, der seine Datenlisten ausspuckt, wenn man auf den Startknopf drückt. Geben Sie sich und anderen also auch einmal die Chance, zu spüren, was es heißt, ein lebendiges Herz zu haben. Es lohnt sich.

Was Sie tun können:

- Sammeln Sie Schicksale, Anekdoten, Geschichten, berührende Fakten. Fangen Sie sofort damit an!
- Versetzen Sie sich selbst in eine entsprechende Stimmung, etwa indem Sie sich selbst die Bedeutung Ihrer Information für das Leben Ihrer Zuhörer vor Augen führen.
- Streuen Sie Ihre gesammelten Geschichten in Ihre Rede ein. Möglichst an passender Stelle. Und selbst wenn die Stelle nicht hundertprozentig passt, die Anekdote aber bewegt, wird es Ihnen das Publikum verzeihen und dankbar sein für die emotionale Erfrischung.

Die drei Typen in der Praxis

Stärken und Schwächen. Sie werden bemerken, dass Sie im Verwirklichen mancher dieser neun Absichten von Haus aus gut sind, ein natürliches Talent haben. Andere werden Ihnen nicht ganz so vertraut sein. Lernen und üben Sie die Basisstrategien, um alle neun Absichten gegebenenfalls umsetzen zu können. Sie werden damit flexibler und eleganter in Ihrem Auftritt. Die Klarheit und Effektivität Ihrer Präsentationen werden davon profitieren!

Von Fall zu Fall. Schaffen Sie sich am Anfang jeder Redevorbereitung Klarheit über Ihre Absichten. Selbst wenn Sie immer den gleichen Anlass für eine Rede haben. Wenn Sie beispielsweise öfter Verkaufspräsentationen machen, werden Ihre Absichten von Mal zu Mal differieren. Bei einer ist Ihr Publikum bereits von Ihrem Produkt überzeugt, aber noch nicht motiviert genug, den ersten Schritt Richtung Kaufabschluss zu tun. Hier werden Sie „Motivieren" als Absicht haben. In einem anderen Fall ist Ihr Auditorium hoch motiviert abzuschließen, allerdings gibt es noch zwei Mitbewerber, die infrage kommen. Hier werden Sie „Überzeugen" mehr Bedeutung zukommen lassen.

Die richtige Mischung. In der Praxis kann es durchaus sein, dass Sie Absichten aus unterschiedlichen Typen zusammenmischen. Das ist ganz legitim. Achten Sie auf das Publikum, Ihre Ziele und den Anlass, um Hinweise für die richtige Mischung zu bekommen. Suchen Sie aber für jeden Anlass maximal drei der neun Absichten aus. Mehr als drei würden dazu führen, dass keine wirklich erfüllt wäre.

Zusammenfassung

Am Anfang schon das Ende im Sinn haben oder – die drei Grundtypen einer Rede

Klare Rollen. Stellen Sie sich vor jeder Rede folgende Frage: Was will ich erreichen? Was soll während der Rede geschehen? Was soll in den Köpfen und Herzen des Publikums passieren?

Ausgehend von den drei Redetypen des Aristoteles ergeben sich die drei Rollen und Energien, die uns als Redner zur Verfügung stehen. Innerhalb jeder Rolle unterscheiden wir drei Absichten:

Beratungsrede	→ *Mentor*	❑ Zustimmen	❑ Beraten	❑ Ermutigen
Gerichtsrede	→ *Macher*	❑ Kundgeben	❑ Motivieren	❑ Überzeugen
Festrede	→ *Muse*	❑ Inspirieren	❑ Unterhalten	❑ Berühren

Die Basisstrategien der neun Absichten sind:

- Zustimmen:
  Akzeptieren Sie den anderen so, wie er ist.
  Zeigen Sie sich solidarisch.
  Zeigen Sie Verständnis für den anderen, seine Situation und Handlungen.
- *Beraten:*
  Bevor Sie einen Rat geben, hören Sie aufmerksam zu, sammeln Sie alle verfügbaren Informationen.
  Achten Sie auf blinde Flecken und decken Sie sie durch Fragen auf.
  Liefern Sie zusätzliche Gesichtspunkte, die für den Ratsuchenden neue Einsichten parat halten.

- *Ermutigen:*
  Wenn Übles geschehen ist, spielen Sie es nicht herunter, übertreiben Sie aber auch nicht. Sagen Sie stattdessen sachlich klar, was passiert ist.
  Weisen Sie auf vergangene Ereignisse hin, bei denen es gut weitergegangen ist. Bei den Zuhörern und anderen.
  Zeigen Sie vorhandene, aber nicht, noch nicht oder nicht mehr genutzte Ressourcen auf.
- *Kundgeben:*
  Schaffen Sie einen angemessenen Rahmen (z.B. eine Feier).
  Teilen Sie die Neuigkeit so mit, wie Sie sie verstanden haben wollen.
  Besiegeln Sie es mit einem Ritual (z.B. Überreichung des Ringes an die Verlobte).
- *Motivieren:*
  Interessieren Sie sich aufrichtig für die Menschen.
  Halten Sie Augen und Ohren offen, Sie werden erkennen, was sie wollen.
  Verbinden Sie das mit Ihrem Ziel.
- *Überzeugen:*
  Stellen Sie die Sachlage Ihrer Sicht gemäß dar.
  Seien Sie dabei glaubwürdig.
  Bringen Sie Glaubwürdiges.
- *Inspirieren:*
  Überschreiten Sie zuerst für sich die Denkgrenzen der Zuhörer.
  Entwickeln Sie neue Ideen.
  Beschreiben Sie die inspirierenden Ideen als Bilder.
  Weisen Sie auf Ressourcen hin, die bei den Zuhörern brachliegen.
- *Unterhalten:*
  Sammeln Sie Witze, lustige Anekdoten, witzige Fakten, Zitate, Geschichten. Fangen Sie sofort damit an!
  Versetzen Sie sich selbst in eine humorvolle Stimmung, etwa indem Sie sich die besten Witze vor dem Vortrag selbst erzählen.
  Streuen Sie Ihre gesammelten Pointen in Ihre Rede ein. Möglichst an passender Stelle. Und selbst wenn die Stelle unpassend

ist, der Witz aber gut, wird es Ihnen das Publikum verzeihen und dankbar sein für die Lachpause.

- *Berühren:*
  Sammeln Sie Schicksale, Anekdoten, Geschichten, berührende Fakten. Fangen Sie sofort damit an!
  Versetzen Sie sich selbst in eine entsprechende Stimmung, etwa indem Sie sich selbst die Bedeutung Ihrer Information für das Leben Ihrer Zuhörer vor Augen führen.
  Streuen Sie Ihre gesammelten Geschichten in Ihre Rede ein. Möglichst an passender Stelle. Und selbst wenn die Stelle nicht hundertprozentig passt, die Anekdote aber bewegt, wird es Ihnen das Publikum verzeihen und dankbar sein für die emotionale Erfrischung.

Die Grundlage

- Lernen Sie, in *allen neun* Absichten gut zu sein!
- Wählen Sie vor jedem Anlass *maximal drei* dieser neun Absichten aus.

3. Design – Zwölf Schritte zur erfolgreichen Rede

Die zwölf Schritte vom Rhetorikanfänger zum Rhetorikkönner

Denken wie die Wenigsten
und reden wie die Meisten.
(Balthasar Gracián)

Ein Erfolg: Spätestens jetzt ist es Otto klar: Sein zweistündiger Vortrag zum Thema „Irrtum Information“ war ein großer Erfolg. Die 56 Servicetechniker applaudieren mit fröhlichen Gesichtern. Einige umringen ihn, um letzte Fragen zu stellen, andere möchten noch bestätigende Episoden aus ihrer Praxis erzählen, manche bedanken sich oder klopfen ihm zustimmend auf die Schulter. Der Abteilungsleiter nimmt ihn kurz zur Seite und sagt: „Lassen sie uns nachher die Termine festmachen, ihr dreistufiges Kommunikationstraining wird ab nächstem Jahr fixer Bestandteil unserer Ausbildung sein.“

Otto ist Kommunikationstrainer. Drei Monate zuvor wurde er vom Abteilungsleiter eines Mittelbetriebs angesprochen. Er bot ihm die Möglichkeit, im Rahmen der Jahrestagung der Servicetechniker einen Vormittag lang zum Thema „Kommunikation“ zu referieren. Wenn er und das Thema auf Akzeptanz treffen, soll er ein mehrstufiges Kommunikationstraining für das Unternehmen durchführen. Offensichtlich ist es so gut geworden, wie Otto es sich damals wünschte.

Erfolg kann man planen. Wie entstehen Redeerfolge wie dieser? Selten werden sie auf der Stegreifbühne geboren. Vorbereitung ist auch da der halbe Erfolg. Seit der Antike beschäftigen sich Redner mit den Fragen: Wie soll man sich vorbereiten? Worüber soll man sprechen? Was wird beim Publikum ankommen? Was wird sie überzeugen? Wie füllt man die Redezeit? Wie hält man die Zuhörer bei der Stange? Wie begeistert man sie? Daraus entstanden die fünf klassischen Produktionsstadien einer Rede:

- *Inventio*, die Erkenntnis des Themas, seine Zuordnung zu einer der drei klassischen Redegattungen (Gerichtsrede, Beratungsrede, Festrede) und das Auffinden aller zur wirkungsvollen Behandlung des Gegenstands nötigen Argumente und Materialien.
- *Dispositio*, die Gliederung des Stoffes, passend zu Anlass, Absicht, Thema, Redner und Publikum. Die vier Redeteile der klassischen Rhetorik, bestehend aus Einleitung (exordium), Darlegung des Sachverhalts (narratio), Argumentation und Beweisführung (argumentatio) und Redeschluss (conclusio, peroratio) helfen dabei.
- *Elocutio*, die sprachlich-stilistische Produktion der Rede. Die Elocutio macht das differenzierteste Teilgebiet der Rhetorik aus. Hier fließen auch neueste Erkenntnisse der Hypno-Rhetorik® ein.
- *Memoria*, das Einprägen der Rede ins Gedächtnis (memoria) mittels Mnemotechnik.
- *Actio*, die Umsetzung der Rede durch Vortrag (pronuntiatio), Mimik, Gestik und Handlungen (actio).

In den Jahrtausenden wurden diese klassischen Produktionsteile weiter überarbeitet und verfeinert. Die folgende Strategie ist der momentane Stand der Technik, wie er von Könnern auf der ganzen Welt eingesetzt wird. Es handelt sich dabei um ein fraktales Design, das Sie Schritt für Schritt jenes feine Gewebe aus Botschaft, Thesen, Aussagen, Gefühls- und Sachargumenten spinnen lässt, aus dem Redeerfolge gemacht sind.

Aus welchen Zutaten ein Redeerfolg besteht und wie man ihn Schritt für Schritt entwickelt, erfahren Sie in diesem Kapitel. Im Anhang finden Sie ein Arbeitsblatt, um die Ergebnisse Ihrer folgenden Überlegungen festzuhalten. Wenn Sie wollen und eine entsprechende Gelegenheit haben, können Sie in den dafür vorgesehenen Kästen gleich eine eigene Rede entwickeln.

Ein gutes Beispiel: Wir werden Otto dabei über die Schulter schauen, um an seinem Beispiel zu erleben, wie er zu seinem Erfolg gekommen ist.

1. Generelles Thema der Veranstaltung

Im Rahmen bleiben. Ihre Rede kann nur dann ein Erfolg werden, wenn sie zum größeren Ganzen passt. Wenn das generelle Thema nicht ohnehin offiziell vorgegeben ist, machen Sie sich klar, was der Anlass Ihres Auftritts ist. Halten Sie hier fest, worum es bei dieser Veranstaltung geht, z.B. Produktneueinführung, Vorstandssitzung, Motivation für Projektstart, Kongress (Titel?), Jahrestagung (Motto?), Weihnachtsfeier, Meeting (Anlass?), Verkaufspräsentation etc. Wenn Ihre Rede zum Rahmen passt und ihn unterstützt, dann unterstützt auch der Rahmen Ihre Rede.

> Bei Otto war das Thema der Veranstaltung: „Jahrestagung von Servicetechnikern“.

2. Ziele und Absichten

Ziele

Das Erfolgsrezept. Eines der besten Erfolgsrezepte lautet: Um den eigenen Erfolg zu fördern, fördern Sie den Erfolg der anderen! Daher: Wenn es jetzt darum geht, über Ziele nachzudenken, dann denken Sie an die eigenen Ziele, aber auch an die des Publikums und die des Auftraggebers, wenn es einen gibt.

- Was wollen Sie am Ende erreicht haben? Achten Sie auf positive Formulierung! Woran werden Sie unmittelbar erkennen, dass Sie es erreicht haben? Wahrnehmbar und messbar!
- Was soll das Publikum daraus mitnehmen? Woran werden Sie erkennen, dass es das mitgenommen hat?
- Was möchte der Auftraggeber am Ende erreicht haben? Woran wird er es erkennen können?

Aus dem Wort wurde Wirklichkeit. Sie können sich nun entscheiden. Zu welchem Zweck wollen Sie das Wort ergreifen? Gehen Sie gedanklich in die Zukunft. Was soll jetzt, da Sie am Ende Ihrer Rede angelangt sind, geschehen sein? Was haben Sie durch Ihre Rede bei den Zuhörern erreicht? Beschreiben Sie Ihr Ziel in einem kurzen, klaren Satz, der Sie als Richtschnur durch die gesamte Rede geleiten wird. Er weist Ihnen den Weg zum Erfolg. Dieser Satz ist die Grundlage für den Aufbau Ihrer Rede und sollte ein paar Kriterien erfüllen: Er sollte so klar formuliert sein, dass er den Pfad Ihrer Rede vorzeichnet. Vilhelm Ekelund sagte: „Ein Ziel ist: der ganze Weg zusammengerollt." Werden Sie sich darüber klar, was Sie wollen. Und dann rollen Sie Ihr Ziel auf. Beachten Sie dabei fünf einfache Regeln:

1. *Positiv formuliert?* Ein Abteilungsleiter formulierte sein Ziel so: „Ich möchte meine Mitarbeiter über den Bestellvorgang von Büromaterial informieren, damit sie künftig nicht mehr die wertvolle Zeit meiner Assistentin vergeuden." Jetzt weiß er erst, was er nicht will. Damit hat er sich noch nicht geholfen. Denn wenn er diesen Satz als Ziel akzeptiert, wird er in seiner Rede wahrscheinlich einige wichtige Dinge vergessen. Ich prophezeie ihm, am Ende seiner Rede werden die Zuhörer denken: „Jetzt weiß ich, wie das geht. Aber ein angenehmer Plausch mit der netten Assistentin ist wirklich nicht zu verachten. Und mit meinem Wissen kann ich sie ja bei der Bestellung eines Büromaterials unterstützen." Das war wohl nicht seine Absicht.
   Formulieren wir diesen Satz also positiv: „Ich möchte, dass meine Mitarbeiter die Bestellung ihres Büromaterials künftig selbstständig vornehmen." Was der erste Satz leicht vergessen lässt, wird jetzt klar. Diese Rede muss außer den Informationen über den Bestellvorgang noch zwei weitere Dinge beinhalten: Zum Ersten die Information, dass die frei gewordene Zeit der Assistentin zur Unterstützung des Chefs genützt werden soll, und zum Zweiten die entsprechende Motivation, die genügend Anreiz schafft, eigenständig zu bestellen.
2. *Realistisch?* Machen Sie sich nichts vor. Es ist ein altes Spiel, möglichst viel zu verlangen und schließlich doch etwas mehr zu bekommen, als sonst vielleicht erreicht worden wäre. Ob das

zutrifft, werden Sie nie erfahren. Denn wenn Sie immer mehr verlangen, als erreichbar ist, erreichen Sie Ihre Ziele nie. Und das ist frustrierend genug. Sie nehmen sich die Möglichkeit, Ihre Mitarbeiter mit der Aussage zu motivieren, Sie hätten das gemeinsame Ziel erreicht. Setzen Sie sich also Ziele, die für Sie zwar Herausforderung genug, aber auch erreichbar sind.

Man lässt seine Zukunft nur einmal aus den Augen und schon verbündet sie sich mit dem Zufall.
(Werner Mitsch)

3. *Messbar?* Eine Führungskraft sagt: „Ich möchte, dass die Mitglieder meines Teams besser zusammenarbeiten." Wer soll in Zukunft überprüfen können, ob dieses Ziel erreicht wurde? Ist es erreicht, wenn die Mitarbeiter an drei Tagen der Woche nach der Arbeit gemeinsam auf ein Bier gehen? Oder ist es dann erreicht, wenn die Mitarbeiter einander täglich lückenlos über jedes Teilergebnis informieren? Sie sollten sich messbare Ziele setzen, auch wenn Sie als Vortragender Wissen vermitteln wollen. Stellen Sie sich die Frage: Was sollen die Teilnehmer dieses Seminars am Ende wissen, können und wollen? Wissen bedeutet, dass die Zuhörer aus Fakten und Informationen in Zukunft dauerhaft Sinn machen werden. Können bedeutet, dass die Teilnehmer dieses theoretische Wissen anhand konkreter Beispiele in der Praxis umsetzen können. Das Wollen ist die Motivation, die theoretischen und praktischen Fähigkeiten in Zukunft auch tatsächlich anzuwenden. Präzise Antworten auf diese Fragen geben Ihnen deutliche Hinweise, was in Ihrem Vortrag zu tun ist.
4. *Begeisternd?* Begeistert Sie Ihr Ziel und die Vorstellung, es erreicht zu haben? Wenn nicht, gehen Sie zurück zu Punkt 1. Überprüfen Sie, welche persönlichen Anliegen im vorgegebenen Rahmen noch umzusetzen sind. Welche Ihrer Werte können noch erfüllt werden bei obiger Veranstaltung? Welche Vorteile könnten sich bei einem Erfolg noch für Sie ergeben? Tun Sie das so lange, bis Sie heiß sind auf die Gelegenheit, die sich Ihnen da bietet. Sollte Ihnen das nicht gelingen, ist das entweder ein Grund, obige Veranstaltung erst gar nicht durchzuführen, oder

ein Mangel an Vorstellungskraft. Denn für eines ist jeder öffentliche Auftritt eine Gelegenheit: einen guten Eindruck zu hinterlassen! Die Folgen daraus sind gar nicht abzusehen.

5. *Gut für alle?* Passen die Ziele des Publikums und des Auftraggebers mit Ihren zusammen? Wenn nicht: Verändern Sie sie so lange, bis sie zusammenpassen. Erst dann werden Sie völlig überzeugend auftreten können.

Ottos eigene Ziele: Begeisterung der Teilnehmer für das Thema. Sie überzeugen von seiner Kompetenz. Auftrag für Kommunikationstrainings im Unternehmen zu sehr verlockenden Konditionen.
Ottos Ziele für das Publikum: Sensibilität für die Bedeutung der Kommunikation für unser Lebensglück. Sichtbar gemacht durch eine schriftliche Sammlung von drei Situationen, die eine sachlich gute Basis haben, aber durch die Qualität der Kommunikation als belastend erlebt werden. Drei Ideen für Veränderungen in jeder der drei Situationen. Optimistische Gesichter.
Des Auftraggebers Ziele, wie sie Otto verstanden hat: erhöhte Sensibilität der Servicemitarbeiter für die Bedeutung der Kommunikation als Erfolgsfaktor. Sichtbarmachung siehe oben.

Absichten

Gute Absichten. Behalten Sie bei allem Folgenden die obigen Zielformulierungen im Auge, und fragen Sie sich regelmäßig: „Entspricht das, was ich jetzt beschreibe, diesen Zielen?“ Aus obigen Zielen ergeben sich auch Ihre Absichten. Wählen Sie aus den neun Absichten aus dem 3. Kapitel höchstens drei aus. Haben Sie sich das einmal verdeutlicht, wissen Sie auch, welches Handwerkzeug der Rhetorik Sie dazu benötigen werden:

Ottos wichtigste Absicht ist, Teilnehmer und Auftraggeber zu überzeugen. Von sich, der Wichtigkeit des Themas, der

Möglichkeit diesbezüglich zu lernen. Das wird ihm nur gelingen, wenn er sie für die Thematik motiviert. Da es eine Pflichtveranstaltung ist, wird er nur bestehen können, wenn er sie von Anfang an auch unterhält. Dafür werden sie ihm sogar dankbar sein. Also kreuzt Otto das Folgende an und hebt „Überzeugen“ als Hauptabsicht besonders hervor.

Muse	☐ Inspirieren	☒ Unterhalten	☐ Berühren
Macher	☐ Kundgeben	☒ Motivieren	☒ <u>Überzeugen</u>
Mentor	☐ Zustimmen	☐ Beraten	☐ Ermutigen

3. Erforsche das Publikum

Kennenlernen. Ab jetzt steht das Publikum im Mittelpunkt. Ihr Redeerfolg ist nur mit ihm möglich. Davon ausgehend machen Sie sich auf die Suche nach ein paar wichtigen Informationen. Zum Wichtigsten gehört:

- Wer ist das Publikum?
  Wer nimmt teil?
  Wie viele Leute nehmen teil?
  Wie ist die Alters- und Sozialstruktur?
  Wie gut kennen Sie die Zuhörer und die Zuhörer einander?
  Welche Erfahrungen haben Sie gemeinsam?
  Ist auf einzelne Teilnehmer Rücksicht zu nehmen?
- Was ist die Motivation des Publikums?
  Warum widmet Ihnen das Publikum seine Zeit?
  Was ist diesen Menschen wichtig?
  Welche Interessen haben sie?
  Ist der Anlass wichtig genug für diese Rede?
  Sind sie freiwillig dort?
  Investieren sie eigenes Geld, um teilzunehmen, oder zahlt jemand anderes?
- Wo steht das Publikum in Bezug auf den Anlass?
  Welche Haltungen wird es geben?

Wie vertraut ist es mit dem Inhalt?
Wie sieht sein Background aus (persönlich und beruflich)?
Was wissen diese Menschen und was nicht?
Was können diese Menschen und was nicht?
Welche soziale und politische Ausrichtung haben sie?

Alles Kommende muss zu diesem Publikum passen. Es gibt kein ungeeignetes Publikum, sondern nur ungeeignete Redevorbereitung.

Otto hält folgende wichtige Fakten über sein Publikum fest: 56 Servicetechniker zwischen 25 und 55. Geringe Fluktuation in den letzten Jahren. Sind es gewohnt, bei Jahrestagungen von Externen Referate zu hören. Teilnahme ist zwar nicht Pflicht, wird aber vom Chef gerne gesehen.

4. Sammle unterstützendes Material

Material für Argumente. Unterstützendes Material soll das Publikum beeindrucken und überzeugen. Wir unterscheiden grundsätzlich zwei Möglichkeiten der Beeinflussung:

- Sachargumente mit ihren logischen Schlüssen auf Basis von:
  Expertenzitaten
  Referenzen
  Statistiken
  Forschungsergebnissen
  Demonstrationen
- Gefühlsargumente mit ihrer emotionalen Wirkung aus
  Beispielen
  Aktuellen Nachrichten
  Vergleichen
  Geschichten
  Witzen

Sammeln Sie davon so viel wie möglich. Beginnen Sie ein Archiv zu führen, damit Sie Material haben, wenn Sie es brauchen. Je besser Sie damit ausgerüstet sind, umso sicherer wirken Sie im Vortrag. Ihr Material über das Thema sollte immer weit umfangreicher sein als das, was Sie tatsächlich vortragen. Erst bei einem Verhältnis von DIN-A4-Blatt zu Briefmarke sollten Sie sich erlauben, vor das Publikum zu treten. Vom Typ Ihrer Rede hängt es dann ab, welcher Art Ihr unterstützendes Material sein soll. Tragen Sie passendes Material zusammen. Sie werden es später strukturieren.

Zum Thema Kommunikation sammelt Otto aus seinem reichen Fundus aus Gefühls- und Sachargumenten – um zu überzeugen: Fakten aus Wissenschaft, Wirtschaft und Politik; um zu berühren: interessante und lustige Anekdoten; um zu öffnen: Übungen und Experimente.

5. Finde deine Botschaft

Der gute Kern. Nach dem Wissen über das generelle Thema der Veranstaltung, Ihre Ziele und die der anderen, Publikum und vorhandenes Material können Sie daran gehen, Ihre Botschaft in einem einfachen Satz zu formulieren. Glauben Sie uns: Das geht immer. Und es macht Ihnen viel klarer, was Sie eigentlich vermitteln wollen. Schwören Sie sich auf Ihre Botschaft ein. Alles was Sie sagen, bringen, tun, zeigen, unterlassen, anführen, andeuten, betonen, beweisen, beteuern, beschreiben, vorhersagen, ausführen, alles hat nur ein Ziel: Ihre Botschaft hinüberzubringen!

Nach einigen Überlegungen und verworfenen Versionen sieht Ottos Botschaft so aus: „Der beste Weg, die Lebensqualität zu steigern, ist, die Qualität der Kommunikation zu steigern."

6. Finde einen Titel

Den Namen musst du kennen. Von Ihrer Botschaft ausgehend entwickeln Sie einen möglichst prägnanten Titel. Wählen Sie einen kurzen und kernigen Titel, einen, der die Zuhörer neugierig macht und unter die Haut geht. Die Botschaft selbst ist nur selten dafür geeignet. Der Titel sollte auch nicht zu viel verraten. Er kann ruhig ein wenig provokant sein, das fördert Emotionen. Nützen Sie dabei die Wirkung der Rhetorikfiguren (siehe Kapitel 9). Ein paar Beispiele:

- Marketing macht mobil
- Small is beautiful, big is better
- Gut, besser, Start

Nach einigem Nachdenken entscheidet sich Otto für: „Irrtum Information".

7. Thesen und Aussagen

Thesen

Ein bis drei Thesen. Laut Brockhaus ist eine These ein Satz, der das Wesentliche eines Aussagenkomplexes zusammenfasst. Abhängig von der Länge Ihres Vortrags, können Sie ein bis drei Thesen wählen. Halten Sie einen kurzen Vortrag (30 Minuten) mit nur einer These, dann ist Ihre Botschaft zugleich die These. Haben Sie mehr Zeit, dann entwickeln Sie aus Ihrer Botschaft bis zu drei Thesen. Haben Sie übermäßig Zeit, bleiben Sie trotzdem bei maximal drei Thesen! Mehr würde Ihrem Vortrag die Prägnanz nehmen. Die Thesen untermauern Ihre Botschaft. Der Rest Ihrer Rede sollte nur dazu dienen, diese Thesen zu belegen und zu illustrieren. Sie definieren damit die Hauptüberschriften Ihrer Inhalte und legen die Grobstruktur fest.

Die homersche Schlachtordnung. Ordnen Sie Ihre Thesen – wie auch später die unterstützenden Aussagen und Argumente – nach der homerschen Schlachtordnung: Die Griechen ließen eine starke und mutige Einheit vorangehen, um den Feind zu beeindrucken und die gegnerische Stellung zu durchbrechen. Anschließend kamen unerfahrene Soldaten, um den Feind zu ermüden, und zum Schluss die Elitetruppen, um den ermüdeten Feind endgültig zu besiegen. Auf die Rhetorik übertragen sieht das folgendermaßen aus, wobei A für das mächtigste Elemente und C für das schwächste steht: B → C → A. Sie sollten maximal drei Thesen anführen. Haben Sie mehr, dann bündeln Sie sie. Führen Sie mehr als drei Argumente oder Aussagen an, dann ordnen Sie sie so: B → E → D → C → A. Mit dem ersten Element erregen Sie Aufmerksamkeit, und es sollte für einen guten Anfang auch stark genug sein. Danach die weniger starken Elemente (stark sollten sie alle sein, sonst lassen Sie sie besser überhaupt weg) und zum Abschluss das stärkste Elemente. Seine Wirkung schwingt nach, es bleibt am längsten in Erinnerung.

Ottos Thesen werden sein:
These I: Erfolg = Leistung x Kommunikation^2
These II: Wie wir mit uns selbst kommunizieren, bestimmt unsere Zufriedenheit.
These III: Das Dramadreieck bestimmt die Qualität unserer Beziehungen.

Aussagen

Unterstützende Aussagen. Finden Sie für jede These wieder drei bis fünf Aussagen. Sie können je nach Absicht illustrieren, übersetzen, erläutern, verdeutlichen, greifbarer machen, provozieren, erstaunen, berühren, unterhalten, betroffen machen.

Bei Ottos dritter These sah das so aus:
These III: Das Dramadreieck bestimmt die Qualität unserer Beziehungen zu Partnern und Kindern.
Aussage 1: Das Dramadreieck ist die Grundstruktur unserer Konflikte.
Aussage 2: Dramadreieck zu zweit wird auch gerne gespielt.
Aussage 3: Kein Müllverstärker sein.

8. Strukturiere das unterstützende Material

Ordnen und verteilen. Ordnen Sie nun den Aussagen das unterstützende Material zu, welches Sie schon gesammelt haben. Hier werden aus dem Material Sach- und Gefühlsargumente. Sie haben drei Möglichkeiten, Ihre Argumente um Ihre Aussagen zu gruppieren:

1. Das *Resümeeschema*: nützlich bei negativen Themen
   Argument 1
   Argument 2
   Argument 3
   AUSSAGE
2. Das *Erläuterungsschema*: gut zu verwenden bei positiven Themen
   AUSSAGE
   Argument 1
   Argument 2
   Argument 3
3. Den *Informationsbogen*: geeignet, um Aussagen klar und einprägsam zu machen
   AUSSAGE
   Argument 1
   Argument 2
   Argument 3
   Wiederholung der AUSSAGE

Ob Sie bei alldem ein, zwei, drei oder mehr Argumente verwenden, ob es Sach- oder Gefühlsargumente sind, hängt vom Publikum und Ihren Absichten ab. Mehr dazu später.

> Otto ordnet seine unterstützenden Materialien jenen Aussagen zu, für die sie als Argumente dienen. Am Beispiel der ersten Aussage sieht das so aus:
> These III: Das Dramadreieck bestimmt die Qualität unserer Beziehungen zu Partnern und Kindern.

Aussage 1:	Das Dramadreieck ist die Grundstruktur unserer Konflikte.
Sachargument:	Expertenzitat von Stephen Karpman, dem Entwickler des Dramadreiecks.
Sachargument:	Demonstration der Dynamik des Dramadreiecks mit drei Freiwilligen.
Gefühlsargument:	Beispiel einer Familie, die als Coachingklienten genau dieses Muster gezeigt haben.

9. Plane das Ende

Nur wenn Ende gut, alles gut. Planen Sie den Schluss schon vor dem Anfang. Das macht Ihnen die Richtung, in die es gehen soll, noch einmal klar und hilft Ihnen, gleich von Anfang an den richtigen Weg einzuschlagen. Das Ende bleibt den Zuhörern am längsten in Erinnerung. Also sollten Sie ihm schon einige Aufmerksamkeit widmen.

Folgende Elemente sollte ein gelungenes Ende beinhalten:

- Wiederholung der Botschaft
- Zukunft: Machen Sie deutlich, was die Zuhörer mit dem hier Gehörten in Zukunft anfangen können. Beziehen Sie sich dabei auf die Thesen.
- Bringen Sie eventuell ein treffendes Zitat.
- Dank: Danken Sie dem Veranstalter und dem Publikum.
- Verabschieden Sie sich.
- Last but not least: Appell!

Ottos Abschluss: „Es scheint also wirklich so zu sein: Der beste Weg, unsere Lebensqualität zu steigern, ist, die Qualität unserer Kommunikation zu steigern!
Und mit Ihrem neuen Wissen über das Dramadreieck werden Sie die Qualität Ihrer Kommunikation und damit Ihre Lebensqualität schon bei den nächsten Anlässen verbes-

sern. Bei der nächsten Familienfeier mit ein oder zwei Sätzen die Stimmung so verändern, dass es auch für Sie eine Feier sein wird. Beim nächsten schwierigen Kunden sich innerlich die Frage stellen: How much pleasure can I stand? und damit in Kontakt bleiben mit Ihrem Humor und der gesunden guten Stimmung. Beim nächsten schriftlichen Bericht, daran denken, dass Sie damit auf besonders gute Leistungen, besonders kreative Ideen und besonders innovative Lösungen hinweisen und ihn damit auch zu einem persönlichen Werbespot machen können.
Karl Kraus sagt: ‚Ich kenne mich nur aus mit der Sprache der anderen. Die eigene macht mit mir, was sie will!' Aber nicht mehr so sehr mit Ihnen!
Vielen Dank an Sie, Herr Huber, für die Gelegenheit Ihre Mannschaft kennenzulernen, herzlichen Dank an Sie, meine Damen und Herren, dass Sie ein so aufmerksames Publikum waren.
Auf Wiedersehen, noch eine angenehme Tagung und wenn ich mir zum Schluss noch etwas wünschen darf: Fangen Sie gleich mit der Umsetzung der neuen Ideen an, und hören Sie erst auf damit, wenn sich alle Ihre Wünsche erfüllt haben!"

10. Plane den Anfang

Anfang gut! Der Anfang bestimmt, ob die Teilnehmer während des Vortrages zu Zuhörern werden. Schaffen Sie von Anfang an die nötige Motivation zuzuhören. Ihre wichtigste Aussage in diesem Moment: Warum wird es sich für die Zuhörer lohnen, hier und aufmerksam zu sein?

1. *Bevor es losgeht:* Planen Sie genügend Zeit ein, um zur Ruhe zu kommen, bevor es losgeht. Die Kraft kommt aus der Stille. Was bis jetzt nicht vorbereitet ist, erhöht nicht mehr die Qualität Ihres Vortrags, sondern nur Ihren Stresspegel. Sorgen Sie lieber dafür,

dass Sie in Höchstform sind, wenn es losgeht. Übrigens, es geht los in dem Moment, in dem Sie am Seminarort ankommen! Von da an werden Sie gesehen, und alles, was sie tun, hat Bedeutung für die Zuhörer.

2. *Vorstellung:* Wo immer möglich, lassen Sie sich durch einen Dritten vorstellen. Wie man das macht, erfahren Sie im Kapitel „Events“. Wenn die Vorstellung beginnt, stehen Sie schwungvoll, aber nicht hektisch auf. Während der Vorstellung blicken Sie freundlich lächelnd ins Publikum. Jetzt erkennen Sie, wer freundlich zurücklächelt. Nützen Sie den Augenkontakt mit diesen Personen in der Anfangsphase als Ihren persönlichen Stimmungshafen. Halten Sie sich anfangs an diese Personen, weiten Sie von dort aus Ihren Augenkontakt aus.
3. *Einstieg:* Nutzen Sie die Gunst der ersten Sekunde. Treten Sie in den Mittelpunkt und nützen Sie ihn. Beginnen Sie nicht mit: „Es freut mich sehr ...“, „Ich habe das Vergnügen ...“, „Wenn sie gestatten ...“, „Danke für Ihre Aufmerksamkeit ...“, „Ich darf Ihnen heute ...“. Das sind Langweiler, die das Publikum einen ebensolchen Vortrag befürchten lassen – und vergebene Chancen. Was Sie zu Beginn sagen, bleibt, gemeinsam mit dem zuletzt Gesagten, am längsten in Erinnerung. Beginnen Sie mit einem Gefühls- oder Sachargument!

   Aktivierungselement: Es hebt die Beteiligung der Zuhörer.

   Zeigen Sie einen Filmausschnitt, eine Bildersequenz, einen mitgebrachten Gegenstand.

   Stellen Sie mehr oder weniger provozierende Fragen, sagen Sie absichtlich etwas Falsches und lassen Sie sich korrigieren (nachher wieder Kompetenz aufbauen!), spielen Sie ein Musikstück an.

   Lassen Sie die Zuhörer aktiv etwas machen: etwa Kleingruppen nach bestimmten Kriterien bilden, z.B. nach Geburtsmonat, Zugehörigkeit im Unternehmen, Familienstand etc.

   – Sachargumente: Sie unterstützen von Beginn an Ihre Glaubwürdigkeit als Redner.
     Expertenzitate
     Referenzen

Statistiken
Forschungsergebnisse
Demonstrationen

- Gefühlsargumente: Sie sprechen sofort einmal die Gefühle der Zuhörer an.
  Beispiele
  Aktuelle Nachrichten
  Vergleiche
  Geschichten
  Witze

Was auch immer Sie im Einstieg bringen, sollte inhaltlich raffiniert, neu, überraschend, inspirierend sein. Von Ihrer Körpersprache her brauchen Sie nicht mit einem eingesprungenen Rittberger zu beginnen. Da ist es bekömmlicher, wenn Sie mit eher langsamerem Sprechtempo beginnen, damit das Publikum mit Ihnen in Kontakt kommen kann, sich an Ihre Aussprache, Ihre Ausstrahlung gewöhnt. Werden Sie dann mit der Zeit schneller, und schließlich variieren Sie das Tempo, wie auch alle anderen nonverbalen Elemente (aber dazu später mehr).

4. *Begrüßung (und Selbstvorstellung):* Halten Sie die Spannung, indem Sie die Begrüßung der Zuhörer zwar höflich, aber kurz und knapp machen. Bleiben Sie dynamisch. Ist die Vorstellung noch nicht durch Dritte erfolgt, was immer zu bevorzugen ist, geschieht hier auch die Selbstvorstellung. Bleiben Sie auch da kurz. Der folgende Punkt ist viel wichtiger als die Biografie des Redners. Die können Sie später, wenn es notwendig erscheint, ohnehin noch episodisch ergänzen.
5. *Kontrolle über den Raum:* Noch ist die Spannung im Raum. Sagen Sie, dass Sie in Kürze einen Überblick geben werden, worum es heute geht, und dann fordern Sie zu einer – wenn auch nur kleinen – Veränderung des Rahmens auf: näher oder weiter wegrücken, heller oder dunkler machen, bequem machen, Unterlagen zur Hand nehmen etc. Dieser Punkt kann minimal sein, ist aber psychologisch von großer Bedeutung. Damit erhöhen Sie die Akzeptanz aller folgenden Informationen.

6. *Thema und Vorinformationen:* In diesem neuen Rahmen nennen Sie dem Publikum
das Thema und
Ihre Botschaft, in aller Prägnanz und eventuell provokant,
einen Überblick über die inhaltliche Struktur, die es erwartet.
Organisatorisches: voraussichtliche Dauer, Pausenzeiten, Rahmen für Fragen und anderes,
etwas zur Motivation der Teilnehmer, wie Sie sie vermuten und Ihre eigene Motivation. Das Publikum weiß Offenheit sehr zu schätzen!
7. *Überleitung.* Leiten Sie von da sofort über zum Hauptteil, zur ersten These, samt Argumenten.

Otto wird einen Tag vorher in das Tagungshotel reisen, um ausgeruht und erholt zu erscheinen. Gleichzeitig kann er schon etwas von der Atmosphäre vor Ort schnuppern.
Er wird sich durch den Abteilungsleiter Huber, den Auftraggeber, vorstellen lassen.
Als Einstieg wählt er die Geschichte vom jungen Fisch, der einen älteren mitten im Meer nach dem Weg zum Ozean fragt: „‚Mein junger Freund, das Wasser, das dich umgibt, das dich atmen lässt, ernährt und trägt, das ist der Ozean.' ‚Danke sehr', antwortete der junge Fisch und schwamm kopfschüttelnd weg. ‚Sehr seltsam der Alte, und wenn ich nur wüsste, was er mit Wasser meint!' Was ist unser Wasser, das uns so nahe, so vertraut und so selbstverständlich ist, dass wir es nicht bemerken? Obwohl wir ihm unsere Zufriedenheit, unsere Heiterkeit und sogar unsere Gesundheit verdanken? Um diese Fragen wird es heute Vormittag gehen. Guten Morgen, meine Damen und Herren! Bitte kommen Sie etwas näher, und machen Sie es sich etwas bequemer. Ich sehe meine Aufgabe nicht nur darin, Ihnen etwas zu präsentieren, ich möchte Sie auch mit besserer Stimmung in den Tag entlassen, als Sie hierher gekommen sind. Machen Sie es sich also ruhig einmal gemütlich, ich werde das Gleiche tun."

Während des Sesselrückens zieht sich Otto sein Sakko aus, so wie es die meisten Teilnehmer auch tun. Als alle wieder zur Ruhe gekommen sind: „So, probieren wir es noch mal: Guten Morgen!“ Echo von den Teilnehmern gemischt mit Lachen.

„Das Thema lautet ‚Irrtum Information‘ und Sie werden in den nächsten zwei Stunden erleben, was das mit unserer Kommunikation zu tun hat.“ Dann gibt Otto einen Überblick über die logistischen Details wie Ende, Pause etc. und setzt fort:

„Sie haben schon einen Tag Ihrer Jahrestagung hinter sich und noch einen vor sich. Bei eingeschobenen Vorträgen dieser Art gibt es üblicherweise drei Arten von Teilnehmern: 1. die Strafgefangenen, die glauben hier sein zu müssen, um einen engagierten Eindruck zu machen.“ [Lachen und Gemurmel unter den Teilnehmern] „Meine Herren, ich spreche natürlich nur von anderen Gruppen, Anwesende sind immer ausgenommen!“ [wieder Lachen und Gemurmel]

„Die zweite Gruppe sind die Urlauber.“ [wieder Lachen und Gemurmel] „Die üben sich darin, beim Schlafen möglichst wach auszusehen.“ [wieder Lachen und Gemurmel]

„Und die dritte Gruppe sind diejenigen, die meinen, man könnte überall etwas mitnehmen, die eine oder andere Information, um sich das Leben leichter zu machen. Und all jenen hier in diesem Raum verspreche ich: Wenn sie sich ganz auf das einlassen, was wir hier machen in diesen zwei Stunden, werden Sie in der Lage sein, Ihre Leistungen besser zu verkaufen, leichter mit Ihrem Stress umzugehen und Konflikte im privaten und beruflichen Bereich leichter zu befrieden!

Ich möchte Ihnen dabei in der kurzen Zeit so viel wertvolle Information wie möglich geben und gleichzeitig feststellen, wie gut wir miteinander können, wie interessant das, was ich zu bieten habe, für Sie ist. Denn dann könnten wir uns öfter sehen, aber auch nur dann. Also, lassen Sie uns gleich

beginnen, am besten mit einer recht provokanten These zum Thema Kommunikation!“
Auf der Leinwand erscheint ein Satz, die Botschaft, und Otto wiederholt sie: „Der beste Weg, die Lebensqualität zu steigern, ist, die Qualität der Kommunikation zu steigern“ …

11. Grobentwurf festhalten

Das Wichtigste. Mit allem Bisherigen haben Sie den Grobentwurf Ihrer Rede. Dieser Grobentwurf sollte genügend Informationen enthalten, sodass ein Kollege den Vortrag übernehmen könnte. Sie können diesen Grobentwurf einfach niederschreiben oder auch andere Formen wählen, z.B. die Kärtchen-Methode: Dabei schreiben Sie Thesen, Aussagen und Argumente auf Karteikärtchen und ordnen diese entsprechend.

Ähnlich ist die Methode mit Post-its: Alle Elemente können damit übersichtlich auf einem Flipchart-Bogen gesammelt und danach geordnet werden. Mindmapping ist ebenfalls eine geeignete Methode, um vom Allgemeinen ins Spezielle zu kommen. Experimentieren Sie mit all diesen Möglichkeiten. Wichtig ist dabei, dass Sie leicht den Überblick behalten und flexibel auf neue Ideen und Materialien eingehen können.

Betrachten Sie dann das Ganze und achten Sie auf einige wichtige Fragen für das Gelingen des Gesamtverlaufs:

- Habe ich genügend inhaltliche Abwechslung zwischen
  Sach- und Gefühlsargumenten,
  passivem Zuhören und Aktivität,
  hoher Aufmerksamkeit und Regeneration?
- In welcher Stimmung soll das Publikum zu welchem Zeitpunkt sein?
- Wie sehr will ich das Publikum zu welchem Zeitpunkt fordern?
- Wann plane ich Pausen zur Regeneration und zur Verpflegung?

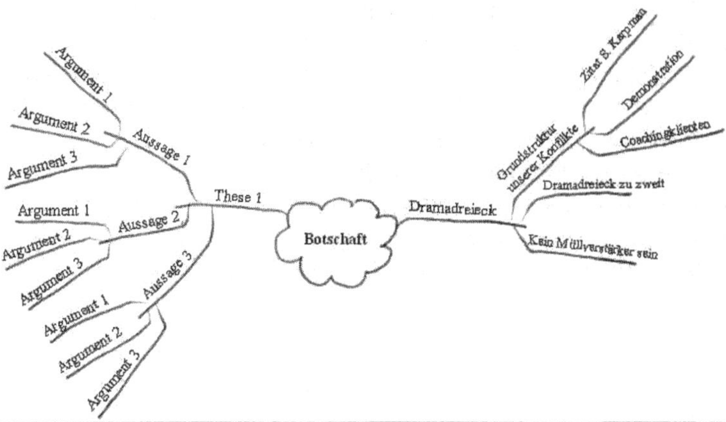

Abbildung 1: Eine Mindmap für die Grobstruktur

Zeitbedarf. Handelt es sich um einen längeren Vortrag, planen Sie auch den Zeitbedarf für die einzelnen Elemente im Voraus. Besonders als Neuling unterschätzt man gerne den erforderlichen Zeitaufwand. Es wäre schade, wenn die Zeit um ist, aber nicht Ihr Thema. Ein gutes Maß ist: 15 Prozent der Zeit für Einleitung – 75 Prozent für den Hauptteil – 10 Prozent für den Schluss.

Mnemotechnik. Üben Sie dann anhand ihres Grobentwurfes. In Kapitel 10 bekommen Sie auch mnemotechnische Tipps, um mit dem Grobentwurf als Unterlage für Ihren Vortrag auszukommen. Sie sollten im Grobentwurf alles Wesentliche finden und gleichzeitig ganz natürlich auf aktuell auftretende Situationen reagieren können.

12. Verfeinern

Die Würze. Die letzte Phase ist das Verfeinern. Je mehr Sie davon verstehen, desto mehr werden Sie vom Könner zum Sprachmagier. Betrachten Sie Ihren Grobentwurf, und achten Sie auf Möglichkeiten der Feinabstimmung. Der Rest des Buches ist diesem Thema gewidmet:

- Wie werden Sie und Ihr Vortrag noch glaubwürdiger?
- Wie werden Ihre Argumente überzeugender?
- Wie können Sie intensiver die Gefühle der Zuhörer ansprechen?
- Wie können Sie Ihrer Sprache noch mehr Schliff verleihen?
- Wie können Sie das Publikum faszinieren?
- Wie können Sie eine hypnotische Wirkung erzielen?
- Wie erhöhen Sie Ihre Bühnenpräsenz?
- Wie pariert man Angriffe?
- Was sind bewährte Strategien für spezielle Anlässe?

Zusammenfassung

Die zwölf Schritte vom Rhetorikanfänger zum Rhetorikkönner

Die fünf klassischen Produktionsstadien einer Rede: *Inventio, Dispositio, Elocutio, Memoria, Actio.*

1. Generelles Thema der Veranstaltung

Im Rahmen bleiben. Formulieren Sie Ihre Rede so, dass Sie zum Rahmen passt – nur so kann sie ein Erfolg werden. Dann unterstützen Sie den Rahmen und der Rahmen unterstützt Ihre Rede.

2. Ziele und Absichten

Das Erfolgsrezept. Fördern Sie den Erfolg der anderen! Denken Sie an die Ziele des Publikums.

Aus dem Wort wurde Wirklichkeit. Formulieren Sie Ihr Ziel und wählen Sie drei Absichten.

3. Erforsche das Publikum

Stellen Sie Ihr Publikum in den Mittelpunkt: Wer ist das Publikum? Was ist die Motivation des Publikums? Wo steht das Publikum in Bezug auf den Anlass?

4. Sammle unterstützendes Material

Überzeugen Sie Ihr Publikum. Machen Sie Ihre Meinung plausibel durch Sachargumente oder Gefühlsargumente. Lassen Sie die Art des Materials durch den Typ Ihrer Rede bestimmen.

5. Finde deine Botschaft

Der gute Kern. Packen Sie Ihre Botschaft in einen Satz. So wird Ihnen klarer, was Sie vermitteln wollen. Schwören Sie sich auf Ihre Botschaft ein.

6. Finde einen Titel

Den Namen musst du kennen. Wählen Sie einen kurzen, kernigen und prägnanten Titel, der die Zuhörer neugierig macht. Er kann ruhig ein wenig provokant sein, das fördert Emotionen.

7. Thesen und Aussagen

Die homersche Schlachtordnung. Ordnen Sie Ihre drei Thesen: Zuerst die zweitstärkste, dann weniger starke, zum Schluss die stärkste. Finden Sie je drei bis fünf unterstützende Aussagen.

8. Strukturiere das unterstützende Material

Hier werden aus dem Material Argumente. Ordnen Sie nun den Aussagen das unterstützende Material zu, welches Sie schon gesammelt haben.

9. Plane das Ende

Nur wenn Ende gut, alles gut. Planen Sie den Schluss schon vor dem Anfang. Machen Sie sich so die Richtung, in die es gehen soll, noch mal klar.

10. Plane den Anfang

Anfang gut! Schaffen Sie von Anfang an die nötige Motivation zuzuhören. Fragen Sie sich: Warum wird es sich für die Zuhörer lohnen, hier und aufmerksam zu sein?

11. Grobentwurf festhalten

Das Wichtigste. Wählen Sie die Methode, die Ihnen Überblick und Flexibilität verschafft. Machen Sie eine Zeitplanung für die einzelnen Elemente. Üben Sie anhand Ihres Grobentwurfes!

12. Verfeinern

Die Würze. Betrachten Sie Ihren Grobentwurf, und achten Sie auf Möglichkeiten der Feinabstimmung. Gehen Sie den Schritt vom Könner zum Sprachmagier.

4. Charakter – Wie man seine Glaubwürdigkeit steigert

Vertrauen aufbauen und ihm gerecht werden

> *Dass Redner selbst glaubwürdig sind, dafür gibt es drei Gründe, denn so viele Ursachen gibt es, von den Beweisen abgesehen, weswegen wir Rednern Glauben schenken: Es sind dies*
> *Einsicht, Tugend und Wohlwollen.*
> (Aristoteles)

Ehrlich nicht begehrlich. König Friedrich II. inspizierte eines Tages, wie schon lange kein preußischer Herrscher vor ihm, seine Gefängnisse. Der Reihe nach fielen die Gefangenen vor seine Füße und beteuerten ihre Unschuld, nur ein Gefangener verneigte sich schweigend. Das erregte die Aufmerksamkeit des Königs: „Warum bist du hier?"

„Ich habe gestohlen, Eure Majestät."

„Und bist du schuldig?"

„Voll und ganz: Ich habe Brot gestohlen für meine Familie."

Friedrich senkte nachdenklich den Kopf, überlegte ein paar Momente und sagte dann: „Wache, lasst diesen Mann sofort frei! Ich möchte nicht, dass all die unschuldigen Menschen, die hier ihre Tage fristen, von diesem kriminellen Subjekt verdorben werden."

Ethik, der Weideplatz der Seele. „Ethik" kommt vom griechischen Wort „ethos". Es heißt in seiner ursprünglichen Bedeutung „Weideplatz", auf den Menschen übertragen „gewohnter Sitz", später dann Gewohnheit und Charakter. Mit einem ethisch einwandfreien Menschen zu tun zu haben, hat noch immer etwas vom idyllischen Weideplatz, der im Wort mitschwingt. Wie erholsam und entspannend, wenn wir einmal zuhören können, ohne jedes gehörte Wort auf die Waagschale legen zu müssen.

Andererseits als Redner: Wenn Ihnen das Publikum vertraut, können Sie sich viele Beweise und Argumente ersparen. Leider scheint die Gabe der Vertrauenswürdigkeit zufällig zwischen uns Menschen verteilt, manchen ist man eher geneigt zu vertrauen, bei anderen ist man leicht skeptisch. Ein Dozent hat es einfach, die Studenten gehen davon aus, dass richtig ist, was er sagt, weil er institutionell dazu berufen ist und keine eigenen Interessen vertritt. Wenn Sie das Management eines Unternehmens von einer Investition in Ihr Produkt überzeugen wollen, sieht die Sache schon anders aus. Wie also können Sie das Vertrauen des Publikums gewinnen? Mit welchen Fakten, Aussagen und Gesten? Halten wir uns an Aristoteles:

Wie Sie durch

- Einsicht,
- Tugend und
- Wohlwollen

ihre Glaubwürdigkeit erhöhen und damit das Vertrauen des Publikums gewinnen können, darum geht es in diesem Kapitel.

Einsicht – die Voraussetzung für Durchblick

Know-how-Gefälle. Der Vater findet es an der Zeit, mit seinem dreizehnjährigen Sohn über die Tatsachen des Lebens zu sprechen. Also ruft er ihn eines Abends in sein Arbeitszimmer, schließt die Türe hinter ihm und sagt mit größtmöglicher Bedeutungsschwere: „Mein Sohn, wir sollten einmal ganz offen über die Geheimnisse der menschlichen Sexualität sprechen." Der Junge antwortet: „Einverstanden Vater, was würdest Du gerne wissen?"

Normalerweise sind Sie in einer besseren Situation, und das Publikum gibt Ihnen einen Vertrauensvorschuss. Es kalkuliert: „Wenn er sich schon vor uns stellt und eine Rede hält, wird er wohl auch etwas Bedeutendes zu sagen haben." Das ist allerdings eine schwache Basis, die bereits mit den ersten Worten zu bröckeln beginnen kann. Verstärken Sie die Basis, überzeugen Sie die Zuhörer von Ihrer Kompetenz.

Fachchinesisch ist zu wenig. Vielleicht denken Sie jetzt: „Meine Fachkompetenz ist unbestritten. So viel wie ich, weiß über dieses Thema niemand." Das ist erfreulich, aber zu wenig. Denken Sie an den Wissenschaftler, der immenses Wissen hat und dieses den Zuhörern in seiner Rede an den Kopf wirft. In seiner eigenen Faszination gefangen, breitet er eine Theorie nach der anderen aus und übersieht dabei, dass er die eigentlichen Anliegen des Publikums nur streift. Glauben Sie, dieser Wissenschaftler wird die Aufmerksamkeit der Zuhörer halten können? Wohl kaum. Der Vortrag kann fachlich noch so brillant sein, wenn er damit die Zuhörer nicht zu Betroffenen macht, hat er dennoch als Redner versagt. Betrachten wir also genauer, wie Sie in den Augen Ihrer Zuhörer Kompetenz erlangen.

Einsicht ins Thema

Wieso gerade Sie? Warum stehen Sie vor dem Publikum und nicht jemand anderes? Erzählen Sie dem Publikum einleitend über Kriterien, die Sie ermächtigen, vor Menschen zu reden. Ihnen stehen ein paar Mittel zur Verfügung, um zu zeigen, dass Sie inhaltlich aus dem Vollen schöpfen.

- Reden Sie über Ihre Aus- und Weiterbildung, die Sie für dieses Thema zum Experten macht.
- Erzählen Sie über Ihre bisherigen Gelegenheiten, sich in der Praxis mit dem Thema zu beschäftigen. Bei welchen Anlässen konnten Sie themenspezifische Erfahrungen sammeln? Wo und wann hatten Sie mit den Dingen, die Sie vortragen, bereits Erfolge zu verzeichnen?
- Erwähnen Sie, wer Sie als Experten empfiehlt oder mit welchen als Experten akzeptierten Menschen Sie zusammenarbeiteten.
- Streuen Sie ein paar Worte ein über Ihre Erfahrungen als Vortragender.
- Erwähnen Sie, worüber Sie Bücher, Artikel, Berichte, Kolumnen schrieben oder veröffentlichten.

- Verwenden Sie in Ihrer Rede die richtigen Begriffe, die im Kontext des Themas üblich sind. Wenn Sie anlässlich einer großen Familienfeier eine Ansprache halten, nennen Sie nicht nur Namen, sondern auch Verwandtschaftsgrade. In einem fachlichen Vortrag sollten Sie mit den Fachbegriffen richtig umgehen können. Nennen Sie vor allem zu Beginn mehr dieser Begriffe als sonst. Erklären Sie sie aber auch ausreichend. Sie stellen damit Ihre Fachkompetenz ins volle Rampenlicht.

Namedropping. Sie meinen: „Wo soll ich das hernehmen? Ich habe nichts davon aufzuweisen?“ Dann erwähnen Sie im Gespräch die Namen bekannter Persönlichkeiten, die vom Publikum als Autoritäten anerkannt werden. Sprechen Sie über Details aus dem Leben dieser Menschen. Sie profitieren damit vom sozialpsychologischen Phänomen der Eigenschaftsübertragung: Das Publikum verknüpft diese Namen unbewusst mit Ihrer Persönlichkeit. Von spezifischen Stars in einzelnen Gebieten abgesehen, wirken Namen wie Albert Einstein, Sigmund Freud, Mahatma Gandhi, John F. Kennedy, Aristoteles (!) fast immer. Nennen Sie dabei stets den vollen Namen.

Nicht zu viel und nicht zu wenig. Bei all den Möglichkeiten, Ihre Kompetenz unter Beweis zu stellen, sollten Sie Augenmaß wahren. Wenn ein Redner in einem halbstündigen Vortrag fünf Minuten der Zeit dafür verwendet, seine Kompetenz hervorzukehren, langweilt er seine Zuhörer nicht nur, sie sehen ihn als Angeber und stellen auch seine Beweise infrage, nach dem Motto: „Wenn jemand glaubt, so lange darüber reden zu müssen, wie gut er ist, muss etwas faul dran sein.“ Andererseits will das Publikum von Ihrer Kompetenz überzeugt sein. Wem würden Sie selbst aufmerksamer zuhören? Einem allgemein anerkannten Experten oder jemandem, der sich kurz mal mit einem Thema auseinandersetzte? Eben. Also machen Sie sich zum Experten auf Zeit. Das Publikum wird es Ihnen danken.

Einsicht in die Belange der Zuhörer

Wissen, worum es wirklich geht. Kurz vor der Französischen Revolution in Versailles: Marie-Antoinette, die Frau von Ludwig XVI., fragte, warum das Volk so unruhig sei. Betretenes Schweigen. Endlich wagte es einer der Bediensteten: „Madame, die Leute hungern, sie haben einfach kein Brot. Weder für sich noch für ihre Kinder." Die Königin schüttelte verständnislos den Kopf: „Ja dann sollen sie eben Kuchen essen!"

Erforsche dein Publikum. Fachmann zu sein ist zu wenig. Sie müssen auch zeigen, dass Sie etwas vom Publikum verstehen und den Dingen, die dem Publikum gerade wichtig sind. Zeigen Sie „Fachwissen" über die Zuhörer. Spätestens zu diesem Zeitpunkt gilt es, sich in deren Lage zu versetzen. Machen Sie zu Beginn Ihrer Rede deutlich, dass Sie wissen,

- in welchem Umfeld sich *die Zuhörer* in Bezug auf das Thema bewegen,
- was *die Zuhörer* in Bezug auf das Thema tun und können,
- welche Meinungen *die Zuhörer* sich zum Thema bereits gebildet haben,
- was *den Zuhörern* dabei wichtig ist und
- welche Ziele *die Zuhörer* haben.
- Kennen Sie einzelne Menschen aus dem Publikum, dann zeigen Sie es und sprechen Sie sie an.

„Gedankenlesen" wirkt. Ein Verkäufer präsentierte nach ersten sondierenden Gesprächen der Führungsmannschaft eines kleinen Unternehmens die Vorteile seiner Kopiergeräte.

> Einleitend sagte er: „Sie führen ein relativ kleines Unternehmen. Wahrscheinlich kopieren Sie täglich ungefähr 200 bis 300 Seiten. Sie haben sicher bemerkt, dass es in diesem Bereich sehr viele Anbieter gibt. Die alle miteinander zu vergleichen, kostet Sie viel Zeit. Sie wissen: Es gibt sehr gute Kopierer, aber auch sehr mangelhafte, doch was ist was? Im Grunde wollen Sie, dass das Gerät zuverlässig funktioniert, schnell ist und wenig kostet. Und Sie wollen nichts anderes, als möglichst rasch herausfinden, wer ein solches Gerät anbietet."

Da fühlen sich die Zuhörer nicht nur vollkommen verstanden. Sie sind auch bereit, den Redner als jemanden zu akzeptieren, der sie berät und unterstützt. Und diese Bereitschaft wollen Sie ja erreichen, wenn Sie selbst das Wort haben.

Tugend – gute Menschen tun gut(es)

Wer einmal lügt … Ein junger Geschäftsmann saß zum ersten Mal in seinem eigenen Büro, hinter seinem neuen Schreibtisch. Stolz blickte er um sich, strich mit der Hand über das Holz und schnupperte den Geruch des Neuen. Als es an der Tür klopfte, rief er „Herein!“ und hob noch schnell den Telefonhörer ab, um, als sein Besucher eintrat, für ein paar Momente so zu tun, als würde er ein wichtiges Telefonat führen. Dann legte er auf: „Entschuldigen Sie, dass ich Sie warten ließ, aber das war ein sehr wichtiges Telefonat. Was kann ich für Sie tun?“ Worauf sein Besucher antwortete: „Ich glaube, ich kann mehr für Sie tun, als Sie für mich. Ich bin hier, um Ihr Telefon anzuschließen.“

Schwierige Ausgangssituation für unseren jungen Freund! Er kann nur hoffen, dass er den Telefontechniker nie als Kunden haben wird. Aber selbst bei weniger schwierigen Ausgangssituationen ist noch lange nicht gesagt, dass man Ihnen vertraut, wenn Sie Ideen vermitteln. Selbst dann nicht, wenn man Sie für kompetent hält.

Vertrauen. Ihre Tugend ist über der Kompetenz Ihrer Einsicht das zweite Fundament. Tugend hat einen Dominoeffekt, es dauert eine Zeit lang, die Steine aufzustellen, wird einer davon erschüttert und fällt, fallen auch all die anderen in Sekundenschnelle. Dann heißt es wieder, Argument für Argument in Reih und Glied aufzubauen, um Vertrauen zu erhalten.

Wie erlangen Sie Tugend? Zunächst einmal, was sollten Sie vermeiden: Sachliche Widersprüche sind gefährlich. Es gibt immer ein paar Zuhörer, die darauf spezialisiert sind, diese herauszufinden. Sie dulden so etwas nicht und werden Sie sofort darauf aufmerksam machen. Dann gibt es nur zwei Möglichkeiten für Sie: glaubhaft machen, dass es sich um einen scheinbaren Widerspruch handelt, oder einfach zugeben, dass Ihnen ein Fehler unterlaufen ist. Die Zuhörer erwarten nicht, dass Sie vollkommen sind, aber sie erwarten, dass Sie ehrlich sind.

> *Die Rede ist die Kunst, Glauben zu erwecken.*
> (Aristoteles)

Worte und Taten. Ihre Worte und Taten sollten eins sein. Wer würde einem Priester Vertrauen schenken, der die Gebote der Kirche missachtet? Ein Kommunikationstrainer, der die Regeln, die er lehrt, nicht anwendet, wird seine Zuhörer kaum dazu motivieren können, das Gelernte in die Praxis umzusetzen. Sie müssen schon selbst daran glauben, was Sie vermitteln wollen. Anders geht es nicht. Wenn Sie das nicht von ganzem Herzen tun, brauchen Sie sich gar nicht erst vor die Zuschauer zu stellen. Sie sind schließlich nicht nur Vermittler, sondern auch Vorbild. Sie sind die wichtigste Metapher für den Inhalt, den Sie vermitteln.

Offenheit. Ein Manager eines bekannten Logistikunternehmens, dem große organisatorische Änderungen ins Haus standen, wollte seine Mitarbeiter im Rahmen einer Informationsveranstaltung beruhigen. Man hatte ihm berichtet, die Unruhe sei schon sehr groß und lähme die Arbeit. Er erzählte ihnen mit den üblichen Worten, sie bräuchten keine Angst um ihren Arbeitsplatz zu haben, die Neuorganisation sei im Sinne des Unternehmens und der Mitarbeiter notwendig. Auf drängende und konkrete Fragen gab er ausweichende Antworten. Es gäbe noch keine Details, die Planung sei zu wenig konkret. Die Informationsveranstaltung verstärkte die Unruhe nur noch mehr. Wo Informationen fehlen, wachsen Gerüchte. Doch nicht nur das: Der Manager hatte mit dieser Rede das Vertrauen der Mitarbeiter verspielt. Selbst die Verhandlungen mit dem Betriebsrat gestalteten sich ab diesem Zeitpunkt wesentlich schwieriger als vorher.

Der Manager hätte schon einiges aufbieten müssen, um nachzuweisen, dass wirklich noch zu wenig Informationen verfügbar waren. Wenn er Informationen verheimlicht hatte, geschah ihm das sowieso recht. Um deutlich zu machen, dass es ihm mit ganzem

Herzen um die Mitarbeiter gehe und ihre Zukunft sein Anliegen sei, hätte er ihnen deutlich machen müssen, dass er ihre Lage, ihre Sorgen und Ängste verstehe.

> „Ich weiß, Sie fürchten Veränderungen in Ihrem Arbeitsumfeld, Einkommensverluste, und Sie haben Angst um Ihren Arbeitsplatz. Ich verstehe, dass Sie sich darüber Sorgen machen, zumal Sie kaum Informationen haben, was geplant ist. In solchen Situationen kocht die Gerüchteküche. Sie versuchen wahrscheinlich, alle sich bietenden Quellen anzuzapfen, um zu erfahren, wie es weitergeht. Das würde ich in Ihrer Situation genau so tun, denn schließlich geht es nicht nur um Geld, sondern auch um Ihre Lebensqualität. Mein Ziel ist daher, Sie möglichst aktuell und umfassend zu informieren." Und nun berichtet er darüber, was bisher geplant wurde und gibt ihnen einen Ausblick darauf, wann und wie sie weitere Informationen bekommen werden.

Wer ist die Schönste im ganzen Land? Es klingt nicht wie die letzte Neuigkeit, aber sozialpsychologische Studien zeigen nach wie vor: Wir schließen vom Äußeren auf das Innere eines Menschen. Also: Putzen Sie sich heraus, machen Sie sich adrett. Ihr Publikum ist es wert, weiß es zu schätzen und hält Sie für ehrlicher.

> *Nur oberflächliche Menschen unterschätzen das äußerlich Wahrnehmbare.*
> (Oscar Wilde)

Kein Ankläger sein. Mullah Nasrudin hat eine Verabredung mit einem Bekannten bei sich zu Hause, vergisst sie aber. Als er heimkommt, findet er von seinem frustrierten Besucher einen Zettel an seiner Tür. „Idiot" steht darauf zu lesen. Am nächsten Tag treffen sich die beiden am Marktplatz. Vorwurfsvoll sagt der Bekannte: „Gestern war ich zur vereinbarten Zeit bei dir und habe vor deinem Haus eine geschlagene Stunde gewartet!" „Ich weiß", antwortet der Mullah. „Du hast ja deine Karte hinterlassen."

Zu guter Letzt: Widerstehen Sie der Versuchung, über andere herzuziehen. So verlockend es manchmal sein kann, einen unangenehmen Konkurrenten, der endlich einmal einen Fehler gemacht hat, vor versammeltem Publikum fertigzumachen – tun Sie es nicht! Egal ob er anwesend ist oder nicht. Es wäre möglicherweise erleichternd für Sie, aber edelmütig wäre es nicht. Sie würden Ihrer eigenen Glaubwürdigkeit in mindestens dem gleichen Maße schaden, wie Sie es sich für den anderen gewünscht hätten. Sie erhöhen Ihre Glaubwürdigkeit eher, wenn Sie zwar klar Ihre Sache vertreten, aber darüber hinaus Gegner mit Schweigen strafen.

Wohlwollen – wer mich liebt, ist toll

Nicht Tatsachen,
sondern Meinungen über Tatsachen
bestimmen das Zusammenleben.
(Epiktet)

Liebe mich! Friedrich Wilhelm I., König von Preußen im frühen 18. Jahrhundert, war als exzentrischer Choleriker bei seinen Untertanen gefürchtet. Eine seiner Leidenschaften war es, unangekündigt in Berlin aufzutauchen und, bewaffnet mit einem schweren, mit Gold beschlagenen Eichenstock, durch die Straßen zu spazieren. Er hätte dabei nicht mal seine Leibgarde gebraucht, weil allein sein Anblick die Straßen leer fegte. Bei einem solchen Ausflug wurde der Herrscher von einem Fußgänger zu spät entdeckt. In seiner Not versuchte dieser noch in ein Haustor zu flüchten, fand es aber verschlossen. So stand er im Hauseingang und harrte seines Schicksals.

„Du da!“, rief ihn der Monarch an, „wohin willst du?“

„In das Haus, Eure Majestät“, antwortete der Untertan zitternd.

„Warum wolltest du da hinein?“

Da der arme Mann seine Situation durch eine Lüge nicht noch schlimmer machen wollte, sagte er wahrheitsgemäß: „Um Euch auszuweichen, Eure Majestät."
„Um mir auszuweichen! Warum?"
„Weil ich Eure Majestät fürchte."
Friedrich Wilhelm nahm sofort seine gefürchtete purpurrote Gesichtsfarbe an, erhob den nicht minder gefürchteten Stock, und während er begann, auf den Mann einzuschlagen, sagte er: „Du sollst mich nicht fürchten. Du sollst mich *lieben! Lieben* sollst du mich, du Nichtsnutz, *lieben*!"

Das Geheimnis. Wenn nicht so, wie beweisen wir dann die dritte Basis Ihrer Glaubwürdigkeit, das Wohlwollen für Ihre Zuhörer? Der Schauspieler McLean verriet einmal, wie seine Frau ihn dazu gebracht habe, sie zu heiraten: „Sie sagte, dass ich ihr gefalle." Die als Scherz gedachte Aussage birgt einen wahren Kern. Menschen mögen Komplimente. Und sie finden Menschen, die Komplimente machen, sympathisch. Es gibt genügend Anlässe, Ihrem Publikum Komplimente zu machen. Das Auditorium muss das Kompliment auch gerne annehmen können. Das geschieht nur dann, wenn es aus Ihrem Herzen kommt und ehrlich gemeint ist. Achten Sie dabei also auf Ihre Aufrichtigkeit.
Wie man hineinschaut. Wie sehen Sie Ihre Zuhörer? Sie machen es sich leicht, wenn Sie Ihrem Publikum mit höchster Achtung begegnen. Machen Sie sich das bewusst, indem Sie sich diese Fragen beantworten:

- Was schätze ich an meinen Zuhörern?
- Was sind ihre besonderen Fähigkeiten und Stärken?
- Was macht mein Publikum liebenswert?
- Was sind ihre Schwächen, die sie zu verbergen suchen?
- Was sind ihre Stärken, die sie aus Bescheidenheit nicht zeigen?

Die Antworten werden Ihr Herz weit machen für Ihre Zuhörer. Das Publikum hat unfehlbare Antennen für dieses Wohlwollen und das unbewusste Bedürfnis, Ihnen gleich viel und vielleicht auch mehr zurückzugeben.

Gleich und Gleich gesellt sich gern. Zeigen Sie Ihr Wohlwollen gegenüber Ihrem Publikum, indem Sie Sich auf die gleiche Stufe mit ihm stellen: Weisen Sie auf Ähnlichkeiten hin im Bereich von Meinungen, Charaktereigenschaften, Herkunft oder Lebensstil. Mancher hat vielleicht schon im Urlaub in einem fremden Land erlebt, dass bei der ersten Kontaktaufnahme mit der Bevölkerung etwas Unsicherheit und Verlegenheit mitschwingt und erst, wenn Gemeinsamkeiten gefunden werden, das Eis so richtig bricht. Geben Sie dem Publikum daher Ähnlichkeiten zu erkennen. Erwähnen Sie Themen, bei denen Sie wissen, gleicher Meinung zu sein. Kleiden Sie sich nicht vollkommen anders als Ihr Publikum. Flechten Sie die Erinnerung an gemeinsame Erlebnisse oder ähnliche Herkunft mit dem Publikum ein.

Deklarieren Sie sich darüber hinaus als Freund Ihrer Zuhörer. Freunde teilen Erfahrungen und Interessen. Sie meinen: „Das ist ja schön und gut, aber wie kann ich Erfahrungen und Interessen von Menschen kennen, die ich noch nie sah? Zum Beispiel in einem Seminar oder offenen Vortrag?" Und ob Sie etwas wissen. Ein Beispiel gefällig?

> „Meine Damen und Herren, schön dass Sie es geschafft haben, hierherzukommen. Der heftige Schneefall heute Nachmittag hat Ihnen das wahrscheinlich nicht leicht gemacht. Und nun sitzen Sie hier, um etwas über die erfolgreiche Aufzucht von Meerschweinchen zu erfahren. Sie sehen, ich bin nicht alleine gekommen. Neben mir sitzt Frau Dr. P., die als Zoologin meine Ratschläge wissenschaftlich untermauern wird. Beim Hereinkommen haben Sie wahrscheinlich die ausgestellten Käfige gesehen. Sie sind Beispiel dafür, wie wir unseren lieben Tierchen ..."

Zweifelsfrei sitzen die Zuhörer im Raum. Jeder musste herkommen, ging durch die Eingangstür, vielleicht an besonderen Objekten vorbei. Alle Zuhörer schauen zu Ihnen und hören Ihre Worte. Um das alles zu wissen, brauchen Sie die Menschen nicht zu kennen. Eine Portion Hausverstand reicht, nützen Sie ihn.

Ich kenne dich. Machen wir ein kleines Experiment. Nehmen Sie das Negativ eines Bildes von Ihnen, und betrachten Sie sich auf beiden Seiten des Negatives. Welches Bild finden Sie sympathischer? Wahrscheinlich das spiegelverkehrte. Zeigen Sie das Negativ Ihrem Partner und lassen Sie sie oder ihn entscheiden, welches Bild auf sie oder ihn sympathischer wirkt. Die Wahl wird mit ziemlicher Sicherheit auf das reale Bild fallen. Kein Wunder: so sehen wir uns und andere. Selbst betrachten wir uns nur im Spiegel. Diesen Anblick sind wir gewohnt. Daher ist uns das seitenverkehrte Bild lieber. Die anderen sehen uns jedoch normal. Und so wollen sie es auch belassen. Alles Unbekannte ist unsicher und unheimlich. Das Bekannte wirkt sympathisch. Also überlegen Sie: Was haben Sie an Argumenten vorzubringen, die Sie dem Publikum bekannt machen.

- Sie hielten bereits eine oder mehrere Reden vor diesem Publikum.
- Sie kennen einzelne Personen aus dem Publikum.
- Sie waren schon für das Unternehmen tätig, wo Sie jetzt sprechen.
- Sie haben gemeinsame gute Bekannte.

Erinnern Sie das Publikum an diese Fakten und nehmen Sie ihm damit die Unsicherheit Ihnen gegenüber.

Gute Nachrichten. Angeblich sind die Zeiten vorbei, in denen Herrscher die Überbringer schlechter Nachrichten töten ließen. Wir verknüpfen aber noch immer den Überbringer der Botschaft unbewusst mit dem Inhalt. Controller haben im Unternehmen aufzuzeigen, wenn etwas schiefläuft. Wenn der Controller beim Chef permanent mit Mahnungen erscheint, wird sich die Sympathie des Chefs für diesen Controller trotz der hervorragenden Arbeit, die er leistet, in Grenzen halten. Sehen Sie sich als Überbringer guter Nachrichten. Erzählen Sie über Fortschritte, Erfolge und glückliche Situationen. Das Publikum wird es Ihnen mit Sympathie danken.

Zusammenfassung

Glaubwürdigkeit aufbauen und ihr gerecht werden

Ethik, der Weideplatz der Seele. Wirken Sie glaubwürdig. Nützen Sie dabei die drei aristotelischen Gründe für Glaubwürdigkeit: *Einsicht, Tugend* und *Wohlwollen.*

Einsicht

Know-how-Gefälle. Verstärken Sie den Vertrauensvorschuss, den Sie haben, weil Sie eine Rede halten. Überzeugen Sie die Zuhörer von Ihrer Kompetenz.

Fachchinesisch ist zu wenig. Seien Sie nicht nur fachlich brilliant, machen Sie Ihre Zuhörer auch betroffen.

Einsicht ins Thema

Wieso gerade Sie? Erzählen Sie über Ihre Aus- und Weiterbildung, über Ihre Erfahrungen aus der Praxis und als Vortragender, Ihre Veröffentlichungen. Verwenden Sie kontextübliche Fachbegriffe.

Namedropping. Erwähnen Sie Namen und Details bekannter Persönlichkeiten. Lassen Sie so das Publikum diese Namen unbewusst mit Ihrer Persönlichkeit verknüpfen.

Nicht zu viel und nicht zu wenig. Wahren Sie Augenmaß, wenn Sie Ihre Kompetenz unter Beweis stellen. Langweilen Sie nicht mit Zuviel, das birgt die Gefahr, als Angeber bewertet zu werden.

Einsicht in die Belange der Zuhörer

Erforsche dein Publikum. Seien Sie nicht nur Fachmann für das Thema, über das Sie reden, zeigen Sie auch Fachwissen über das Publikum und seine Anliegen.

„Gedankenlesen" wirkt. Versetzen Sie sich in die Lage Ihrer Zuhörer, und sprechen Sie an, was ist, dann fühlen sich Ihre Zuhörer verstanden und respektieren Sie als Berater und Unterstützer.

Tugend

Vertrauen. Seien Sie nicht vollkommen, aber ehrlich, denn Ihre Glaubwürdigkeit ist neben Ihrer Kompetenz das zweite Fundament. Meiden Sie deshalb sachliche Widersprüche.

Worte und Taten. Seien Sie nicht nur Vermittler, sondern auch Vorbild. Lassen Sie Ihre Worte und Taten eins sein. Seien Sie die wichtigste Metapher für das, was Sie vermitteln wollen.

Offenheit. Sprechen Sie über alle Informationen, die Sie kennen, sonst wachsen Gerüchte. Geben Sie Ihrem Publikum einen Zukunftsausblick, wann es die nächsten aktuellsten Informationen bekommt.

Wer ist die Schönste im ganzen Land? Putzen Sie sich heraus, machen Sie sich adrett. Machen Sie sich klar, dass Ihr Publikum von Ihrem Äußeren auf Ihr Inneres schließt.

Kein Ankläger sein. Widerstehen Sie der Versuchung, über andere herzuziehen. Vertreten sie klar Ihre Sache und schweigen Sie über Gegner – das erhöht Ihre Glaubwürdigkeit.

Wohlwollen

Das Geheimnis. Bringen Sie Ihrem Publikum Wohlwollen entgegen und das Publikum wird Ihnen dasselbe Wohlwollen entgegenbringen. Machen Sie Ihrem Publikum Komplimente, die von Herzen kommen und ehrlich gemeint sind.

Wie man hineinschaut. Stellen Sie sich in Ihrer Bedeutung nie über das Auditorium, sonst haben Sie sich bereits disqualifiziert. Bringen Sie Ihrem Publikum höchste Achtung entgegen, es hat es verdient. Machen Sie Ihr Herz weit für Ihr Publikum und das Publikum wird Ihnen genauso viel zurückgeben.

Gleich und Gleich gesellt sich gern. Geben Sie dem Publikum Ähnlichkeiten zu erkennen: Erwähnen Sie Themen, bei denen Sie wissen, gleicher Meinung zu sein. Kleiden Sie sich ähnlich. Nützen Sie alle Ähnlichkeiten, um sich als Freund zu deklarieren.

Ich kenne dich. Machen Sie sich dem Publikum bekannt, denn alles Bekannte wirkt sympathisch. Verweisen Sie auf gemeinsame

Erlebnisse oder gemeinsame Bekannte. Sprechen Sie Zuhörer, die Sie bereits kennen, an.

Gute Nachrichten. Sehen Sie sich als Überbringer guter Nachrichten. Berichten Sie von Fortschritt, Erfolg und glücklichen Situationen. Lassen Sie zu, dass Ihre Zuhörer Ihre Person unbewusst mit dem positiven Inhalt verknüpfen.

5. Logisch – Beeindrucken durch Sachargumente

Den Kopf gewinnen mit vernünftigen Argumenten

> *Das Argument gleicht dem Schuss einer Armbrust, es ist gleichermaßen wirksam, ob ein Riese oder ein Zwerg geschossen hat.*
> (Francis Bacon)

Ein gutes Argument. Ein Nachbar kam zu Mullah Nasrudin, um sich seinen Esel zu borgen. „Es tut mir leid“, antwortete Nasrudin „mein Esel ist mir heute morgen entlaufen.“ In diesem Moment hörte man aus dem Stall ein verräterisches „IIIIAAAHH!“ Der Nachbar sah den Mullah erstaunt an und dieser erwiderte: „Wem glaubst du wohl eher, mir oder einem Esel?“

Wie Sie inzwischen wissen, sind Sachargumente nicht die einzigen Überzeugungsmittel, aber sie stellen die Grundlage dar, das Skelett, um das sich alles andere rankt.

Wie Sie für überzeugende Sachargumente

- nachvollziehbare Schlussfolgerungen zeigen,
- glaubhafte Quellen als Basis für Ihre Schlussfolgerungen bringen und
- einen sachlichen Stil bei der Vermittlung der Sachargumente an den Tag legen können,

darum geht es in diesem Kapitel.

Schlüsse und Scheinschlüsse

Typologien – unsere Schubladen. Wir werden von unseren Mitmenschen gerne in Schubladen eingeordnet und ertappen uns manchmal dabei, wie auch wir unsere Mitmenschen in Schubladen stecken. Dazu gibt es allgemeine Begriffe, unter denen wir allgemein anerkannte Verhaltensmuster subsumieren. Diese Begriffe sind Typologien. Typologien sind Verallgemeinerungen, die uns die Welt erklären und andererseits Vorhersagen ermöglichen. Darum sagt der Assistent über seine Chefin: „Sie konnte ja nicht anders handeln, sie ist ein cholerischer Typ.“ Und wir leiten aus dieser Zuordnung ab, wie sich diese Person in Zukunft verhalten wird. Das ist der große Vorteil von Typologien. Wir nützen sie in allen Lebensbereichen. Wir sind Meister der Typologien. Typologien beschreiben nicht nur das Verhalten von Menschen, sondern auch Arbeitsweisen, Produkte, Beziehungen, Dienstleistungen oder Fähigkeiten. Darum kann der Verkaufsleiter auch glaubhaft machen: „Thomas ist doch der geborene Verkäufer, der wird auch mit diesem schwierigen Kunden zurechtkommen“ – offenbar gibt es im Unternehmen den Typus eines „geborenen Verkäufers“ und der hilft bei Entscheidungen.

Der logische Schluss

Syllogismus – der logische Schluss. „Alle Rechtecke haben vier Ecken. Unser Fußballfeld ist ein Rechteck. Also hat es vier Ecken.“ Obersatz, Untersatz, Schluss. Das ist der klassische Syllogismus, wie ihn Aristoteles in seiner Logik entwickelt hat.

Das Muster dazu lautet:

1. *Obersatz:* Einem Typus wird eine bestimmte Eigenschaft zugeschrieben.
   Der Typus „Rechteck“ hat die Eigenschaft „vier Ecken“ zu haben.
2. *Untersatz:* Der Einzelfall wird als zum Typus gehörig erkannt.
   Der Einzelfall „unser Fußballfeld“ gehört zum Typus „Rechteck“.
3. *Schluss:* Also hat der Einzelfall obige Eigenschaft.
   Also hat der Einzelfall „Rechteck“ die Eigenschaft, „vier Ecken“ zu haben.

Wir sehen an diesem Beispiel deutlich, was beim Syllogismus anerkannt sein muss. Nämlich:

4. *beim Obersatz,* dass die Eigenschaft für den gesamten Typus zutrifft, und
5. *beim Untersatz,* dass der Einzelfall nicht nur oberflächlich betrachtet, sondern tatsächlich zum Typus gehört.

Wenn Ober- und Untersatz bewiesen sind, dann haben wir es mit einem klassischen Schluss zu tun. Das ist die Basis wissenschaftlicher Arbeit. Doch wenn es Beweise gibt, bedarf es keiner Rede mehr. Tatsachen brauchen keine hervorragenden Redner. Sie sprechen für sich selbst. Erst dort, wo es keine Beweise gibt, wird es spannend.

Scheinschlüsse

Enthymem – der Scheinschluss. „Was weise Männer sagen, stimmt. Aristoteles war ein weiser Mann. Also: Aristoteles hat recht." Das ist ein Enthymem. Ein Enthymem verhält sich zu einem Syllogismus wie das Wahrscheinliche zum Wahren. Wer könnte beweisen, dass weise Männer immer das Richtige sagen? Es ist schlichtweg eine Behauptung, mit dem besonderen Charme, dass die Allgemeinheit ihn als sehr wahrscheinlich anerkennt. Auch für den zweiten Satz können wir keine Beweise führen. Dennoch klingt diese Schlussfolgerung glaubhaft. In der Kaffeepause rät die Sekretärin ihren Kollegen: „Ihr wisst doch, wie cholerisch unser Chef ist. Er wird auf diesen Vorschlag sicher mit einem Wutausbruch reagieren." Das Enthymem darin lautet: „Der Typus des Cholerikers reagiert mit Wutausbrüchen. Unser Chef gehört zum Typus des Cholerikers, also wird er explodieren."

Test. „Alle Menschen sind sterblich. Sokrates ist ein Mensch. Also ist Sokrates sterblich." Handelt es sich bei diesem Argument um einen Schluss oder Scheinschluss?

1. *Die Eigenschaftszuschreibung an den Typus.* Der erste Schritt für einen Scheinschluss ist also die Eigenschaftszuschreibung. Seien Sie dabei sehr umsichtig. Zu oft überprüfen wir unsere erste

Prämisse zu wenig, z.B. dass alle Menschen sterblich sind. Grob geschätzt sind bisher 50 Milliarden Menschen geboren worden. Davon leben 6 Milliarden, also 12 Prozent noch immer. Das heißt, unsere erste Prämisse stimmt schon nur zu 88 Prozent, sie ist nur statistisch wahrscheinlich.

2. *Die Typenzugehörigkeit des Einzelfalls.* Genießen Sie Typologien mit Vorsicht, denn sie sind nicht die Wirklichkeit, obwohl wir sie manchmal dafür halten. Typologien verallgemeinern nicht nur, sie vereinfachen auch sehr stark. Wie Sie wissen, gibt es keine Regel ohne Ausnahmen. Es gibt meist vielmehr Ausnahmen als Regelfälle. Gute Typologien erkennen wir daran, dass sie nützlich sind, weil wir damit gut erklären und oftmals richtig voraussagen können.

Um andere von Ihrer Aussage zu überzeugen, sind Schlüsse insbesondere dann gut geeignet, wenn Typologien bei Ihren Zuhörern bereits anerkannt sind. Der Projektleiter zu seinen Mitarbeitern: „Unsere internen Regeln für Projektmanagement sehen vor, dass jedes Arbeitspaket eines Projektes vorher genau zu beschreiben ist. Sie kennen die Vorteile dieses Vorgehens. Obwohl es sich dieses Mal um ein sehr kleines Projekt handelt, möchte ich dennoch keine andere Vorgehensweise einführen. Schließlich waren wir damit immer erfolgreich." Wir erkennen den Schluss darin:

1. Dieses Projekt ist eines von unseren Projekten, auch wenn es klein ist.
2. Alle unsere Projekte haben die Eigenschaft, dass jedes Arbeitspaket vorher genau beschrieben wird.
3. Also auch bei diesem Projekt.

Vielleicht möchte einer der Zuhörer darauf erwidern, was immer so war, muss hier nicht das beste Vorgehen sein. Man könnte doch auch einmal etwas anderes versuchen. Allerdings ist dieser Zuhörer dann gezwungen, für diesen Einzelfall eine andere Typenzugehörigkeit anzubieten, und er muss auch argumentieren, warum diese neue Typenzugehörigkeit hier mehr bringen würde. Er könnte folgende Überlegung anstellen:

1. Dieses Projekt ist eines vom Typus der kleinen Projekte, auch wenn es eines von uns ist.
2. Alle kleinen Projekte haben die Eigenschaft, dass nicht jedes Arbeitspaket vorher genau beschrieben wird.
3. Also auch dieses nicht.

Und dann sagen: „In den allgemeinen Richtlinien für Projektmanagement gibt es Grenzwerte für die Nützlichkeit der genauen Arbeitspaketbeschreibung, die von der Projektgröße abhängen. Dieses Projekt liegt wohl deutlich unter diesem Grenzwert. Also sollten wir besser so vorgehen ..." Jetzt wird es in der sachlichen Diskussion darauf ankommen, wer seine vorgeschlagene Typenzugehörigkeit besser legitimieren kann. Und auch diese Diskussion wird nach dem gleichen Muster ablaufen.

Details können sehr glaubwürdig dazu verwendet werden, neue Typenzugehörigkeiten entstehen zu lassen, aus denen dann Schlüsse folgen. Nach einem Aufnahmegespräch diskutiert der Personalleiter eines Unternehmens mit dem Verkaufsleiter, der den neuen Mitarbeiter übernehmen soll. Der Personalleiter hat kein gutes Gefühl mit dem Bewerber. Der Verkaufsleiter argumentiert: „Mir gefällt es, wie er seinem Gegenüber klar und fest in die Augen blickt. Ich kenne das, es ist für mich eines der Markenzeichen guter Verkäufer. Seine Körpersprache ist ungehemmt und er setzt sie ein, um die Dinge zu verdeutlichen. Der wird bei uns sicher erfolgreich." Der Verkaufsleiter verwendet nur wenige Kriterien für die Typenzugehörigkeit: den Blick und die Körpersprache. Möglicherweise hat er noch andere. Es kann aber auch sein, dass er nur blufft und behauptet, sie zu haben. Da das Argument aber in Form einer Schlussfolgerung formuliert war, wirkt es überzeugend, und das war ja auch die Absicht dabei.

Der Induktionsschluss: Im Notfall einen neuen Typus schaffen!

Mehr bringt mehr. Der Marketingleiter will mehr Geld für seine Werbekampagne: „Meine Damen und Herren, Sie sehen, die Zahl der Mitglieder stieg im letzten halben Jahr permanent an. Damit stieg der Umsatz um 3,5 Prozent. Das ist dreimal so viel, wie wir dafür investierten. Unsere Werbeaktion greift also voll, wir sollten da noch intensivieren. Ich beantrage daher, das Werbebudget noch einmal um 30 Prozent zu erhöhen." Aus einem Einzelfall versucht er einen Typus mit Eigenschaftszuschreibung zu konstruieren. Nämlich: „Alle Werbebudgetveränderungen nach oben erhöhen den Umsatz." Nahe liegend der zweite und dritte Schritt: „Heuer machen wir wieder eine Werbebudgetveränderung nach oben. Also wird der Umsatz wieder steigen."

Oder: Peter B., der Verkaufsleiter eines kleinen Logistikunternehmens argumentiert: „Wir sind eigentlich immer gut damit gefahren, dass wir die Preise nur dann erhöhten, wenn wir gleichzeitig zusätzliche Serviceleistungen einführten. Dafür hatten unsere Kunden immer das größte Verständnis. Erinnern Sie sich an die Proteststürme vergangenes Jahr, als wir glaubten, teurer werden zu können, ohne parallel dazu mehr zu bieten. Wir verloren dabei einige gute Kunden."

Die logische Tiefenstruktur lautet: „Lasst uns zwei Typen unterscheiden: A. Preiserhöhungen mit zusätzlichen Serviceleistungen und B. Preiserhöhungen ohne zusätzliche Serviceleistungen." Darauf folgen die Eigenschaftszuschreibungen zu den beiden Typen: „A. ist gut, B. ist schlecht." Wenn man das bis hierher akzeptiert, sind einige Schlussfolgerungen zwingend, z.B. „Es sollte nur mehr Typus A. Preiserhöhungen geben." Seine Zuhörer machten dieselben Erfahrungen wie Peter, für sie ist der Schluss daher zwingend.

Kompetenz gefragt. Solche typusbildenden Argumente heißen in der Sprache der Logik Induktionsschlüsse. Sie sind wirkungsvoll, wenn Sie zu diesem Thema als Experte anerkannt sind. Wenn das nicht so ist, wird es gefährlich. Leicht können Ihre Zuhörer Gegenbeispiele nennen und damit Ihre Argumentation zum Wanken bringen. Das ist deshalb besonders unangenehm, weil eine Widerlegung beim Publikum oft besser ankommt als ein Beweis. Verwenden Sie also nur solche Indizien, von denen Sie sicher annehmen, dass sie für Ihre Zuhörer Beweischarakter haben.

Schlechte Argumente bekämpft man am besten, indem man ihre Darlegung nicht stört.
(Sir Alec Guinness)

Sie können Induktionsschlüsse auch nützen, um gegen eine Sache zu argumentieren. „Deswegen, weil uns ein paar Mitglieder verloren gegangen sind, heißt das noch lange nicht, dass wir aus Mitgliedermangel zusperren müssen. Ich würde das also nicht allzu sehr dramatisieren." Übermäßiges Aufbauschen ist ein beliebtes Mittel, um zu überzeugen.

Fünf Quellen für Sachargumente

Auf Nummer sicher gehen. Alle Schlüsse sind nur so glaubhaft, wie das Vorbringen ihrer Quellen. Sie können sie brauchen, um die Eigenschaftszuschreibung an den Typus glaubhaft zu machen und um die Typenzugehörigkeit des Einzelfalles zu belegen. Sie müssen also schon gute Vorarbeit geleistet haben, dass Ihnen das Publikum gerne folgt. Argumentieren Sie nur dann damit, wenn Sie sich der Zustimmung Ihres Publikums ziemlich sicher sein können. Finden Sie fünf Kategorien von nützlichen Quellen, um Ihre Schlüsse zu untermauern:

- Expertenzitate
- Referenzen
- Statistiken
- Forschungsergebnisse
- Demonstrationen

1. Expertenzitate

Wenn Ihre Expertenzitate wirken sollen, dann bringen Sie sie in folgender Form:

1. Nennen Sie den Namen des Experten,
2. machen Sie eine kurze Bemerkung zur Illustration der Kompetenz des Experten,
3. wenn verfügbar, nennen Sie die Quelle,
4. bringen Sie das Zitat entweder wörtlich – was Sie auch anmerken sollten – oder sinngemäß.

Drei Beispiele dazu:

> Immanuel Kant, einer der bedeutendsten Philosophen der Neuzeit, sagt in „Kritik der Urteilskraft“, dass wir die Tendenz haben, unsere subjektiven Geschmacksempfindungen als objektive Geschmacksurteile auszugeben.
> Ralph Waldo Emerson, der bedeutendste amerikanische Philosoph, sagt, ich zitiere wörtlich: „Keine Leistung entschädigt für den Verlust an menschlichem Frohsinn.“
> John Oppenheimer, Nobelpreisträger 1992, sagt wörtlich: „Diese Methode hat mir in meiner Karriere mehr geholfen als alles andere.“

2. Referenzen

Referenzen sind Sachverhaltsdarstellungen, die sich auf Vorbilder oder vorbildhafte Sachverhalte beziehen. Folgende Strategie eignet sich gut für deren glaubhafte Darstellung:

1. Kündigen Sie an, wen oder was Sie anführen,
2. geben Sie eine kurze Begründung der Wichtigkeit der Referenz,
3. wenn verfügbar, nennen Sie die Quelle,
4. bringen Sie den Sachverhalt.

„Die beiden Ruderteams, die in der Saison 2000 mit unserem Mentaltraining Weltcupsieger wurden, haben folgende Methode angewandt: ...“
„Bill Gates, reichster CEO der Welt, verwendet laut seinem Buch ‚Digitales Business‘ in seinem Unternehmen folgende Methode bei der Personalauswahl: ...“
Walt Disney, Vater von Mickey Mouse und Donald Duck, hat folgende Methode eingesetzt, um all die Ideen zu entwickeln, mit denen er sein Imperium geschaffen hat: ...“

3. Statistiken

Statistiken geben hervorragende Eigenschaftszuschreibungen ab. Sie gelten für viele Menschen als Beweis, bilden die Vergangenheit zahlenmäßig ab und leiten zu Schlüssen über die Zukunft. Sie sind schwer angreifbar. Selten wird überprüft, wie sie entstanden sind. Sie spiegeln für die Zuhörer die Wirklichkeit wider. Wenn die Schlüsse, die Sie ableiten, nicht zu weit hergeholt und für die Zuhörer leicht nachvollziehbar sind, halten Sie damit einen Trumpf in der Hand. Winston Churchill sagte: „Ich traue keiner Statistik, die ich nicht selbst gefälscht habe. Und außerdem sind sie wie Bikinis: Sie sehen gut aus, verbergen aber das Interessanteste!“ In der komplettesten Form gehen Sie so vor:

1. Nennen Sie den Namen des Wissenschaftlers,
2. machen Sie eine kurze Bemerkung zur Illustration der Kompetenz des Experten,
3. wenn verfügbar, nennen Sie die Quelle mit Auftraggeber,
4. bringen Sie die Statistik, am besten als Grafik, bzw. geben Sie kurz das Ergebnis wieder.

Albert Mehrabian, der amerikanische Psychologe, schreibt 1972 in seinem Buch „Nonverbal Communication“ auf Seite 108, dass sich der Gehalt von Botschaften folgendermaßen zusammensetzt: 55 Prozent durch Körpersprache, 38 Prozent durch Tonalität und nur 7 Prozent durch Wörter und Sätze.

Das Linzer Market-Institut hat im Auftrag der Arbeiterkammer im September 1999 festgestellt, dass bloß 4 Prozent der Erwachsenen weiterlernen.
Shak Ebrahim von der University of Bristol zeigte mit seiner Studie auf dem World Stroke Congress in Melbourne, dass diejenigen, die drei oder mehr Orgasmen pro Woche mit ihrem Partner hatten, mit einer um 50 Prozent verminderten Wahrscheinlichkeit einen Herzanfall oder Gehirnschlag erlitten.

4. Forschungsergebnisse

Auch das sind großartige Sachargumente. Versorgen Sie sich laufend mit den für Ihr Gebiet relevanten Neuigkeiten. Nutzen Sie dabei Fachmagazine, Expertenzirkel und Newsletter aus dem Internet. Archivieren Sie Ihre Sammlung überschaubar, sodass Sie zum richtigen Anlass auch die relevanten Daten finden. Sie müssen nicht jede Untersuchung mit genauer Angabe der Quelle nennen. Fehlt sie allerdings zu oft, schadet das der Glaubwürdigkeit. Die Dichte der vollständigen Quellen sollte zum Publikum passen. Je akademischer und/oder kritischer, desto genauer sollten Sie zitieren. Dabei können Sie ruhig auch aus Ihren Unterlagen ablesen. Halten Sie sich dabei an folgendes Muster:

1. Datum der Durchführung und/oder Veröffentlichung der Untersuchung,
2. Namen der beteiligten Wissenschaftler,
3. Namen und Ort des Instituts, in dessen Auftrag die Wissenschaftler tätig waren,
4. Vorgehen und Ergebnis der Untersuchung,
5. Folgerungen für Ihre Thesen.

Im Herbst 1998 wurde von Dr. Lee S. Berk eine Studie der Loma Linda University School of Medicine (USA) veröffentlicht. In dieser Studie wurde festgestellt, dass der durchschnittliche 3-jährige Amerikaner ca. 400-mal pro Tag lacht,

der durchschnittliche erwachsene Amerikaner hingegen nur etwa 12-mal pro Tag ...
Dr. Marci Lobel von der Queens-Long Island Medical Group untersuchte den Einfluss bestimmter Grundhaltungen auf den Verlauf einer Schwangerschaft. Es zeigte sich, dass weniger optimistische Frauen mehr Frühgeburten hatten und das durchschnittliche Geburtsgewicht ihrer Kinder niedriger war ...
Eine Studie von Vinod Goel von der kanadischen York-Universität und dem Londoner Forscher Raymond Dolan, die im Magazin „Nature" Anfang 2001 veröffentlich wurde, beschäftigt sich mit der Wirkung von Witzen auf unser Gehirn ...

5. Demonstrationen

Lifeübertragung. Der Bewerber machte einen eher unscheinbaren Eindruck, die Referenzen waren auch nicht gerade vielversprechend. Der Personalleiter stellte ihm die Standardfrage: „Warum glauben Sie, ein guter Verkäufer zu sein und bei uns Erfolg zu haben?" Der Mann antwortete: „Ich bin Verkäufer aus Leib und Seele. Den größten Spaß habe ich dabei, Menschen zu zeigen, warum sie etwas brauchen. Ich möchte ihnen das Leben leichter machen. (Er dehnte diesen Satz und betonte jedes einzelne Wort.) Was würden Sie zum Beispiel dazu sagen, wenn ich Ihnen erzähle, dass es eine Sparform gibt, bei der einen Großteil Ihrer Einlagen die Sozialversicherung trägt?" Und er begann im Detail darüber zu erzählen, wie das geht, und zwar mit einer Begeisterung, die seinesgleichen sucht. Das Ergebnis des Gesprächs war: Der Personalleiter ersuchte um nähere Informationen und war überzeugt, einen guten Mitarbeiter gefunden zu haben.

Machen Sie es deutlich. Natürlich haben Sie als Vortragender das Recht, sich das Leben nicht unnötig schwer zu machen. Sie sind daher gut beraten, sich Bedingungen zu schaffen, die Ihnen die Demonstration erleichtern. Wenn Sie für die Demonstration jemand aus dem Publikum brauchen, wählen Sie nicht den größten Skeptiker, sondern jemanden, der der Sache aufgeschlossen gegenübersteht und auch sonst für Ihre Demonstration gut passt.

Was zu beweisen war ... Wählen Sie zum Beispiel nicht den wortkargen Typen, der bisher noch keine einzige Bemerkung gemacht hat, um einen Gesprächsverlauf zu demonstrieren. Soll eine Demonstration sehr locker verlaufen, wählen Sie eine Person, der Sie das auch zutrauen. Um das zu können, beobachten Sie das Publikum vorher in dieser Hinsicht. Nehmen Sie Einfluss darauf, dass die von Ihnen auserwählte Person auch an der Demonstration teilnimmt. Beweisen Sie, dass Sie auch können, was Sie lehren. Es ist gleichzeitig auch ein Test für Sie: Erst wenn Sie sich selbst in der Lage sehen, etwas zu demonstrieren, sind Sie so sattelfest, dass Sie sich damit vor ein Publikum trauen sollten. Also bitte: Auf zur Demo und viel Spaß dabei.

Wie man Sachargumente vorbringt

In Kontakt. Um glaubwürdig zu sein, bleiben Sie bei alldem in Kontakt mit Ihrem Publikum. Und zwar auf folgende Art: Wenn Sie vor Gruppen sprechen, sprechen Sie immer nur zu Einzelnen. Das heißt, Sie können zu einer ganzen Gruppe nur dann Kontakt haben, wenn Sie zu den einzelnen Gruppenmitgliedern Kontakt haben. Stellen Sie Augenkontakt her und halten Sie ihn, bis Sie einen Gedanken (d.h. nicht unbedingt den ganzen Satz) zu Ende haben, dann suchen Sie Augenkontakt zum nächsten. So bleiben Sie mit der Gruppe in Kontakt und glaubwürdig! Bei einem Vier-Augen-Gespräch fällt der Augenkontakt leichter. Bedenken Sie aber, dass bereits jeder einzelne Menschen mehrere, oft widersprechende Wünsche, Träume und Hoffnungen hegt. Sprechen Sie also nicht nur die vordergründig geäußerten Wünsche an, sondern auch die möglicherweise unausgesprochenen, die sogar mit den Ersteren in Widerspruch stehen können. Dadurch kommen Sie mit dem ganzen Menschen in Kontakt, mit allen seinen Seelen, die in seiner Brust wohnen!

Es werde Licht. Machen Sie Ihre Sachargumente einleuchtend für die Zuhörer, und bringen Sie sie sachlich vor. Je leichter sie folgen können oder Ihre Schlussfolgerung vielleicht sogar gedanklich vorwegnehmen, umso leichter werden Sie überzeugen. Bewahren Sie Ihre blumigen Elemente auf für Gefühlsargumente.

Die Macht der Wiederholung. Kaiser Franz II. hat gerade einen Bittsteller abgewiesen. Als der im Gehen ist, sagt Franz zu seinem Adjutanten: „Jetzt war der Mann damit schon fünfmal bei mir. Fünfmal habe ich ihn abgewiesen. Aber sie werden sehen: Der Kerl setzt das noch durch bei mir.“ Je öfter Sie Behauptungen wiederholen, umso eher werden sie geglaubt. Bringen Sie bei schwierigen Fällen mehrere Sachargumente verschiedener Art hintereinander.

Wissen, wann es genug ist. Aber bringen Sie anderseits nur so viele Argumente, wie nötig. Je mehr Argumente Sie bringen, nachdem Sie Ihr Publikum schon überzeugt haben, desto mehr fühlen sich die Zuhörer wieder überredet. Überlegen Sie also Ihre Argumente vorher gut. Welche werden am wirkungsvollsten sein, den größten Einfluss auf die Zuhörer haben? Und welche wollen Sie in der Hinterhand behalten, um nachsetzen zu können, wenn es doch nicht so geklappt hat? Beobachten Sie das Publikum und hören Sie mit der Überzeugungsarbeit auf, wenn Sie Ihr Ziel erreicht haben.

Wenn du meinst! Etwa die Hälfte der Menschen tragen gerne die öffentliche Meinung mit. Wenn sich eine repräsentative Mehrheit für eine der Entscheidung abzeichnet, schließen sie sich dieser Richtung an und übernehmen sie als die ihre. Die andere Hälfte der Menschen bildet sich ihre Meinung vornehmlich aufgrund des eigenen Wissens und der eigenen Erfahrungen. Sie verlassen sich dabei weniger auf andere. In Ihrer Argumentation sollten Sie für beide etwas bringen: Der Personalleiter eines Unternehmens will die Geschäftsleitung vom Ankauf und der Einführung eines Zeiterfassungssystems überzeugen. Die Mitarbeiter des Unternehmens sollen damit aufzeichnen, für welche Tätigkeit sie wie viel Zeit in Anspruch nehmen.

- Das ist die Botschaft für jene Menschen die sich vornehmlich durch andere ihre Meinung bilden:

„Ich habe Ihnen nun vorgestellt, wie unsere Mitarbeiter damit arbeiten könnten, wie wir das System einführen würden, was es kostet und welche Vorzüge es für unser Unternehmen hätte. Ich komme nun auf ein paar Berichte von anderen Unternehmen zu sprechen, die dieses System bereits seit langem nutzen. Dann möchte ich Ihnen eine Studie der Universität Erlangen zeigen. Sie belegt, dass ein Zeiterfassungssystem begleitet durch eine Reihe sozialer Maßnahmen die Motivation der Mitarbeiter deutlich erhöhen kann ..."

- Und das ist die Botschaft für jene Menschen, die aus sich heraus zu einer Überzeugung kommen:
  „Und nun, meine Damen und Herren, kennen Sie alle Fakten, die für Ihre Entscheidung relevant sind. Sie sind nun in der Lage, sich aufgrund dessen und Ihrer reichen Erfahrungen Ihre Meinung darüber zu bilden. Ich bin überzeugt, Sie werden eine kluge Entscheidung treffen."

Das Beste zuletzt. Denken Sie an die homersche Schlachtordnung. Heben Sie sich die besten Argumente für den Schluss auf. Ihre Zuhörer haben kein langes Gedächtnis. Wenn Sie Ihr Pulver zu Beginn verschießen und dann noch einige schwache Argumente nachreichen, werden die schwachen Argumente im Gedächtnis der Zuhörer haften bleiben. Es ist besser, Sie steigern die Wirkung auf Ihre Zuhörer von Argument zu Argument.

Zusammenfassung

Den Kopf gewinnen mit vernünftigen Argumenten

Ein gutes Argument. Verwenden Sie als Überzeugungsmittel Sachargumente, dann führen Sie nachvollziehbare Schlussfolgerungen und glaubhafte Quellen an. Pflegen Sie dabei einen sachlichen Stil.

Schlüsse und Scheinschlüsse

Typologien – unsere Schubladen. Nützen Sie Typologien, um Menschen zu beschreiben und um vorherzusagen, wie sich eine Person in der Zukunft verhalten wird.

Der logische Schluss

Syllogismus – der logische Schluss. Schreiben Sie einem Typus eine bestimmte Eigenschaft zu (Obersatz). Zeigen Sie, dass der Einzelfall zum Typus gehört (Untersatz). Folgern Sie, dass der Einzelfall die genannte Eigenschaft hat (Schluss).

Scheinschlüsse

Enthymem – der Scheinschluss. Ziehen Sie einen Schluss nach obigem Muster, allerdings mit Wahrscheinlichkeiten statt Wahrheiten, dann achten Sie darauf, dass der von Ihnen angeführte Typus bereits anerkannt und die zugeschrieben Eigenschaft dem Publikum nachvollziehbar ist.

Der Induktionsschluss: Im Notfall einen neuen Typus schaffen!

Kompetenz gefragt. Schaffen Sie nur dann einen neuen Typus, wenn Sie als Experte auf diesem Gebiet anerkannt sind. Verwenden Sie ausschließlich Indizien, die für Ihre Zuhörer Beweischarakter haben und Zustimmung finden.

Fünf Quellen für Sachargumente

Auf Nummer sicher gehen. Beweisen Sie die Eigenschaftszuschreibung und die Typenzugehörigkeit des Einzelfalles durch Expertenzitate, Referenzen, Statistiken, Forschungsergebnisse, Demonstrationen.

1. Expertenzitate

Nennen Sie Namen und Kompetenz des Experten sowie die Quelle. Zitieren Sie möglichst wörtlich.

2. Referenzen

Nennen Sie Namen, Begründung für die Wichtigkeit, die Quelle, und bringen Sie den Sachverhalt.

3. Statistiken

Nennen Sie Namen und Kompetenz des Experten, die Quelle. Bringen Sie das Statistikergebnis.

4. Forschungsergebnisse

Nennen Sie Datum, Namen der Experten und des Instituts. Schildern Sie Vorgehen, Ergebnis und Schlussfolgerungen.

5. Demonstrationen

Machen Sie es deutlich. Wählen Sie für die Demonstration jemanden, der der Sache aufgeschlossen gegenübersteht und auch sonst für Ihre Demonstration gut passt.

Was zu beweisen war ... Beobachten Sie das Publikum und wählen Sie jemanden, dem Sie es auch zutrauen. Beweisen Sie, dass Sie auch können, was Sie lehren.

Wie man Sachargumente vorbringt

In Kontakt. Sprechen Sie zu Einzelnen, dann haben Sie Kontakt zur ganzen Gruppe.

Es werde Licht. Machen Sie Ihre Argumente einleuchtend für die Zuhörer.

Die Macht der Wiederholung. Wiederholen Sie Ihre Behauptungen, das erhöht die Glaubwürdigkeit.

Wissen, wann es genug ist. Bringen Sie nur so viele Argumente, wie nötig. Beobachten Sie Ihr Publikum, und hören Sie mit der Überzeugungsarbeit auf, wenn Sie Ihr Ziel erreicht haben.

Wenn du meinst! Sprechen Sie mit Ihrer Argumentation alle an: Diejenigen, die auf andere hören, und jene, die sich ihre Meinung aufgrund eigener Erfahrungen bilden.

Das Beste zuletzt. Heben Sie sich die besten Argumente für den Schluss auf.

6. Emotionen – Überzeugen durch Gefühlsargumente

Das Herz gewinnen mit Geschichten

> *Wer wüsste denn nicht, dass die Wirkung eines Redners sich vor allem darin zeigt, dass er das Herz der Menschen sowohl zum Zorn, Hass oder Schmerz antreiben wie auch von diesen Regungen in eine Stimmung der Milde und des Mitleids zurückversetzen kann?*
> (Cicero)

Logik, wo bleibt dein Sieg? 6. August 1973, Nordatlantik, schwerer Seegang. Nach einem Schiffsunglück treiben zwölf Überlebende im kalten Wasser. Der Hubschrauber einer Bohrinsel hat es zu ihnen geschafft. Andere Hilfe ist nicht in Sicht. Schlecht ausgerüstet für eine Rettungsaktion, lässt die Hubschrauberbesatzung ein einfaches Seil hinunter. Die Schiffbrüchigen sind erschöpft und unterkühlt, der starke Wind und der hohe Wellengang tun ein Übriges: Nur ein 29-jähriger Franzose ist noch kräftig genug, das Seil zu fassen. Er war auf dem Schiff, um von Frankreich in die USA auszuwandern und ein neues Leben zu beginnen. Er nimmt das Seil, bindet es aber nicht sich selbst um, sondern einem kleinen Jungen, dem einzigen Kind der zwölf. Nachdem der Junge in Sicherheit ist und das Seil ein zweites Mal kommt, ist es wieder der junge Franzose, der das Seil zu fassen bekommt. Jetzt bindet er es einer jungen Frau um, der Mutter des Jungen.

Noch neunmal kommt das Seil, noch neunmal fängt es der Franzose, und noch neunmal bindet er es einem der Fremden um, die mit ihm im Wasser treiben. Die Rettungsaktion dauert jetzt schon 45 Minuten. Der Sturm ist stärker geworden, der Hubschrauber kaum mehr zu halten. Bevor der Elfte hochgezogen wird, sagt ihm der Franzose: „Wenn ich es nicht mehr schaffe, sag ihnen, ich habe es gerne getan, aus Liebe zum Leben." Als das Seil zum zwölften Mal hinuntergelassen wird, ist der Franzose zu schwach, um das Seil zu fassen. Wenige Minuten später ertrinkt er in den Fluten. Noch 20 Jahre danach, bei einem Interview, berichten die elf Überlebenden, dass ihr Retter und diese Stunde ihr Leben verändert haben und sie lernten, was Liebe zum Leben bedeutet.

Die stärkste Macht. Gefühle motivieren Menschen, das Äußerste zu tun. Unsere gesamte Weltgeschichte ist eine Geschichte der Gefühle. Wegen Gefühlen werden Kriege geführt und beigelegt, Ehen geschlossen und geschieden, Kinder gezeugt, abgetrieben oder in die Welt gesetzt. Unsere „vernünftigen" Entscheidungen werden getroffen, weil sich die eine Möglichkeit besser anfühlt als die andere – selbst wenn vordergründig Sachargumente ins Feld geführt werden. Überstunden werden gemacht, weil wir Angst [ein Gefühl] haben, unseren Job zu verlieren, uns auf die Prämie freuen [ein Gefühl], weil wir es schade fänden [ein Gefühl], wenn das Projekt den Bach runtergeht ...

Als wir das in einem Führungskräfteseminar darlegten, meinte der Generaldirektor eines italienischen Unternehmens sehr aufgebracht, dass das wohl nicht so sein könne, man müsse als Führungskraft logisch-rationale Entscheidungen treffen. Zuerst wiesen wir ihn auf seine gerade offensichtliche Emotionalität bei diesem logisch-rationalen Thema hin, was bei den anderen und dann auch bei ihm selbst zu einem Schmunzeln führte. Zweitens fragten wir ihn, was wäre, wenn er nicht logisch-rational entscheiden würde. „Dann hätte ich kein gutes Gefühl dabei!", war seine Antwort, und diesmal lachte er selbst sogar zuerst. Denn das war ein Gefühlsargument.

> *Rhetorik ist ein Appell an das Gefühl*
> *in der Maske sachlicher Information.*
> (Helmar Nahr)

Der Erfolg des „Emotionators". Sportler, Schauspieler und Popmusiker sind die bestverdienendsten Berufsgruppen. Michael Jordan hat für seine letzte Basketballsaison 70 Millionen US-Dollar bekommen. Plus Werbeeinnahmen! Keanu Reeves hat für seine Unterschrift für „Matrix" 2 und 3 (insgesamt eine Drehzeit von ca. zehn Monaten) 100 Millionen Dollar kassiert. Oprah Winfrey, die amerikanische

Talkshow-Queen, verdient dreistellige Dollarmillionen jährlich und ist damit die bestverdienendste Frau der Welt. Joanne K. Rowling, die Autorin von „Harry Potter", verdiente allein im Jahr 2000 200 Millionen US-Dollar und löste damit die Queen als bestverdienendste Britin ab.

Sehen wir uns die Popmusik an: Was ist das häufigste Hauptwort in Popsongs? „Love!" Popmusiker von den Beatles über Michael Jackson bis zu Shakira erwirtschaften mit einem Album ganze Imperien. Was ist ihr aller Metier? Was ist ihr eigentliches Produkt? Worauf zielen sie alle ab? Die Antwort auf alle drei Fragen ist: Gefühle! Gefühle! Gefühle! Wenn Sie als Sprachmagier wirklich erfolgreich sein wollen, müssen Sie lernen, als Emotionator Gefühlsargumente zu übermitteln.

In diesem Kapitel erfahren Sie,

- wie Gefühle entstehen,
- durch welche Inhalte und Form der Erzählung Sie die Gefühle Ihrer Zuhörer besonders ansprechen können,
- wie Sie ein erfolgreicher „Emotionator" werden können.

Freud und Leid

Alles, was von den Menschen getan oder erdacht wird, gilt der Befriedigung gefühlter Bedürfnisse sowie der Stillung von Schmerzen. Dies muss man sich immer vor Augen halten, wenn man geistige Bewegungen und ihre Entwicklung verstehen will.
(Albert Einstein)

Die wahren Werte des Lebens. Für uns Menschen haben manche Dinge sehr große Bedeutung, andere sind weniger wichtig. Wir haben eine Rangliste dieser Werte, die bei jedem Menschen anders aussieht. Den ersten Platz nimmt in den meisten Fällen das Überleben ein. Vom zweiten Platz abwärts ist es unterschiedlich. Manchen ist die Familie heilig, anderen wieder das eigene Vergnügen, die Karriere oder das Zusammenleben mit anderen Menschen.

Erlebnisse, die für uns Bedeutung haben, stehen immer im Zusammenhang mit zumindest einem dieser Werte, indem das Erlebte den Wert erfüllt oder verletzt.

Der Vergleich. Unsere Werte halten also fest, wie wir meinen, dass die Welt sein sollte. Unsere Interpretationen der Welt sagen uns, wie wir meinen, dass die Welt gerade sei. Wenn beide zusammenpassen, entstehen alle möglichen guten Gefühle, wenn sie differieren, schlechte Gefühle. Die Angst der Mitarbeiter angesichts der nebulösen Rede des Managers war vielleicht Angst vor einem Karriereknick oder davor, künftig zu wenig Geld zu verdienen, um die Familie ernähren zu können, oder die Angst, sich dann angenehme Freizeitbeschäftigungen nicht mehr leisten zu können. Wenn Mitarbeiter eine Umorganisation mitbestimmen dürfen, entscheiden sie sich dafür, wenn es ihrer Karriere dient, sie dadurch vielleicht ihre Familie besser versorgen können oder sich die Zusammenarbeit mit den Mitarbeitern angenehm gestaltet.

Peitsche und Zuckerbrot

Peitsche. Welche Gefühlsargumente sollten Sie als Redner also anführen, um zu überzeugen? Anläßlich einer Vereinsversammlung richtete der Vereinskassierer einen Appell an die Mitglieder. Einige hatten ihre Mitgliedsbeiträge noch nicht bezahlt, sie waren schon Monate überfällig. „Tut mir leid. Ich werde wahrscheinlich den nächsten Vereinsausflug nicht finanzieren können. Ich weiß, dass diese Ausflüge immer großen Anklang finden. Aber ohne Geld geht es eben nicht. Und da einige Mitglieder ihren Beitrag trotz mehrerer Aufforderungen immer noch nicht bezahlt haben, bleibt mir keine andere Wahl. Es sei denn, sie entschließen sich sehr rasch, zur Bank zu gehen." Welche Gefühle erweckt der Redner in den Zuhörern? Die Bandbreite reicht wahrscheinlich von schlechtem Gewissen bis zu Unmut über die säumigen Zahler. Alles in allem erzeugt er so eine Menge Triebkraft, die finanzielle Situation rasch zu bereinigen. Und das war ja auch sein Ziel.

Stellen Sie sich folgenden Werbespot vor: Eine Familie steht vor ihrem abgebrannten Haus. Sie wird gerade interviewt. Der Reporter fragt: „Sind Sie wenigstens gut versichert?“ Auf diese Frage brechen der Mann und die Frau in Tränen aus: „Nein, wir stehen vor dem Nichts.“ Angenommen, Sie leben in einem Einfamilienhaus, das nicht versichert ist. Lassen Sie diese Szene auf sich wirken. Welche Gefühle lässt die Situation in Ihnen entstehen? Wäre dieser Werbespot ein Überzeugungsmittel, in der nächsten Zeit eine Eigenheimversicherung abzuschließen?

Der Werbespot macht deutlich: Wenn Sie den Rat nicht befolgen, kann sich das verheerend auf ihr Leben auswirken, was Ihnen wichtig ist, massiv beeinträchtigen. Das ist eine Möglichkeit, durch Gefühlsargumente zu überzeugen, indem Sie auf die negativen Konsequenzen hinweisen, wenn Ihr Rat nicht angenommen wird. (Wenn Sie diesen meinen Rat nicht befolgen, werden Sie immer nur die Hälfte Ihrer Zuhörer wirklich überzeugen können.)

Es ist nicht genug, eine Sache zu beweisen, man muss die Menschen zu ihr auch noch verführen.
(Friedrich Nietzsche)

Und Zuckerbrot. Die zweite Möglichkeit, Gefühlsargumente anzuführen, ist das Gegenteil der ersten. Lassen wir die Werbung wieder zu Wort kommen: Claudia Schiffer steigt in ein Auto, gibt Gas und kracht mit relativ hoher Geschwindigkeit gegen eine Betonwand. Die Motorhaube ist zerknittert wie ein Wutzettel. Claudia öffnet problemlos die Tür, steigt ein wenig benommen aus dem Fahrzeug und zieht ihren kurzen Rock über ihren langen Beinen zurecht. Ihr schöner Körper ist vollkommen unverletzt, ihr Haar wie frisch vom Friseur. Na, wäre das ein Auto für Sie? Auch wenn es kracht, Sie sind in Sicherheit. Und Sicherheit ist Ihnen doch wichtig, oder?

Schließen Sie kurz die Augen und lassen Sie eine ruhige und vertrauenswürdige Stimme in Ihnen ganz langsam und Wort für Wort sagen: „Du bist in Sicherheit!“ Wie ist das? Das ist im Übrigen auch ein guter Tipp, wenn Sie vor vielen Menschen reden sollen. Glauben Sie mir, dieses Gefühl spüren Sie dann auch in von Lampenfieber erfüllten Situationen. Verknüpfen Sie also Ihre Aussagen mit Beispielen von realen oder konstruierten Situationen, in welchen die Werte Ihrer Zuhörer erfüllt sind. Sie spielen damit auf dem Klavier der Gefühlsargumente. Wenn Sie das tun, haben Sie auch die zweite Hälfte Ihrer Zuhörer überzeugt.

Jeder Redner ist Verkäufer. Wenn Sie jetzt sagen: „Was sollen diese Beispiele aus der Werbung? Ich will doch nichts verkaufen", stimmt das nur oberflächlich betrachtet. Das Ziel einer Werbung oder eines Verkaufsprozesses ist nicht der Kauf, sondern das „Ja". Zum Beispiel das „Ja" zu einer Marke. Das hat viel größeren Wert für ein Unternehmen als ein einmaliger Kauf. Und jetzt sagen Sie nicht, Sie wollen nie jemandem ein „Ja" abringen. Jedes Mal, wenn wir versuchen, Menschen von einem Gedanken oder einer Idee zu überzeugen, wollen wir genau das. Werbefachleute sind Überzeugungsprofis. Von ihnen können wir viel lernen. Nicht umsonst geben Unternehmen Milliardenbeträge für Slogans aus wie: „Every time a good time." Um uns „Jas" zu holen, haben wir also zwei große Kraftquellen zur Verfügung, aus denen wir Gefühlsargumente schöpfen können:

- *Gefühlsargumente durch Aversion:* Die Energie der Vermeidung des Schlechten. Lassen Sie Ihre Zuhörer vergangene Ereignisse wiedererleben oder malen Sie zukünftige aus, wo das, was Sie raten, nicht geschieht und damit negative Erfahrungen gemacht werden. Dabei ist es weniger wichtig, ob diese Erfahrung für die Person negativ ist. In Ihren Zuhörern sollte die Geschichte unangenehme Gefühle erwecken. Davon wegzukommen, ist ein Schlüssel der Überzeugung. Beispiel: Der Vorstand eines lokalen Fußballvereins diskutiert über den beträchtlichen Schwund an Mitgliedern. Schließlich meldet sich der stellvertretende Vorsitzende zu Wort:

> „Schauen wir uns doch um, meine Herrn. Gutes Spiel allein ist heutzutage zu wenig. Mitglieder wollen noch etwas anderes. Sie wollen, dass ihr Verein in den Medien auch präsent ist. Wenn wir weiterhin glauben, wir brauchen mit den Journalisten nicht zusammenzuarbeiten, dann wird es in den Kassen bald keine Mitgliedsbeiträge mehr geben und wir können den Verein schließen. Ich erinnere Sie daran,

dass der Verein unserer Nachbargemeinde vor kurzem fast vor diesem Schicksal gestanden wäre."

- *Gefühlsargumente durch Appetenz:* Die Energie der Verlockung des Guten. Genau so können Sie Ereignisse ansprechen, die positive Gefühle erwecken, weil das, was Sie raten, genützt wurde. Der gleiche Fußballverein:

  „Positive Berichterstattung in der Presse wirkt Wunder. Je öfter die Menschen von ihrem Lieblingsverein in der Zeitung lesen, desto größer ist die Anziehungskraft, diesem Verein beizutreten. Wir sollten mit den Sportjournalisten nicht nur der lokalen Presse, sondern auch der überregionalen Zeitungen auf Du und Du stehen. Das kostet nichts, und Sie werden sehen: Die Mitglieder werden uns bald in Scharen zulaufen."

Je deutlicher und detaillierter Sie dieses Szenario ausmalen, desto intensiver werden Ihre Zuhörer sie mit ihren Gefühlen miterleben. Im gleichen Maß, wie Sie die Gefühle Ihrer Zuhörer erwecken können, steigern Sie auch deren Überzeugung. Um das tun zu können, sollten Sie sich vorher klarmachen, was Ihren Zuhörern wichtig ist. Das ist das Material für Ihre Gefühlsargumente.

Die Menge hat alles. Sprechen Sie zu mehreren Menschen, werden meistens beide Denkmuster vertreten sein. In diesem Fall verwenden Sie beide Arten von Gefühlsargumenten, und zwar in der richtigen Reihenfolge: zuerst Aversion, dann Appetenz. Ein Beispiel dafür:

> „Ein guter Freund hat mir erzählt, dass seine Firma in eine schwere Krise geraten ist. Unternehmensberater, die im letzten Augenblick engagiert worden waren, hatten herausgefunden, was einer der Hauptgründe war. Zwischen den Hierarchieebenen waren zu wenige Informationen geflossen. Insbesondere der Geschäftsführer war zu sehr damit beschäftigt, mit den Top-Kunden Kontakt zu halten. Er traf mit ihnen Vereinbarungen und gab sie nicht an die Mitarbei-

ter weiter. Diese waren daher in ihrer Unkenntnis mit ganz anderen Dingen beschäftigt.
Es gelang dem Unternehmen gerade noch rechtzeitig, das Steuer herumzureißen. Da der Geschäftsführer die Kontakte weiter pflegen wollte, installierte er einen Koordinator, der ihn zum Kunden begleitete und dann verantwortlich war, die Vereinbarungen intern umzusetzen. Das Unternehmen erholte sich damit innerhalb eines Jahres. Nicht nur das. Die positiven Erfahrungen dieses Modells bewegten den Geschäftsführer dazu, das ganze Unternehmen zu durchleuchten. Dann entwickelten sie eine interne Informationsstrategie, welche hervorragend Balance hält zwischen zu wenig und zu viel Information. Noch nie waren sie so erfolgreich wie heute nach Einführung dieses Modells."

Zuerst Aversion, dann Appetenz. Mit den beiden Energien in dieser Reihenfolge fahren Ihre Gefühlsargumente am besten.

Komplexe Gefühlsargumente

Sprachmagier sind Virtuosen. Haben Sie sich erst mal an Peitsche und Zuckerbrot als Grundmotivatoren gewöhnt, dann können Sie die höchste Form des Pathos wagen: ganz gezielt auch alle Nuancen dazwischen ansprechen, die ganze Palette der Gefühle, komplexe Gefühlsargumente. Die besten Rhetoriker der Geschichte waren nicht nur Redner, sondern auch Virtuosen dieses Instruments. Die besten Reden quer durch alle Zeiten hatten nicht nur eine rhetorische Struktur, sondern immer auch eine Partitur der Gefühle. Folgendes Beispiel: Ein Projektleiter will seine Mitarbeiter davon überzeugen, wie wichtig es ist, einander permanent und aktuell am Laufenden zu halten. Er wählt die Form eines komplexen Fühlarguments. Achten Sie bei dieser Rede darauf, in welcher Reihenfolge er welche Gefühle anspricht und damit die Gefühlslage der Zuhörer verändert:

„Erinnern Sie sich zurück an das letzte Projekt. In der ersten Phase hatten Sie alle noch gemeint, Ihre Projektergebnisse untereinander geheim halten zu müssen [Misstrauen]. Wieviel mehr Arbeit und Zeitverzögerung kostete uns das [Frustration]. Vom schlechten Ruf, den wir uns dadurch einhandelten, gar nicht zu reden [Scham]. Das hätte ein paar von Ihnen fast den Arbeitsplatz gekostet [Angst]. Eine äußerst unangenehme Situation für uns alle [Betroffenheit].
Doch gegen Ende dieses Projektes funktionierte der Kommunikationsfluss zwischen uns allen dermaßen gut [Freude], dass wir das Projekt zeitgerecht abschließen konnten und vom Vorstand höchstes Lob erhielten [Stolz]. Erinnern Sie sich an die Veranstaltung zum Projektabschluss, als der Geschäftsführer jeden von Ihnen namentlich erwähnte [Befriedigung]. Die Gratifikation, die wir alle erhielten, war eine zusätzliche nette Anerkennung [Spaß].
Das ermutigte mich auch, mit diesem erfolgreichen Team das neue Projekt zu starten [verbindet das neue Projekt mit den guten Gefühlen des alten]. Und ich wage mit Ihnen einen Blick in die Zukunft. Genau in einem Jahr werden wir wieder hier stehen, der Geschäftsführer wird das Sektglas erheben und uns allen als das zuverlässigste Projektteam des Unternehmens gratulieren [verstärkt das neue Projekt zusätzlich mit den zukünftigen guten Gefühlen]. Die intensive Art und Weise, wie wir einander auf dem Laufenden halten, wird einen wesentlichen Beitrag dazu geleistet haben [verbindet die Informationspflicht mit den zukünftigen guten Gefühlen]."

Die Struktur des komplexes Fühlarguments: Zuerst erweckt er Gefühle wie Misstrauen, Scham, Angst, Betroffenheit. Dann spricht er über Freude, Stolz, Befriedigung und Spaß. Das ist die richtige Reihenfolge: Zuerst muss man raus aus dem Schlamassel, um an den reich gedeckten Tisch zu gelangen, und nicht umgekehrt. Danach: eine Gefühlsübertragung vom alten Projekt zum neuen, Verstärkung durch zukünftige positive Gefühle, Übertragung all dieser guten Gefühle auf die kollegiale Informationspflicht. Außerdem Abschluss in positiver Stimmung. Ein sehr gelungenes komplexes Fühlargument.

Drei wichtige Lieder. Als Sprachmagier sollten Sie Standardkompositionen für die drei grundlegenden negativen Gefühle Ärger, Angst und Trauer auf Lager haben. Diese Gefühle treten selten so pur auf, sind aber die Grundbestandteile für unsere alltäglichen negativen Stimmungen. Auch wenn sie in ihrer puren Form selten Ausgangspunkt einer Rede sein werden, können sie unerwartet auftreten und wir sollten darauf vorbereitet sein. Mögliche komplexe Gefühlsargumente dafür sind:

• Ärger	Frustration	Reue	Verbundenheit	Wohlwollen
• Angst	Erleichterung	Neugier	Verlangen	Freude
• Trauer	Besinnung	Verpflichtung	Erwartung	Aktivität

Üben Sie sich darin, von einem Gefühlszustand zum nächsten zu führen. Bleiben Sie bei jedem so lange, bis Ihnen das Publikum dorthin gefolgt ist, dann gehen Sie weiter zur nächsten Emotion. Sie müssen dabei nicht in einer Geschichte bleiben. Sie können so lange Geschichten über „Erleichterung" erzählen, bis auch der letzte Zuhörer sichtbar dort angekommen ist, dann gehen Sie weiter zu „Neugier" usw. Wenn Sie diese Kunst beherrschen – und es ist nicht das erste, das Sie auf Ihrem Weg zum Rhetorikprofi angehen sollten –, dann machen Sie sich die stärkste Kraft, die Menschen bewegt, zugänglich. Gehen Sie mit komplexen Gefühlsargumenten weise um!

Fünf Quellen für Gefühlsargumente

Stimmung machen. Aristoteles nennt in seiner „Nichomachischen Ethik" den Menschen ein „Zoon politikon", ein Gemeinschaftswesen. Immanuel Kant sagt in der „Kritik der Urteilskraft", der Mensch habe einen „Sensus communis", einen Gemeinschaftssinn. Eine Folge davon sei, dass wir mitfühlende Wesen seien. Es genügt, das Schicksal eines Fremden zu erzählen, und unser Herz wird bewegt, unsere Stimmung verändert sich. Der Tratsch mit dem Nachbarn oder einer Kollegin ist oft beseelt von dem Wunsch, ein paar interessante Geschichten zu hören, weil wir uns dabei lebendig fühlen. Zeitungen, Nachrichtensendungen sind voll damit. All das kann uns als Quelle dienen für unsere Gefühlsargumente:

- Beispiele
- Aktuelle Nachrichten
- Vergleiche
- Geschichten
- Witze

1. Beispiele

Beispiele können sein

- eigene Erfahrungen,
- Erfahrungen von anderen Anwesenden oder
- Erfahrungen von nicht anwesenden Personen.

Am mächtigsten sind Erfahrungen von anderen Anwesenden, von Menschen aus dem Publikum. Wenn Sie jemanden im Publikum finden, der eine Episode aus seinem eigenen Leben erzählen könnte, die eine Ihrer Aussagen unterstützt, ist das ein besonderer Glücksfall. Lassen Sie die Person erzählen, etwas Besseres kann Ihnen gar nicht passieren. Am zweitstärksten sind eigene Erfahrungen. Danach kommen Erfahrungen von abwesenden Personen. Sind diese den Zuhörern bekannt, ist es noch besser. Aber selbst Erfahrungen von abwesenden und völlig unbekannten Menschen wirken noch immer stark genug, um sie als Gefühlsargumente zu verwenden, wie folgendes Beipiel zeigt:

Ein Seminar für Führungskräfte. Der Vortragende erläutert:

> „Der Grad der Motivation von Arbeitskräften wird weniger bestimmt durch Bezahlung und geldwerte Vergütungen als durch soziale Zuwendung."

Alles klar, oder doch nicht? Gut, dann versuchen wir es einmal anders:

> „In den Siebzigerjahren untersuchte ein Forscherteam in einem großen Unternehmen in Großbritannien, was die Mitarbeiter besonders motiviert. Sie wählten eine kleine Gruppe aus, die zusammenarbeitete. Die Leute bekamen mehr Geld und wurden anschließend befragt, wie gerne sie jetzt arbeiten und welche Meinung sie zu ihrem Chef und ihren Mitarbeitern haben. Dann wurde ihre Situation am Arbeitsplatz verändert. Sie installierten neue, hellere Deckenleuchten. Und wieder wurden sie befragt, ob sie sich jetzt besser fühlten und wie sie zu ihrem Chef und ihren Mitarbeitern stehen. Sie durften kostenlos mittagessen gehen und wurden wieder befragt. Das Ergebnis war: Jede Neuerung bewirkte anscheinend, dass sich diese Menschen am Arbeitsplatz wohler fühlten und dass ihnen die Arbeit noch mehr Spaß machte.
>
> Es war eine Freude, ihnen beim Werken zuzusehen. Forscher sind ein eigenes Volk, sie wollen immer Gewissheit. Sie wollten auch wissen, was passiert, wenn sie genau das Gegenteil tun. Sie strichen das kostenlose Mittagessen und fragten die Mitarbeiter danach wieder, wie sie sich fühlten, wie ihnen die Arbeit von der Hand ging und ob sie ein gutes Einvernehmen zu ihrem Chef und ihren Mitarbeitern hätten. Das gute Ergebnis erstaunte die Forscher. Anfangs konnten sie es gar nicht fassen. Sie stiegen daher wieder auf die Leitern und montierten auch die neue Beleuchtung ab, und dann strichen sie die Lohnerhöhung. Doch die Befragung führte zum selben Ergebnis: Die Arbeiter waren anscheinend noch motivierter, obwohl ihnen Vergünstigungen gestrichen worden waren.
>
> Anfangs konnten die Forscher das nicht verstehen. Doch bald fanden sie die Erklärung: Weder Geld noch Licht noch Essen hatten sie motiviert. Was wirklich zählte, war die Zuwendung, die die Menschen erhielten, dadurch dass sie

immer wieder danach gefragt wurden, wie es ihnen gehe. Das war der wirkliche Grund für die wachsende positive Einstellung zu ihrer Tätigkeit."

Dieses Beispiel ist zwar länger als die erste theoretische Erklärung, aber es drückt die eigentliche Information verständlicher und einprägsamer aus. Wir merken uns Geschichten besser als theoretische Abhandlungen. Der Begriff „geldwerte Vergütungen" bleibt schlechter im Gedächtnis haften als das Bild des Forschers, der dem Mitarbeiter die neue Leuchte von der Decke schraubt und dann erstaunt darüber ist, dass es ihm trotzdem immer noch besser geht.

Grau, teurer Freund, ist alle Theorie
und grün des Lebens goldner Baum.
(Goethe)

Wenn Sie als Vater einem Teenager verdeutlichen wollen, dass es notwendig ist, seine Schuhe zu putzen, können Sie das so tun: „Kannst Du Dir erklären, wieso der Peter von den Mädchen so umschwärmt ist? Ich sprach neulich mit seinem Vater, der erzählte mir, dass es schon gar nicht mehr auszuhalten ist, dauernd rufen ihn Mädchen aus seiner Schule an. Natürlich ist er immer schick angezogen und seine Schuhe glänzen perfekt. Aber so toll sieht er doch auch nicht aus."

2. Aktuelle Nachrichten

Wissen Sie schon das Neueste? Aktuelle Nachrichten gewinnen durch ihre Aktualität. Wenn gerade zum Zeitpunkt Ihres Vortrags eine Neuigkeit durch die Medien geistert, die Ihre Aussagen unterstützen könnte, dann verwenden Sie sie. Lesen Sie aus Zeitungen vor, zitieren Sie Nachrichtensprecher, verweisen Sie auf Homepages. Eine Steigerung können Sie erreichen, wenn Sie ältere, dazu passende Meldungen zusätzlich nennen.

3. Vergleiche

Ein guter Vergleich. Auch mit einem einfachen Vergleich lassen sich trockene Aussagen in Gefühlsargumente verwandeln. Ein bekannter Verkaufstrainer sagte einmal: „Die meisten Verkäufer gehen zum Kunden stolz wie ein Löwe, schleichen im Gespräch um ihn wie ein Luchs und fliegen mit dem Auftrag davon wie ein Adler im Wind." Glauben Sie mir: diese Leute sind im falschen Zoo. Gehen Sie zum Kunden wie die Kuh mit vollen Eutern, um viel gute Milch zu geben, tragen Sie den Kunden wie ein Delfin über die Wogen des Kaufvertrags und verlassen Sie ihn wie ein Elefant, mit einem langen Gedächtnis für die Anliegen des Kunden.

Auch in Redewendungen wirken Vergleiche. Sie spiegeln oft anerkannte Prinzipien wieder: „Das wäre Wasser auf seine Mühlen." „Das Kind mit dem Bade ausschütten." „Den Stier bei den Hörnern packen." Wir setzen dann Elemente der aktuellen Situation gleich mit jenen aus der Redewendung. Überzeugt die Übertragung der aktuellen Situation auf die Redewendung, überzeugt auch der Vergleich. Legen Sie sich ein Archiv von akzeptierten Redewendungen an und üben Sie sich darin, sie gezielt einzusetzen.

4. Geschichten

Dazu gehören

- Lehrgeschichten aller Art, auch alle Märchen und Fabeln,
- historische Anekdoten,
- Kunstwerke aller Art: Romane, Dramen, Filme.

Die Kraft von Zwergnase und Schneewittchen. Wir lieben Geschichten. Aus diesem Grund erzählen Menschen einander seit Jahrtausenden Geschichten. Wir verwenden sie, um zu unterhalten und zu lehren. Oftmals dienen die Geschichten dazu, den Menschen Regeln über Sitte und Moral zu vermitteln. Noch heute scharen sich im Orient Menschen um den Geschichtenerzähler und lauschen andächtig mit offenen Mündern, wenn er Uraltes wiedergibt. Märchen sind einer der ersten Lehrinhalte für Kinder. Sie lehren Kinder, zwischen Gut und Böse zu unterscheiden, um bald vollwertige Mitglieder der jeweiligen Erwachsenenkultur zu werden. Geschichten sind ein starker Sympathiefaktor. Kommen Sie damit aber erst, wenn Sie genügend Glaubwürdigkeit aufgebaut haben! Auf das „Wie" des Geschichtenerzählens gehen wir im nächsten Kapitel ein.

5. Witze

> *Die Zuhörer schätzen nur eines mehr als einen lehrreichen Vortrag, und das ist ein lustiger Vortrag.*
> (Mark Twain)

Lachen ist der Erleuchtung am nächsten (Buddha). Trauen Sie sich! Mit zunehmender Reife als Sprachmagier gehören Witze in Ihr Repertoire. Lachen ist tatsächlich gesund, entspannend und fördert unser Lernvermögen. Außerdem verbinden die Zuhörer Sie mit den Stimmungen, die Sie vermitteln. Sammeln Sie Witze, lustige Anekdoten, heitere Fakten, Zitate, Geschichten. Fangen Sie sofort damit an! Versetzen Sie sich selbst in eine humorvolle Stimmung. Streuen Sie Ihre gesammelten Pointen in Ihre Rede ein. Möglichst an passender Stelle, denn ob etwas gut ist oder schlecht, hängt auch davon ab, ob es gerade passend ist:

> Der Arzt sagt zur Patientin: „Frau Huber, ich habe eine gute Nachricht für sie!"
> Patientin: „Herr Doktor, es heißt noch immer ‚Fräulein Huber'."
> Arzt: „Fräulein Huber, ich habe eine schlechte Nachricht für sie!"

Und selbst wenn die Stelle unpassend ist, der Witz aber gut, wird es Ihnen das Publikum verzeihen und dankbar sein für die Lachpause.

Wie man Gefühlsargumente vorbringt

Auf das Wie kommt es an. Ein Mann hört in einem Restaurant eine Gruppe am Nachbartisch einander Nummern zurufen. „102!" Großes Gelächter. „34!" Großes Gelächter. „257!" Besonders großes und lang andauerndes Gelächter. Erstaunt fragt er nach einiger Zeit, was da vor sich ginge und bekommt die Erklärung: „Wissen Sie, wir kennen einander schon seit vielen Jahren, erzählen uns immer die gleichen Witze und sind vor einiger Zeit auf die Idee gekommen, ihnen Nummern zu geben und nur die Nummern zu rufen, das spart Zeit." „Warum haben sie dann bei der Nummer 257 besonders viel gelacht?" „Naja, der war neu, den kannten wir noch nicht!" Das kann eben nur deshalb ein Witz sein, weil wir wissen, dass es auch beim besten Witz darauf ankommt, wie man ihn erzählt. Schon zu viele, ganz ausgezeichnete Witze sind von uninspirierten Erzählern gnadenlos zunichtegemacht worden.

Die WaWoWeWa-Formel. Achten wir also auf das Wie. Die einfachste Formel, die Fakten zu Gefühlsargumenten macht, ist „WaWoWeWa". Nennen Sie:

1. Wann:
   Es war einmal ...
   vor 2.300 Jahren
   1457
   im 19. Jahrhundert
   gestern
2. Wo (kann mit 3. vertauscht werden):
   in einem Reich vor unserer Zeit
   im Nordatlantik
   im Büro
   im Wohnzimmer
   am Schreibtisch
3. Wer (kann mit 2. vertauscht werden):
   ein Prinz und eine Prinzessin
   Jesus
   Albert Einstein

ein Dackel
mein letzter Klient
4. Was
die heirateten ...
sank ein Schiff ...
begann einen Tagtraum ...
legte das Video ein ...
platzte plötzlich heraus ...

Damit machen Sie aus einer einfachen Tatsache ein Gefühlsargument. Kommt Ihnen das Muster bekannt vor? Haben Sie es in diesem Buch vielleicht schon einmal bemerkt? Ganz recht. Fast alle unsere Gefühlsargumente sind nach diesem Muster gestrickt. Üben Sie sich darin, Ihre Beispiele, Geschichten, Nachrichten, Vergleiche und Witze dadurch zu Argumenten zu machen, zu Bestätigungen Ihrer Thesen.

Erzählkunst

Spannungsbogen. Wenn Sie mit der WaWoWeWa-Formel schon auf Du und Du sind und mehr wollen, dann nützen Sie den Spannungsbogen des Aristoteles. Noch 2.300 Jahre nach seiner Erfindung ist er vom kurzen Werbespot bis zum Hollywood-Schinken überall zu beobachten. Er besteht aus folgenden Elementen: Auftakt, Exposition der Themen, Verknüpfung, Höhepunkt, Reflexion, Schluss, Ausklang. Hier eine kurze Erläuterung am Beispiel einer Saharadurchquerung:

- *Auftakt*: Anreise nach Gizeh
- *Exposition der Themen*: Die Wahl der Route. Ist der Führer vertrauenswürdig? Der Nordost-Passat.
- *Verknüpfung der Themen* (ab hier sollten keine neuen Themen eingeführt werden): Absturz eines Kamels, das Wasser trug, einsetzender Passat, der Führer geht alleine weiter, mit dem Versprechen, mit Wasser zurückzukommen. Lässt uns mit Wasser für vier Tage zurück.

- *Höhepunkt*: Nach vier Tagen, als der Wasservorrat gerade zu Ende ging, kam er zurück.
- *Reflexion*: Mit sich selbst im Reinen sein → mit Unsicherheiten leben können.
- *Schluss*: Ankunft in der Oase.
- *Ausklang*: Nach fünf Wochen zurück in der Zivilisation.

Kommen Sie zu (Ihren fünf) Sinnen. Allerdings, wenn Sie das Publikum mit der Erzählung Ihrer letzten Saharadurchquerung fesseln wollen, dann seien Sie dabei so konkret wie möglich. Das heißt nicht, dass es jedes Mal eine unendliche Geschichte werden muss. Beginnen Sie einfach mit der Nennung des Datums und des Ortes. Sagen Sie:

> „Im Winter 1997, am 12. November starteten wir von Gizeh."

Machen Sie dann durchaus Zeitsprünge, werden Sie aber auch immer wieder ganz konkret:

> „Nach dem ersten Halbtag war die große Pyramide, das letzte Zeichen der Zivilisation aus unserem Blick verschwunden. Nur mehr gelber Sand und gleißende Sonne."

Verwenden Sie Worte, die direkt mit ihren fünf Sinnen zu tun haben, damit regen Sie die Fantasie der Zuhörer an. Denn die müssen die dunklen Gesichter der Tuaregs in der grellen Sonne sehen, das Tosen des Sandsturms hören, den Sand auf ihrer Haut spüren und den trockenen Geschmack von vier Tage altem Durst schmecken, bevor er abgelöst wird durch den unvergesslichen Geruch des puren Lebens in einer nahenden Oase. Üben Sie sich darin, Ihre Schilderungen „sinnlich" zu machen! Doch davon mehr im Kapitel 9. Eleganz.

Sie selbst: das wichtigste Medium

In dir muss brennen das Feuer,
das du in anderen entfachen möchtest.
(Cicero)

Nichts fürs Pokerface. Wenn Sie vor Ihrem Publikum stehen und Gefühle wecken wollen, müssen Sie selbst welche haben und, was manchen noch schwerer fällt: Sie müssen sie auch zeigen! Das heißt jetzt nicht, dass Sie weinend vor Ihrem Publikum zusammenbrechen müssen. Obwohl wir schon hervorragende Redner erlebt haben, die es so weit kommen ließen und dabei vollkommen natürlich blieben, einer echten Regung Raum gaben, sich wieder sammelten und mit einem Publikum, das so zahm war wie ein neugeborenes Küken den Rest Ihres Auftritts bis zum tosenden Applaus absolvierten. Das mag in dieser Form nicht jederManns (!) Sache sein. Aber die Idee, ganz cool vor einem Publikum zu stehen, zwei, drei Knöpfe zu drücken und dann Begeisterungsstürme zu ernten, gehört in die Kategorie der infantilen Allmachtsfantasien. Beschäftigen wir uns lieber mit dem wirklich Möglichen:

Dolby-Surround. Üben Sie sich darin, Ihre eigenen Erzählungen auch mit allen fünf Sinnen nachzuerleben: Machen Sie sich große innere Bilder dazu, hören Sie die Geräusche und Stimmen in Dolby-Surround, fühlen Sie Ihren ganzen Körper dabei, und riechen und schmecken Sie, was es damals zu riechen und zu schmecken gab! Wenn Ihnen das bereits gelingt, dann spüren Sie auch die Stimmung von damals und Sie lassen Ihren Körper dabei ganz natürlich mitgehen. Wir werden uns später noch mit Körpersprache beschäftigen, jetzt geht es einfach nur um natürliche Körperreaktionen auf Ihre eigene Schilderung.

Zusammenfassung

Das Herz gewinnen mit Geschichten

Die stärkste Macht. Nützen Sie die Macht der Gefühle, denn Gefühle motivieren Menschen, das Äußerste zu tun.

Der Erfolg des „Emotionators". Seien Sie erfolgreicher Sprachmagier, lernen Sie, Gefühlsargumente zu übermitteln.

Freud und Leid

Die wahren Werte des Lebens. Gewinnen Sie Bewusstheit darüber, dass jeder eine Werterangliste hat und die Bedeutung von Erlebnissen davon abhängt, ob sie Werte erfüllen oder verletzen.

Der Vergleich. Machen Sie sich klar, dass gute Gefühle durch das Zusammenpassen unserer Werte und Interpretationen entstehen.

Peitsche und Zuckerbrot

Jeder Redner ist Verkäufer. Schöpfen Sie Gefühlsargumente aus den folgenden zwei großen Kraftquellen, damit Ihre Zuhörer „Ja" sagen:

Gefühlsargument durch Aversion (Peitsche). Verwenden Sie die Energie der Vermeidung des Schlechten. Erzeugen Sie negative Gefühle – davon wegzukommen, ist ein Schlüssel der Überzeugung.

Gefühlsargument durch Appetenz (Zuckerbrot). Verwenden Sie die Energie der Verlockung des Guten. Überzeugen Sie durch positive Gefühle, die entstehen, weil das, was Sie raten, genützt wurde.

Die Menge hat alles. Wenden Sie vor einem Publikum beides an: zuerst Aversion, dann Appetenz.

Komplexe Gefühlsargumente

Sprachmagier sind Virtuosen. Wagen Sie es, die ganze Palette der Gefühle anzusprechen. Gehen Sie von Aversion zu Appetenz und enden Sie immer in positiver Stimmung.

Drei wichtige Lieder. Üben Sie, von einem Gefühlszustand zum nächsten zu führen.

Ärger	Frustration	Reue	Verbundenheit	Wohlwollen
Angst	Erleichterung	Neugier	Verlangen	Freude
Trauer	Besinnung	Verpflichtung	Erwartung	Aktivität

Fünf Quellen für Gefühlsargumente

Stimmung machen. Sprechen Sie das Gemeinschaftswesen in Ihren Zuhörern an durch Beispiele, aktuelle Nachrichten, Vergleiche, Geschichten, Witze.

Wie man Gefühlsargumente vorbringt

Auf das Wie kommt es an. Werden Sie ein inspirierter Erzähler.

Die WaWoWeWa-Formel. Machen Sie aus einer einfachen Tatsache durch Ergänzung des Wann, Wo, Wer, Was ein Gefühlsargument. Üben Sie, Beispiele zu echten Gefühlsargumenten zu machen.

Erzählkunst

Spannungsbogen. Schaffen Sie Spannung durch den Spannungsbogen des Aristoteles: Auftakt, Exposition der Themen, Verknüpfung, Höhepunkt, Reflexion, Schluss, Ausklang.

Kommen Sie zu (Ihren fünf) Sinnen. Üben Sie sich darin, Ihre Schilderungen „sinnlich" zu machen! Machen Sie in Ihrer Erzählung Zeitsprünge, werden Sie aber auch immer wieder ganz konkret.

Sie selbst: das wichtigste Medium

Nichts fürs Pokerface. Zeigen Sie selbst Gefühle, und wecken Sie damit Gefühle bei Ihrem Publikum!

Dolby-Surround. Erleben Sie Ihre eigenen Erzählungen mit allen Ihren fünf Sinnen.

7. Suggestionen – Einführung in die Hypno-Rhetorik®

Hypno-Rhetorik® – die Struktur der Magie

Das Leben ist ein Traum.
(Pedro Calderón de la Barca)

Milton Erickson, der Sprachmagier. Von manchen Großen der Rhetorik sagen wir, sie hätten „hypnotische Wirkung". Milton Erickson, der Begründer der modernen Hypnose, hatte sie zweifelsohne. Er lebte von 1902 bis 1980, war Arzt, beschäftigte sich über 50 Jahre seines Lebens mit Hypnose und erreichte in seinen letzten Jahren darin eine unvergleichliche Brillanz. Er konnte Klienten mit einem Satz in tiefe Trance versetzen, ihre Schmerzen verschwinden, Unerfreuliches vergessen, Menschen oder Gegenstände halluzinieren oder Erinnerungen an längst Vergangenes aufleben lassen. Er zeigte, wie überaus mächtig unsere Sprache sein kann, wenn wir sie richtig nützen.

Fertigkeiten für Fortgeschrittene. Milton Erickson erfand Sprachmuster, die inzwischen auch von Rednern, Verkäufern und Führungskräften erfolgreich genützt werden, um Menschen auf eine sanfte Art und Weise zu neuen Gedanken zu führen. Sie sind der Geheimschlüssel der Überzeugungsarbeit. Grundbedingung für diese Brillanz ist, dass man selbst hervorragend seine Trancen wechseln kann und es auch genießt. Und je besser Sie die Grundlagen der Rhetorik gemeistert haben, desto eher werden Sie die Macht der Hypno-Rhetorik® erkennen und nutzen können. Sie finden nachfolgend die Grundbegriffe der Hypno-Rhetorik® sowie aus den insgesamt 30 Mustern der Hypno-Rhetorik® eine Auswahl von zehn, die für Anfänger gut geeignet sind.

Was Trance ist und Suggestion, die Basis der Hypno-Rhetorik® sowie eine Auswahl von zehn weiteren hypno-rhetorischen Techniken, um mehr hypnotische Wirkung auf Ihr Publikum zu haben, erfahren Sie in diesem Kapitel.

Miltons magische Muster

Was ist Trance? Wie fühlen Sie sich in Ihrem augenblicklichen Trance-Zustand? Sie meinen: Wieso Trance, ich bin doch hellwach! Natürlich sind Sie hellwach, doch Sie können dieses und jedes andere Buch nicht lesen, ohne dabei nicht auch gleichzeitig in Trance zu sein. Laut Brockhaus ist Trance „eine eingeschränkte Wahrnehmung der Wirklichkeit". Und unsere Wahrnehmung ist immer extrem eingeschränkt:

Laut Manfred Zimmermann von der Universität Heidelberg strömen pro Sekunde mehr als 11 Millionen Bits (Informationseinheiten) von unseren fünf Sinnen zum Zentralnervensystem. Das Auge sendet pro Sekunde 10 Millionen Bits an das Gehirn, die Haut 1 Million, das Ohr 100.000 und der Geschmackssinn ungefähr 1.000 Bits. Unser bewusster Verstand kann pro Sekunde allerdings höchstens 40 Bits verarbeiten – das ist 1/280.000 (vergleiche Manfred Zimmermann, 1993: „Das Nervensystem – nachrichtentechnisch gesehen"). Wenn alle zur Verfügung stehenden Informationen so groß sind wie ein Fußballfeld, dann nehmen wir davon nur eine Fläche von der Größe einer Briefmarke bewusst wahr. So eingeschränkt ist unsere Wahrnehmung. So sehr sind wir die ganze Zeit über in Trance. Und das ist auch gut so.

Trance ist Effektivität. Denn in Trance sein heißt, weder unkonzentriert noch unaufmerksam oder schläfrig zu sein. Im Gegenteil. Trance ist pure Konzentration. Je tiefer die Trance, umso größer die Konzentration. Ihr Geist fokussiert gerade die Seiten des Buches und den Sinn dahinter. Aus Ihrem Bewusstsein ausgeschlossen war – bis Sie davon lesen:

- das Gefühl in Ihrer linken kleinen Zehe oder, wenn wir schon dabei sind, das Gefühl hinter Ihrem rechten Ohr,
- der Rhythmus Ihrer Atmung und die Tiefe Ihrer Atmung, was sich meist schon verändert, wenn wir nur daran denken,
- das Wissen über den pythagoreischen Lehrsatz $a^2 + b^2 = ...$ natürlich wissen Sie die Antwort, wenn Sie jetzt bewusst daran denken.

- Genauso ausgeschlossen aus Ihrem Bewusstsein war die Erinnerung an den letzten wirklich schönen Urlaub, die beste Aussicht dort, das typischste Geräusch, all die guten Gefühle und die besten Momente, die damit verbunden sind.

All diese Fakten, Gefühle und Erinnerungen sind da, sie sind nur nicht die ganze Zeit in unserem winzigen Bewusstseinsfenster. Sie sind unbewusst da, solange bis wir den schmalen Lichtkegel unseres Bewusstseins darauf richten.

Alltagstrance. Aber für das Lesen des Buches sind obige Dinge ohne Belang. Unsere Alltagstrance konzentriert sich immer nur auf das gerade Wesentliche. Sehr effektiv! Wahrscheinlich haben Sie das auch schon einmal erlebt: Während einer längeren Autofahrt sind Sie tief in Gedanken versunken und Sie können sich nachher nicht erklären, wie Sie diese Strecke gefahren sind, ohne es bewusst wahrzunehmen, obwohl Sie selbst am Steuer saßen. Tiefe Trance! Manchmal sprechen wir jemanden an, der gerade in Gedanken versunken ist. Zuerst reagiert er gar nicht. Wir sprechen ihn ein zweites Mal an, und es ist, als würde er aus einem Traum erwachen. Tiefe Trance! Wir suchen den Autoschlüssel, durchsuchen dreimal die gesamte Wohnung, auch den Küchentisch – nichts. Jemand anderes kommt in die Küche, hebt den Schlüssel vom Küchentisch hoch und fragt: „Und was ist das?“ Tiefe Trance! Genau genommen leben wir in einem permanenten Trance-Zustand, denn unsere Aufmerksamkeit fokussiert immer gerade etwas. Entweder ein Etwas um uns herum oder ein Etwas in uns.

Im Lichtkegel. Manche Tagträumer sind darüber unglücklich. Sie sagen: „Ich kann mich so schwer konzentrieren.“ Doch das ist nicht ihr Problem. Tagträumer sind Menschen, die ihre Aufmerksamkeit häufig nach innen richten und mit großer Konzentration alle Details von Erlebnissen der Vergangenheit in ihrem Kopf ablaufen lassen oder in Gedanken Neues konstruieren. Sie konzentrieren sich genauso gut wie alle anderen. Sie haben nur nicht gelernt zu entscheiden, worauf sie sich konzentrieren wollen. Die wesentliche Frage für uns Sprachmagier ist: Worauf ist diese Konzentration bei unserem Publikum gerichtet? Genau das ist es, was wir von unseren

Zuhörern erwarten, wenn wir zu ihnen sprechen. Ihre Trance soll den Fokus auf die Rede richten. So sollte es sein. Aber wie erreichen Sie, dass sich das Publikum zur gewünschten Trance entschließt? Müssen Sie die Zuhörer dazu in Trance versetzen? Eben nicht! Viel ökonomischer ist es, in die Trance der Zuhörer einzusteigen und sie dann zu führen.

Das Basismuster der Hypno-Rhetorik®

Start und Ziel. Die Basis der Hypno-Rhetorik® besteht grundsätzlich aus drei Teilen:

1. *Widerspiegeln* der vergangenen, gegenwärtigen und zukünftigen Erfahrungen der Zuhörer,
2. kunstvoll vage *Suggestionen*,
3. die *Verbindung* von beidem.

Das Widerspiegeln der Erfahrung

Abholen. Der erste Teil ist der Start, dort steht Ihr Zuhörer, und da hilft es gar nichts, vom Ziel aus zu rufen: „Hallo lieber Zuhörer, komm her zu mir." Sie müssen ihn schon vom Start abholen. Überlegen Sie also: Wo befindet sich der Zuhörer? Was anerkennt er als wahr und gegeben? Zu welcher Aussage erhalten Sie seine Zustimmung? Das ist die Grundkonstruktion der folgenden Sprachmuster, die Ihnen helfen werden, die Aufmerksamkeit der Zuhörer zu sammeln.

Gemeinsame Weggefährten. Wie wir schon wissen, sind unsere Zuhörer bereits in Trance, noch bevor wir erscheinen und ein Wort reden. Allerdings sind diese Trancen unterschiedlich ausgerichtet. Manche sind im Geist mit ihren Sorgen und Problemen beschäftigt, andere sprechen mit ihren Nachbarn, andere blicken aus dem Fenster und träumen vom nächsten Wochenende, einige beobachten Sie. Wie gelingt es Ihnen, diese diffusen Trancen auf Sie auszurichten? Wie holen Sie sich die Aufmerksamkeit Ihrer Zuhörer? Das tun

Sie am besten dadurch, dass Sie geistig den Platz Ihrer Zuhörer einnehmen! Das bewirkt zweierlei: Sie lernen das Publikum zu verstehen, und Sie nähern sich der Trance des Publikums an. Tun Sie in Gedanken so, als wären Sie Ihr Publikum, und nun stellen Sie sich folgende Fragen:

- *Vergangenheit*: Was hat Sie veranlasst, hier zu sein? Was erlebten Sie als Zuhörer, bevor und während Sie herkamen? Was erlebten Sie hier, bevor es losging?
- *Gegenwart*: Was nehmen Sie als Publikum jetzt in diesem Moment wahr? Was sehen Sie im Raum? Was hören, fühlen, riechen oder schmecken Sie (Raumtemperatur, Gerüche, Speisen etc.)? Wie nehmen Sie den Redner und seine Umgebung wahr?
- *Zukunft*: Was wird Sie als Zuhörer erwarten? Welche Dinge glauben Sie, im Lauf des Vortrages oder der Rede und danach zu erleben? Was glauben Sie damit in Zukunft anfangen zu können?

Was Sie hören ist, was Sie erleben. Flechten Sie die Antworten in Ihre Sätze ein. Lassen Sie Ihre Zuhörer eine Reise durch die Zeit erleben. Und zwar von der Vergangenheit über die Gegenwart in die Zukunft.

> Lassen Sie mich Ihnen dazu gratulieren , dass Sie es heute hierher geschafft haben [Vergangenheit]. Damit meine ich nicht nur, dass Sie es heute geschafft haben, rechtzeitig aufzustehen [Vergangenheit], durch den Morgenverkehr [Vergangenheit] und die Anmeldeprozedur [Vergangenheit] hierher in diesen Raum [Gegenwart], in diesen Stuhl [Gegenwart], der jetzt Ihr Gewicht trägt [Gegenwart], wenn wir darauf achten [Gegenwart] und Gott sei Dank auch sonst [Zukunft].
> Nein, nicht nur dazu möchte ich Ihnen gratulieren, sondern noch mehr dazu, dass Sie zu den wenigen Prozent der Erwachsenen gehören, die den Entschluss fassen [Vergangenheit], etwas für ihre Weiterbildung zu tun [Gegenwart]. Und ich verspreche Ihnen, wenn Sie mit gleicher Aufmerksamkeit wie jetzt [Gegenwart] in den zwei Tagen anwesend

sind [Zukunft], werden Sie in der Lage sein, hinter die Oberfläche der menschlichen Kommunikation zu blicken [Zukunft] und zumindest drei neue Möglichkeiten entdecken [Zukunft], Ihre Ziele umzusetzen [Zukunft].“

Indem Sie die vergangene, aktuelle und zukünftige Erfahrung der Zuhörer sprachlich widerspiegeln, schwimmen Sie gemeinsam im selben Teich. Sie befinden sich alle in derselben Trance. Und die Zuhörer erleben, dass Sie sich auskennen mit ihnen. Sie signalisieren: „Ich bin auf eurer Seite. Mir ist bewusst, was ihr erlebt habt und jetzt gerade wahrnehmt.“ Damit nehmen Sie als Redner die Zügel so in die Hand, dass sich das Publikum darauf freut, von Ihnen gelenkt zu werden.

Suggestionen

Den Weg finden lassen. Milton Erickson wuchs auf einer Farm im amerikanischen Mittleren Westen auf. Eines Tages kam ein herrenloses Pferd auf ihre Farm. Keiner wusste, wem es gehörte. Der junge Milton schwang sich auf das Pferd, führte es auf die Straße und wartete dort, bis es anfing, eine Richtung einzuschlagen. Dann ließ er es dahintraben. Immer wenn es vom Weg abkam, führte er es wieder auf die Straße. Bei Kreuzungen ließ er dem Pferd Zeit, selbst zu entscheiden, und hielt es dann wieder am Weg. Schön langsam wurde in der Entfernung eine Nachbarfarm sichtbar und das Pferd wurde auch immer schneller. Als Milton dort einritt, wurden er und das Pferd herzlich begrüßt: „Woher wusstest du, dass das Pferd uns gehört?“ Milton lachte und antwortete: „Ich wusste es nicht, das Pferd wusste es!“

Kunstvoll vage. Wenn Sie auf obige Art und Weise elegant und unauffällig die Trance der Zuhörer betreten haben, können Sie beginnen, kunstvoll vage Suggestionen einzustreuen. Wir gehen dabei vor, wie Milton mit dem entlaufenen Pferd. Wir geben zwar eine Richtung vor, lassen aber jeden Zuhörer das seine daraus machen. Die entscheidenden Worte bei Suggestionen sind: „kunstvoll vage"! Um die Wichtigkeit zu verstehen, ein Experiment: Vergleichen Sie die Wirkung folgender Suggestionen:

> Nehmen Sie jetzt einen Atemzug,
> blinzeln Sie sofort mit den Augen,
> denken Sie an den angenehmsten Moment des gestrigen Nachmittags.

Lassen Sie diese Suggestionen auf sich wirken, und vergleichen Sie sie mit den Folgenden:

> Und wann immer jetzt der richtige Zeitpunkt für einen entspannenden Atemzug kommt, werden Sie ihn mit etwas mehr Bewusstheit machen können, so wie auch das nächste Blinzeln etwas mehr Aufmerksamkeit und Ruhe haben kann, nun, sobald die Zeit dafür reif ist, denn es kann sein, dass Sie von gestern Nachmittag nicht mehr alles ganz genau wissen, aber etwas davon, vielleicht den angenehmsten Moment, so wie er war oder sein hätte können, in Ihr Tagtraum-Bewusstsein lassen, um Ihre Stimmung davon ein bisschen aufheitern zu lassen.

Wie sie bemerken, wirken die zweiten Suggestionen ganz anders als die ersten. Ein Grund dafür ist: Sie lassen mehr Spielraum. Sie sind plausibel, sie sind angenehm, und sie sind moralisch annehmbar. Das sind nämlich die Kriterien für erfolgreiche Suggestionen. Vorausgesetzt, Sie haben vorher, durch geschicktes Widerspiegeln, die Trance des anderen betreten und genügend Vertrauen aufgebaut. Lassen Sie uns das an einem weiteren, etwas praxisnäheren Beispiel betrachten:

> Sie sind neugierig auf die Informationen dieses Satzes,
> werden verstehen, was damit gemeint ist
> und es selbstständig in die Praxis umsetzen können.

Patterns of plausibility. Im obigen Satz haben wir behauptet zu wissen, was in Ihrem Kopf vorgeht. Und das obwohl diese Zeilen ja schon vor langer Zeit von uns geschrieben wurden und an einem Ort, von dem aus wir das Meer und ein paar Palmen sehen konnten, was wir Ihnen zwar auch wünschen, aber nicht unbedingt so sein muss. Natürlich haben wir keine Ahnung davon, ob Sie diese Emotionen und Kognitionen jetzt und in Zukunft haben werden, aber sie sind plausibel. Wenn Sie bei Ihrem Publikum genügend Vertrauen aufgebaut haben, z.B. durch gutes Widerspiegeln der Erfahrung, und die Richtung, in die die Suggestionen führen, angenehm und moralisch annehmbar ist, haben Sie gute Chancen, dass Ihnen der Großteil des Publikums folgt.

Hier nochmals die *Kriterien für erfolgreiche Suggestionen*:

- *Vertrauen aufgebaut*: Gut die Erfahrung widergespiegelt.
- *Kunstvoll vage*: Jeder kann das Seine daraus machen.
- *Plausibilität*: Warum nicht?
- *Angenehm und annehmbar*: Die Richtung ist in Ordnung.

Die Verbindung

Schrittweises Führen. Besonders effektiv ist die Verbindung der beiden obigen Muster, des Widerspiegelns und der Suggestion. Vor allem bei Anfängen ist es gut, mehr Widerspiegeln zu betreiben, bevor man mit den Suggestionen beginnt. Das gilt für den Anfang des Vortrags, eines neuen Abschnitts, eines neuen Arguments. Je mehr Sie dann angekommen sind in der Trance der Zuhörer, desto häufiger können Sie Suggestionen einbringen. Dazu ein Beispiel aus der Redepraxis:

> „Sie sind unseren bisherigen Ausführungen gefolgt, haben einige Beispiele gehört, Ihre Meinung dazu gesagt
> und
> beginnen bereits, den Sinn dessen, was Sie bisher erfahren haben, zu verstehen, die Informationen miteinander zu verknüpfen und neue Ideen daraus zu entwickeln."

Der Sinn des ersten Absatzes ist uns klar: Der Redner geht in die Trance der Zuhörer, indem er dreifach ihr Erleben widerspiegelt, und das ist – nach der einfachen Verbindung durch „und“ – eine wichtige Voraussetzung für den dritten Teil. Denn ob das Auditorium wirklich bereits den Sinn versteht, die Informationen verknüpft und neue Ideen daraus entwickelt, kann der Redner nicht wissen. Aber – warum nicht? Irgendwie wird das schon stimmen. Diese Suggestionen wirken deshalb so gut, weil sie mit den ersten Sätzen verbunden sind. Die Zuhörer folgern, mehr unbewusst als bewusst, aber daher umso wirkungsvoller: „Wenn das Erste richtig war, wird das Weitere wohl auch stimmen.“ Der Inhalt der Suggestion wird als Tatsache akzeptiert und leitet das weitere Handeln.

Der Aufbau dieses Basismusters entspricht der vorher beschriebenen Grundkonstruktion und ist simpel: Zuerst sagen Sie ein paar Dinge, die der Erlebniswelt der Zuhörer entsprechen, leiten mit einem einfachen „und“ über und führen schließlich mit kunstvoll vagen Suggestionen in die gewünschte Richtung. Das ist noch einfacher als Pferde zu lenken.

Zehn Techniken der Hypno-Rhetorik®

Um eleganter damit umgehen zu können, einige weiterführende Möglichkeiten: Sie finden hier eine Auswahl von zehn Sprachmustern der Hypno-Rhetorik®. Die ersten zwei Muster ermöglichen Ihnen elegantere Verbindungen. Die Techniken 3 bis 7 sind gut geeignet, um die Trance der Zuhörer zu vertiefen, und 8 bis 10 sind strategisch gut einsetzbare Muster, um Ihre Ziele leichter zu erreichen.

1. Komplexe Äquivalenz

Das große Ist-gleich-Zeichen

Martina, eine Computerhändlerin, führt ihren Kunden das neueste und leistungsfähigste Modell vor:

„Sie haben sich die Zeit genommen und sind hierher gekommen, um die starke Performance dieses High-End-Modells live an Hand einiger Beispiele zu erleben
und das bedeutet,
Sie haben großes Interesse an technisch hochwertigen Geräten, die mit Ihren steigenden Anforderungen mitwachsen, gepaart mit dem Interesse an unserer Produktfamilie, die inzwischen allen Ihren Wünschen und Anforderungen gerecht wird."

Das eine ist das andere. Die Händlerin hat die beiden Teile miteinander verknüpft und damit implizit die Behauptung aufgestellt: Wenn das eine zutrifft, stimmt auch das andere. Dass die Leute hergekommen sind, ist unbestreitbar, und alle Zuhörer können bedingungslos zustimmen, also könnte auch das andere wahr sein. Sie können auch Wahrnehmungen der Zuhörer nützen, die noch gar nicht geschahen, aber mit ziemlicher Sicherheit eintreffen werden. Die Zuhörer merken sich Ihre Worte unbewusst. Sobald Ihre Zuhörer erleben, was Sie ankündigten, wird Ihre Verknüpfung wirksam und sie glauben auch den zweiten Teil.

Kommendes nutzen. Ein innovativer Mitarbeiter präsentiert einem Gremium von Führungskräften seine Projektidee. Natürlich ist er daran interessiert, sie auch umgesetzt zu sehen.

„Sie haben meine Idee gehört und auch meine Vorstellungen dazu, wie wir sie rasch Realität werden lassen können. Wir haben gemeinsam die Kostenfrage diskutiert und welche Personen das Projektteam bilden könnten. Wenn Sie in Ihre Büros zurückgekehrt sind, werden Sie wieder durch das Tagesgeschäft in Anspruch genommen. Aber wenn sie das nächste Mal an unser Projekt denken, egal wann das sein wird, werden Sie entdecken, dass sich Ihre Gedanken darüber zu einem ersten Konzept geformt haben. Und das wird Ihnen ein Gefühl dafür geben, wie Erfolg versprechend die Idee ist."

Sobald sich die Führungskräfte nach der Besprechung im Büro wiederfinden, beginnt die Verknüpfung selbstständig ihre Arbeit. Sie werden über den Vorschlag des Mitarbeiters im Guten nachdenken und mit einiger Wahrscheinlichkeit zu einem positiven Ergebnis kommen. Denn diese Verknüpfung wirkt sehr subtil.

2. Kausalnexus

Ursache – Wirkung

> Horst, ein Immobilienhändler, zu einer Familie, die sich nach einem netten Haus umsieht:
> „Ich denke, ich habe das Richtige für Sie. Am besten, wir fahren gleich hin, damit Sie es ausgiebig begutachten können. Ich prophezeie Ihnen: Sie werden dort aus dem Auto steigen und als erstes eine wunderschöne Rosenhecke mit zahllosen roten Blüten an der weißen Wand an der Südseite sehen.
> Dieser Anblick wird Ihr Herz erwärmen. Da entsteht gleich ein Gefühl von Zuhausesein."

Das eine macht das andere. Das ist die zweite Art, die beiden Teile miteinander zu verknüpfen. Sie folgt dem Ursache-Wirkung-Prinzip. Sobald die Familie erlebt, was der Händler ankündigte, könnte ihr Unterbewusstsein sagen: „Tatsächlich, der Kerl hatte recht. Dann wird wohl an der Sache mit dem Wohlfühlen auch etwas Wahres dran sein."

Nun kennen Sie zwei verbindende Hypnosemuster, und das bedeutet, Sie sind schon fast Experte, und dieses Bewusstsein kann noch mehr Selbstvertrauen bei der Anwendung bewirken. Und wenn Sie die beiden Muster im vorhergehenden Satz bemerkt haben, gleich noch mal so viel Selbstvertrauen und Spaß bei der Umsetzung ...

3. Nominalisierungen

Hauptwörter, die eigentlich gar keine sind, regen zum Träumen an

> Ein Rhetoriktrainer am Ende eines Vortrags:
> „Wissen ist Macht. Schöpfen Sie aus dem Gelernten die Kraft, Ihre Redegewandtheit zur Exzellenz und Meisterschaft zu führen. Erst wenn Wissen und Erfahrung zu einem Ganzen werden, kann die Fähigkeit der Rede zur Sprachkunst reifen."

Die Auslassung macht's. Diese Sätze sind vollgepackt mit Zauberwörtern. Zauberwörter haben neben dem üblichen Zweck, einen sinnvollen Satz zu bilden und damit Informationen zu geben, noch einen weiteren Zweck: nämlich Raum zu lassen für die Ideen der Zuhörer. Betrachten wir den Satz genauer, so fällt auf, dass er aus vielen Hauptwörtern besteht, die keine Dinge beschreiben: Wissen, Macht, Fähigkeit, Erfahrung etc., das sind Nominalisierungen, eingefrorene Prozesse. Sie tun so, als würden sie, wie „richtige" Substantiva, auf Substanz, auf Dinge verweisen. Sie verweisen aber auf Abläufe, Handlungen, Erfahrungen.

Ein einfacher Test, ob ein Hauptwort ein „echtes" Substantiv oder eine Nominalisierung ist: Wenn Sie das Bezeichnete in einen Schubkarren packen könnten, vorausgesetzt, sie hätten Schubkarren beliebiger Größe, dann ist es ein „echtes" Substantiv. Wenn nicht, ist es eine Nominalisierung.

Wie steht es mit „Liebe"? Auch wenn sie zahllose Popsongs füllt – schwer in einen Schubkarren zu packen, also eine Nominalisierung. Die Aufforderung: „Denken Sie an einen Moment der Liebe!" enthält zwei davon, „Moment" und „Liebe", und wenn Sie dieser Aufforderung folgen, werden Sie eine sehr persönliche Szene mit sehr persönlichen Handlungen erleben. Selbst wenn wir wüssten, an welche Situation Sie denken, hätten wir Tausende Worte gebraucht, um das zu beschreiben, wofür die drei Wörter „Moment der Liebe" bei Ihnen Platzhalter sind. Und genau das ist der Zweck dieser

Zauberwörter. Eben weil Informationen vorenthalten werden, kann der Zuhörer die Lücken selbst füllen.

Weniger ist mehr. Andere Beispiele für diese mächtigen Nominalisierungen: Ehre, Treue, Freude, Gewinn, Wachstum, Entwicklung, Lernen, Lachen, Lieben, Neugier etc. Die Gedanken kreisen um Sätze mit solchen Wörtern, das Denken fokussiert sich ganz und gar darauf, aufzunehmen und selbst zu ergänzen. Der Rahmen der 40 Informationseinheiten pro Sekunde wird durch solche Wörter vollkommen ausgefüllt. Ihre Zuhörer können gar nicht anders, als sich auf Sie und Ihre Rede zu konzentrieren. Sie halten die Zügel fest in der Hand, lassen aber den Hörer seinen individuellen Weg finden.

4. Ungenaue Verben

Jede Menge Raum für das Eigene.

> Ein Rhetoriktrainer am Anfang eines Vortrags:
> „Meine Damen und Herren, Sie haben heute die Chance zu lernen, lassen Sie es zu. Sie werden spüren, wie Sie sich damit noch leichter ausdrücken und selbst verwirklichen können. Und wenn Sie das wahrnehmen, werden Sie wachsen, sich weiterentwickeln und beginnen, es zu genießen. Also hören Sie und sehen Sie, es lohnt sich."

Fragen über Fragen. Haben Sie die Zauberwörter in diesem Satz herausgefunden? Diesmal sind es die Tätigkeitswörter selbst. Sie lassen mehr Fragen offen, als sie Antworten geben. Mit keinem Wort wird angesprochen, wer wann was wie durch wen und warum lernt. Je ungenauer Sie den Rahmen der Tätigkeiten ansprechen, desto mehr regen Sie auch hier Ihre Zuhörer zum Nachdenken an und binden ihre Aufmerksamkeit an Sie. Eigentlich eignet sich jedes Tätigkeitswort für dieses Hypnosemuster, einige haben aber besonders große Wirkung: geben, nehmen, lernen, wachsen, hoffen, erkennen, wahrnehmen, leben, tun, sehen, hören etc. Das Prinzip ist einfach. Streuen Sie diese Wörter in Ihren Sätzen ein, so als würden Sie ein feines Gericht würzen, ohne nähere Erklärungen dazu abzugeben. Zum Beispiel: „Es ist so einfach zu lernen." Ein paar dieser Zauberwörter und Sie haben Ihr Publikum im Griff.

5. Vergleichende Tilgung

Das Bessere ist der Feind des Besten

> In einem Meeting mit den Abteilungsleitern fasst die Geschäftsführerin am Ende zusammen:
> „Liebe Kolleginnen und Kollegen, ich bin überzeugt, und die Geschäftszahlen bestätigen uns darin: Wir werden in Zukunft größer und größer. Wir arbeiten jetzt effizienter, unsere Kunden sind deutlich treuer geworden, das Service-Portfolio hat sich verbessert. Unsere Devise lautet: mehr, besser, größer. Und ich wünsche uns allen viel Erfolg dabei."

Vergleich ohne Partner. Sie haben sicher erkannt: es geht um die Steigerungsform. Wieder gilt das Prinzip: Auslassungen binden. Der Zuhörer hört diese Sätze und fragt sich: Größer als wer oder was? Größer im Vergleich zu wann? Nichts regt das Interesse der Zuhörer mehr an als Mangel. Ein beliebter Marketing-Trick heißt: Mangel erzeugen. Das ist der Grund, warum limitierte Auflagen eines Produktes teurer verkauft werden können und warum Menschen Schlange stehen und jeden Preis zahlen, wenn die Werbung sagt: Wir kommen mit der Produktion nicht nach. Mangel weckt Sehnsucht nach der Mangelware. Wecken Sie die Sehnsucht nach Ihrem Produkt in Ihren Zuhörern, nämlich dem Zweck Ihrer Rede. Nutzen Sie die Kraft der vergleichenden Auslassung, verwenden Sie Steigerungsformen, ohne zu erklären, womit Sie vergleichen. Das Gesagte bleibt offen und hält die Trance des Publikums auf Sie gerichtet.

6. Verlorene Referenz

Wer sagt das?

Eine Teilnehmerin in einem Rhetoriktraining:
„Es tut wirklich gut, diese rhetorischen Fähigkeiten zu beherrschen, weil man so mit den Menschen auf eine bessere Art und Weise kommuniziert. Damit wird vieles möglich, sodass es auch sein kann, dass man sich eines Tages besser versteht. Daher ist klar, dass man das alles braucht, es wird helfen zu verstehen."

Man kann es oder man kann es nicht. Erinnern Sie diese Sätze an etwas? Ja, manche Menschen, die dazu neigen, unverbindlich zu reden, um sich nicht mit präzisen Aussagen festlegen zu müssen, sprechen diese Sprache. Was fehlt? Richtig, die aussagende Person – derjenige, der für die Aussage geradesteht – wird nicht genannt. Aus „Ich bin der Meinung, dass ..." wird: „Man könnte und man sollte ..." Um Informationen zu geben und dafür auch einzustehen, sind solche Formulierungen ungeeignet. Wenn Sie allerdings durch Auslassung des Subjekts die Trance Ihrer Zuhörer vertiefen und an sich knüpfen wollen, sind Sie auf dem richtigen Weg.

Statt „ich" oder „wir" oder „Herr Meier" sagen Sie einfach „man" oder „es". Ebenso gut geeignet sind verallgemeinernde Begriffe, wie etwa „die Menschen", „die Deutschen", „Manager und Führungskräfte".

7. Verletzung der Auswahlbeschränkung

Wenn Gedanken Flügel bekommen

Ein Teamleiter, als sein Team bei einer Problemlösung nicht weiterkommt:
„Dieses Problem sucht förmlich nach einer Lösung, finden Sie nicht? Wir sollten ihm zuerst einmal erlauben, selbst in unseren Köpfen passende Ressourcen zu finden, noch ohne

uns etwas davon wissen zu lassen. Ich bin sicher: Unser Erfahrungsschatz lässt sich gerne davon durchwühlen. Später wird unser Denken hervorragende Lösungen dazu produzieren."

Die denkende Lösung. Hand aufs Herz, haben Sie schon einmal ein Problem gesehen, das derart menschliche Züge aufweist? Probleme, die nach Ressourcen suchen, noch dazu geheim, oder Erfahrungsschätze, die sich gerne durchwühlen lassen? Natürlich gibt es das alles nicht. Ich wette aber mit Ihnen: Jeder, der das hört, macht sich ein Bild davon. Die Abstraktion der Sprache ist plötzlich wie weggeblasen, wenn Probleme geheim nach Ressourcen suchen. Zuhörer haben die starke Tendenz, im Kopf daraus einen Film zu gestalten. Abstrakte Begriffe erhalten in diesen Filmen menschliche Züge. Die Konsequenz daraus: Je besser der Film, desto tiefer die Trance.

Und es geht ganz einfach. Sie können jeden Begriff dazu verwenden. Verpassen Sie diesem Begriff menschliche Züge und lassen Sie ihn menschliche Handlungen durchführen. Das geht natürlich auch mit wirklichen, angreifbaren Dingen. Ein Raum kann sich wohlfühlen, weil die Teilnehmer eines Vortrages ihren Platz darin gefunden haben. Das Skript kann sich darüber freuen, auch nach dem Vortrag zur Hand genommen zu werden. Die Zuhörer werden unbewusst die lachenden Augen und den breiten Mund am Skript wahrnehmen, wenn es später auf der Kommode liegt. Der Griff danach ist somit gesichert.

Keine Sorge, es klingt für die Zuhörer keineswegs obskur, im Gegenteil. Sie empfinden solche Aussagen als angenehme und interessante Würze eines Vortrages. Streuen Sie dieses Gewürz in Maßen und die Teilnehmer werden sagen: „Das war nicht nur eine interessante, sondern auch launige Rede."

Zum Abschluss drei anspruchsvollere, aber auch sehr mächtige Muster:

8. Double-Bind

Es geht sicher gut aus – Alle Wege führen nach Rom

Qual der Wahl. Eine Frau schenkt ihrem Mann zum Geburtstag zwei Krawatten. Um seiner Freude Ausdruck zu verleihen, legt er am nächsten Tag gleich eine davon an. Seine Frau nützt die Gelegenheit und sagt: „Die andere gefällt dir wohl nicht?" Hatte der arme Mann eine Chance? Wohl nicht! Er war gefangen in einem Double-Bind.

> Bei einer Produktpräsentation:
> „Manche von Ihnen sind jetzt schon von unserem neuen Produkt überzeugt, die anderen sind noch damit beschäftigt, auch den letzten neuen Vorteil zu entdecken."

Nimm mich oder nimm mich. Sie haben die Wahl. Oder etwa nicht? Sätze dieser Art geben das Gefühl, entscheiden zu können. Der Redner hat ja Wahlmöglichkeiten angeboten. Diese Wahlfreiheit steht für die Zuhörer im Vordergrund. Sie haben das Gefühl, nicht zu etwas gedrängt zu werden. Tatsächlich führt jede der angebotenen Wege in ein und dieselbe Richtung, nämlich die, welche der Redner anstrebt. Also: Egal, wie sich der Empfänger dieser Botschaft entscheidet, er tut jedes Mal, was der Redner will.

Ein sehr effektives Muster, das aber einiges Vordenken erfordert. „Wenn Sie wollen, können Sie gleich jetzt oder etwas später damit beginnen, die gelernten Hypnosemuster in der Praxis auszuprobieren. Mit jedem Experiment, das Sie wagen, werden Sie Erfolg haben. Manchmal wird er offensichtlich sein, manchmal, noch mächtiger, im Hintergrund wirken."

9. Vorannahmen

Unausgesprochen wirksam – Zu einem Torbogen gehört auch der Raum, den er frei lässt!

Das Mitarbeitergespräch. Der Manager einer Entwicklungsabteilung führt ein Mitarbeitergespräch mit einem seiner Teamleiter. Bis auf ein paar Kleinigkeiten ist er mit ihm hochzufrieden, und das will er ihm auch sagen. Der Manager bringt die Dinge gerne ohne Umwege auf den Punkt. Am liebsten würde er dem Teamleiter daher sagen: „Sie arbeiten intern gut zusammen. Die Leute mögen Sie, das spürt man. Mir macht nur etwas Sorge: ob Sie es schaffen, den Kontakt mit den anderen Teams aufzubauen. Die wissen recht wenig Bescheid, was Sie tun. Das schadet Ihrem Image, obwohl Sie wirklich gut sind."

Worte auf der Waagschale. Toll, einen so offenen Vorgesetzten zu haben. Er redet Klartext und kommt damit gleich zur Sache. Stimmt, allerdings: Klartext ist eine Sache, Effizienz eine andere. Er hat beim Sprechen dieser Sätze zwar wenig Luft verbraucht, sein angestrebtes Ziel wird er allerdings damit nicht erreichen. Warum? Sehen wir uns die Sätze einmal genauer an. Die ersten beiden Sätze sind Behauptungen des Managers, denen der Empfänger dieser Botschaft zustimmen kann oder auch nicht. Da es für den Empfänger positive Behauptungen sind, wird er sich möglicherweise wenig dagegen sträuben. Ein kritischer Geist könnte dennoch erwidern: „Na ja, Moment, so ist das nun auch wieder nicht. Vorgestern zum Beispiel sind wir ganz schön zusammengekracht. Wir waren da ganz unterschiedlicher Meinung, und da sind die Fetzen geflogen. Also ganz kann ich nicht unterschreiben, dass mich alle mögen." Aber die wirklich problematische Aussage steckt im dritten Satz. Denn die Formulierung lässt dem Teamleiter die Möglichkeit offen zu versagen.

Das nicht Ausgesprochene. Wann immer wir einen Satz sagen, schwingt das, was damit in Verbindung steht, aber nicht direkt ausgesprochen wird, mit. Wir nennen all diese mitkommunizierten Inhalte Vorannahmen. Es gibt keinen Satz ohne Vorannahmen.

Testen wir den Wahrheitsgehalt dieses Satzes an einem einfachen Beispiel: Die Aussage „Der Büroleiter beauftragte den Mitarbeiter, den Bericht zu ändern“ geht von folgenden Vorannahmen aus:

- Es gibt einen Büroleiter und Mitarbeiter.
- Der Büroleiter kann Aufträge erteilen.
- Es gibt einen Bericht.
- Der Mitarbeiter hat die Fähigkeit, ihn zu ändern.
- Der Mitarbeiter hat die Möglichkeit, ihn zu ändern.
- ...

So weit, so klar und einfach. Diese Vorannahmen wirken auf besondere Art und Weise: Sie werden, wenn wir sie hören, von uns nicht reflektiert, sondern als wahr angenommen. Achten Sie in nächster Zeit bewusst darauf, welche Botschaften Sie implizit empfangen und senden. Fahren Sie Ihre Antennen aus!

Das Mitarbeitergespräch, die Zweite. Sehen wir uns mit dieser Erkenntnis den dritten Satz unseres Managers noch einmal an: „Mir macht nur etwas Sorge: ob Sie es schaffen, den Kontakt mit den anderen Teams aufzubauen.“ Vielleicht hat der Teamleiter das Problem des wenig vorhandenen Kontaktes zur Außenwelt auch schon erkannt und stimmt daher dem Satz zu. Wenn der Satz sinnvoll sein soll, bedeutet das: Es ist möglich, dass der Teamleiter es nicht schafft. Und das wollte der Manager hier eigentlich nicht kommunizieren. Die Art und Weise, wie wir Aussagen formulieren, gibt dem Empfänger die Denkrichtung vor. Dem Manager wäre sicher lieber, wenn der Teamleiter in vollster Überzeugung seiner Kompetenz das Problem angeht. Dann sollte er ihn mit seinen Sätzen aber auch in diese Richtung lenken, etwa so:

> „Die Zusammenarbeit in Ihrer Gruppe hat sich noch um einiges verbessert. Mich beeindruckt, wie gut alle Ihre Leute über den Status der Arbeiten aller anderen informiert sind. Die vielen anerkennenden Bemerkungen, die Ihre Leute einfach nebenbei über Sie machen, zeigen mir, dass man Sie als Chef gern hat. Und die Umsatzzahlen des letzten Quar-

tals unterstreichen die Qualität der Arbeit Ihrer Gruppe. Ich frage mich, wie Sie es erreichen werden, die Kontakte Ihrer Gruppe auch nach außen zu den anderen Teams noch zu vertiefen. Weil das Ihr Image und das Ihrer Gruppe wesentlich verbessern könnte und die anderen Teams Sie noch bereitwilliger unterstützen würden."

Analyse. Sehen wir uns nun die zweite Variante genauer an. Was muss als gegeben angenommen werden, damit diese Sätze sinnvoll sind?

- Die Zusammenarbeit war vorher gut.
- Das Team ist gut informiert.
- Die Teammitglieder machen anerkennende Bemerkungen über den Teamleiter.
- Die Gruppe arbeitet mit Qualität.
- Es gibt Kontakte zu anderen Teams.
- Sie zu vertiefen ist machbar.
- Das Team und sein Leiter haben ein gutes Image.
- Sie werden von den anderen Teams bereitwillig unterstützt.

Jede dieser Vorannahmen ist ein Lob. Es ist gar nicht mehr die Frage, ob das Problem lösbar ist. Der Teamleiter wird dazu animiert, über weitere Verbesserungen nachzudenken. Denn obwohl der Manager gemäß seiner Formulierung sich selbst fragt, wie das Team noch bereitwilliger von außen unterstützt wird, fühlt sich der Teamleiter natürlich implizit angesprochen und aufgefordert, darüber nachzudenken.

Verräterische Vorannahmen. Nützen Sie viel mehr die Macht der Vorannahmen, um das Denken Ihrer Mitmenschen in Bahnen zu lenken, die positive Gedanken und Weiterentwicklung ermöglichen. Sie wissen es bereits: Ein Kriterium, das hilft, als Redner Menschen zu überzeugen, ist die eigene Überzeugung. Die eigene Überzeugung kommt durch nichts stärker zum Ausdruck als durch die impliziten Vorannahmen Ihrer Aussagen.

Der Leiter eines Verkaufstrainings:
„Ihre Bereitschaft, neue Modelle gerne aufzunehmen und in Ihr schon vorhandenes Wissen zu integrieren, hat es mir möglich gemacht, deutlich rascher als geplant vorzugehen. Das Verständnis der Modelle wurde durch ihre gegenseitige Unterstützung bei den Aufgaben noch gefördert. Das gibt mir die Chance, Ihnen mehr interessante Informationen zu geben, um Ihnen das Leben als Verkäufer noch etwas leichter zu machen."

Jedes Wort, jede Vorannahme, die hinter diesen Aussagen steckt, lässt die positive Einstellung des Trainers zu seiner Aufgabe, den Zuhörern und den Inhalten spüren. Er strahlt damit Kongruenz und Glaubwürdigkeit aus, eine Voraussetzung für erfolgreiches Sprechen. Also: Achten Sie auf Ihre Vorannahmen.

10. Verdeckte Botschaften

Trojanische Sätze – Wie Ihre Botschaft unbemerkt ankommt

Milton Erickson baute in seine Sätze häufig verdeckte Botschaften ein. Sie sind äußerst wirksam, denn sie sprechen das Unterbewusstsein der Menschen an. Ihr eigentlicher Zweck bleibt den Zuhörern verborgen. Diese haben daher auch keinerlei Anlass zu Widerstand und folgen der Anweisung mit großer Wahrscheinlichkeit. Es ist sehr leicht, verdeckte Botschaften zu konstruieren. Sie haben dafür vier Möglichkeiten:

- Zitierte Botschaften
- Botschaften in Form von Verneinungen
- Botschaften in Form von Fragen
- Botschaft durch Hervorhebung

Bei allen folgenden Beispielen stellen Sie sich bitte vor:

ALLE SO HERVORGEHOBENEN PASSAGEN SIND DURCH FOLGENDE ELEMENTE VOM SPRECHER BETONT:

- MEHR AUGENKONTAKT,
- LANGSAMES NICKEN,
- LANGSAME UND UNMERKLICH LAUTERE SPRACHE.

Unser Unbewusstes versteht diese subtilen Zeichen sehr gut. Es gibt den so markierten Passagen eine eigene Bedeutung, parallel zum eigentlichen Satz. Diese mitlaufende Bedeutung wirkt stark suggestiv, weil sie unterhalb der Bewusstseinsschwelle ankommt. Trojanische Sätze!

Zitierte Botschaft: Das ist die einfachste Form der verdeckten Botschaft. Sie eignet sich am besten, um das Prinzip zu lernen. Sie erzählen einfach eine Geschichte über eine andere Person, die diese Botschaft zu hören bekam. Bewusst fühlen sich Ihre Zuhörer nicht angesprochen, es geht ja um jemand anderes. Doch das Unterbewusstsein nimmt alles persönlich. Es fasst alles auf, als wäre es an den Zuhörer selbst gerichtet. Und genau das wollen wir ja eigentlich auch:

> Ferdinand, ein Einkaufsleiter, der sich selbst als nicht konfrontativ beschrieb, hatte Probleme mit einem Lieferanten, der immer wieder unpünktlich lieferte. Wir rieten Ferdinand, bei nächster Gelegenheit mit ihm eine Tasse Kaffe zu trinken, über Familie zu plaudern und dabei Folgendes zu sagen und zu tun:
> „... und dann sagte ich zu meinem Jüngsten: ‚WENN DU NICHT ANFÄNGST, PÜNKTLICHER ZU SEIN, WERDEN WIR PROBLEME BEKOMMEN MITEINANDER. DAS KÖNNTE FÜR UNS BEIDE BÖSE ENDEN. ICH STEHE ZU DIR, ABER DU MUSST SCHON AUCH ETWAS DAFÜR TUN! WIR VERSTEHEN UNS DOCH SONST SEHR GUT.‘ UND ICH GLAUBE, ER HAT VERSTANDEN.“

Der Lieferant war betroffen, ohne genau zu wissen warum. Er änderte seine Liefergewohnheiten, und die Geschäftsbeziehung hält noch immer. Unser Klient hatte so großen Erfolg damit, dass er Spaß daran bekam, diese Methode zu perfektionieren. Bei unserem nächsten Treffen mit ihm waren wir sehr aufmerksam bei allen Zitaten, die von ihm kamen.

Botschaften in Verneinungen und Fragen: Auch diese Form ist recht einfach einzusetzen. Wenn Sie sich an den Apfel aus dem dritten Tipp, um Anfängerfehler zu vermeiden, erinnern, werden Sie noch wissen, dass wir unbewusst alle Wörter prozessieren, auch jene, die verneint formuliert sind. Das Gleiche gilt natürlich auch für Wörter in Fragen. Sie wirken genauso auf einer unbewussten Ebene. Diese beiden Prinzipien verwenden wir bei dieser Variante:

> Renate, eine Informatikerin, hatte auf ihrer Jobsuche eine Firma gefunden, bei der sie sich vorstellen konnte, gut und gerne zu arbeiten. Sie ließ sich für die Endrunde der Personalauswahl von uns coachen. Bei einer entscheidenden Stelle des Auswahlverfahrens, einem Sechsaugengespräch mit Abteilungsleiter und Personalchef, sagte sie dann:
> „Trotz aller Qualifikationen, die sie von mir gesehen haben, fragen Sie sich vielleicht: GERADE DIE MÜSSEN WIR NEHMEN? Und ich kann Ihnen auch keine Garantie geben, wie ALLE IHRE PROBLEME IN ZUKUNFT VON MIR GELÖST WERDEN. Und ICH WERDE wahrscheinlich nicht ALLE IHRE ANFORDERUNGEN UM 100 PROZENT ÜBERTREFFEN KÖNNEN! Aber was ich Ihnen sagen kann ist: Ich werde mir Mühe geben, all dem nahezukommen."

Ein Jahr, nachdem sie diesen Job bekommen hatte, sagte ihr der Abteilungsleiter, dass er froh war, sie genommen zu haben. Als sie ihn fragte, warum er sich damals für sie entschied, sagte er, dass er das Gefühl hatte, er müsse gerade sie nehmen, denn sie könne alle anstehenden Probleme lösen und ihre Anforderungen übertreffen. Sie erschrak fast, denn das waren beinahe wörtlich die verdeckten Botschaften von damals, die sie vorher so oft geprobt hatte.

Botschaft durch Hervorhebung: Die dritte Form, Botschaften zu verbergen, ist die anspruchsvollste, aber auch die subtilste und mächtigste. Sie ist dermaßen unauffällig, dass sie selbst ein Fachmann, und davon gibt es nur sehr wenige, nur selten erkennen wird. Sie können offiziell und vordergründig über ein anderes Thema sprechen und gleichzeitig verdeckt Ihre Botschaft hinüberbringen. Nehmen wir an:

> Ende einer Softwareschulung. Robert, der Vortragende, will seine Teilnehmer ermutigen, die Möglichkeiten der neuen Software wirklich zu nutzen. Er möchte folgende vier Botschaften hinüberbringen:
> Sie lieben die neuen Features!
> Sie haben sogar Spaß daran!
> Beschäftigen Sie sich täglich damit!
> Sie werden ganz persönlich davon profitieren!
> Das vordergründige Thema ist aber gerade eine launige Plauderei über das Zustandekommen neuer Software.
> „Wenn die Entwickler sich so lange mit einem Produkt beschäftigen, identifizieren sie sich sehr stark damit, SIE LIEBEN DIE NEUEN FEATURES! Die Tester nicht unbedingt. Sie können es objektiver sehen. Und manchmal HABEN SIE SOGAR SPAß DARAN, sich möglichst ungeschickt anzustellen. Die Servicemitarbeiter andererseits haben am längsten damit zu tun. Sobald das Produkt am Markt ist, BESCHÄFTIGEN SIE SICH TÄGLICH DAMIT. Die Zusammenarbeit zwischen den drei Abteilungen klappt meist gut, denn sie wissen, SIE WERDEN GANZ PERSÖNLICH DAVON PROFITIEREN!“

Der Seminarleiter markiert die hervorgehobenen Satzteile. Er spricht sie etwas lauter und langsamer als die anderen, nickt langsam und lächelt dabei leicht. Der Effekt: Das Unterbewusstsein erkennt die Markierungen und nimmt die Aufforderung an. Übrigens: Möglicherweise fühlte sich Ihr Unterbewusstsein jetzt gerade angesprochen. Für die entsprechende Wirkung übernehmen wir gerne die Verantwortung.

Noch fünf Tipps für die praktische Anwendung:

1. Werden Sie sich selbst klar über die Botschaften, die Sie verdeckt kommunizieren möchten.
2. Verwenden Sie dafür möglichst einfache Sätze. Das Unterbewusstsein hat keine Freude mit komplizierten Satzgefügen. Je klarer, kürzer und präziser, desto größer die Wirkung.
3. Wählen Sie ein anderes Vordergrundthema.
4. Entwerfen Sie den Text rundherum.
5. Und nun viel Spaß beim Üben, Üben, Üben! Denn anders hat es Milton Erickson auch nicht gemacht!

In Ihrer Praxis werden Sie natürlich alle drei Formen der verdeckten Botschaft gleichzeitig verwenden. Das ist leichter, eleganter und effektiver.

Zusammenfassung

Hypno-Rhetorik® – die Struktur der Magie

Miltons magische Muster

Im Lichtkegel. Steigen Sie in die Trance Ihrer Zuhörer ein, und führen Sie Ihre Zuhörer.

Das Basismuster der Hypno-Rhetorik®

Das Widerspiegeln der Erfahrung

Abholen. Holen Sie Ihre Zuhörer ab. Überlegen Sie sich: Wo befindet sich der Zuhörer?

Gemeinsame Weggefährten. Nehmen Sie den Platz der Zuhörer ein, und führen Sie sie durch eine Zeitreise von der Vergangenheit über die Gegenwart in die Zukunft.

Die Suggestionen

Kriterien für erfolgreiche Suggestionen. Bauen Sie Vertrauen auf. Seien Sie „kunstvoll vage". Achten Sie auf Plausibilität. Verwenden Sie dabei angenehme und annehmbare Suggestionen.

Die Verbindung

Schrittweises Führen. Führen Sie vom Widerspiegeln zu Suggestionen durch „und".

Zehn Techniken der Hypno-Rhetorik®

1. Komplexe Äquivalenz

Das eine ist das andere. Verknüpfen Sie zwei Satzteile durch ein großes Ist-gleich-Zeichen.

2. Kausalnexus

Das eine macht das andere. Verbinden Sie zwei Satzteile nach dem Ursache-Wirkung-Prinzip.

3. Nominalisierungen

Die Auslassung macht's. Verwenden Sie Hauptwörter, die eigentlich keine sind.

4. Ungenaue Verben

Fragen über Fragen. Verwenden Sie Verben, die mehr Fragen offen lassen, als sie Antworten geben.

5. Vergleichende Tilgung

Vergleich ohne Partner. Verwenden Sie Steigerungsformen, ohne zu erklären, womit Sie vergleichen.

6. Verlorene Referenz

Man kann es oder man kann es nicht. Lassen Sie das Subjekt aus und formulieren Sie allgemein.

7. Verletzung der Auswahlbeschränkung

Die denkende Lösung. Verpassen Sie Gegenständen und Nominalisierungen menschliche Züge.

8. Double-Bind

Nimm mich oder nimm mich. Lassen Sie zwei Wahlmöglichkeiten zu ein und demselben Ziel führen.

9. Vorannahmen

Das nicht Ausgesprochene. Achten Sie darauf, was bei dem, was Sie sagen, mitschwingt.

Verräterische Vorannahmen. Lenken Sie das Denken Ihrer Zuhörer in positive Bahnen.

10. Verdeckte Botschaften

Machen Sie sich Ihre Botschaft klar und wählen Sie ein Vordergrundthema: Entwerfen Sie den Text rundherum und üben Sie. Betten Sie die Botschaften ein in: Zitate, Verneinungen und Fragen. Heben Sie die Botschaften durch Betonung hervor.

8. Action – Autorität durch richtige Körpersprache

Ohne Worte wirken

Bilde dich selbst, und dann wirke auf andere durch das, was du bist.
(Wilhelm von Humboldt)

Die eigentliche Botschaft. 1967 interessierte den amerikanischen Psychologen Albert Mehrabian, wie groß der Anteil von Tonalität und Körpersprache an einer direkt übermittelten Botschaft ist. Die simplen zwei Buchstaben „o.k." können verschwörerisch leise, laut und unwirsch, liebevoll geflüstert oder mit fester Stimme zustimmend gesprochen werden. Das ist Information, die über die Bedeutung der beiden Buchstaben hinausgeht. Zusätzliche Informationen können Gestik und Mimik des Sprechers geben. Eine Handfläche nach unten wischend oder beide Hände schlaff herunterhängend kann Resignation bedeuten, ein lächelndes Nicken interpretieren wir als freudige Zustimmung. Mehrabian förderte diesbezüglich eine immens wichtige Erkenntnis zu Tage (Albert Mehrabian: „Nonverbal Communication", 1972, Seite 108):

- 55 Prozent der Informationen entnehmen wir der Körpersprache, also Distanz, Gestik und Mimik,
- 38 Prozent der Tonalität und nur
- 7 Prozent den Wörtern und Sätzen.

Das erklärt, warum wir manchmal sagen: „Die Botschaft hör ich wohl, allein mir fehlt der Glaube" (Goethe, „Faust I"). Bewusst konzentrieren wir uns eher auf die Sprache. Die meisten Informationen, insbesondere die, welchen wir am meisten Glauben schenken, nehmen wir aber unbewusst wahr. Das heißt im Rückschluss für Sie als Redner, sich noch viel mehr als bisher auf Ihre Sprachmelodie und Ihren Körper zu konzentrieren und damit zu zeigen, was Sie sagen wollen.

Wie Sie durch Kleidung, Gang, Haltung, Gestik, Mimik, Tonalität und richtige Positionierung im Raum Ihre Auftritte noch überzeugender machen können, darum geht es in diesem Kapitel.

Kleidung

Der erste Eindruck. Bevor Sie gehört werden, werden Sie gesehen. Der erste Eindruck, den Sie dabei hinterlassen, ist entscheidend. Sorgen Sie dafür, dass Ihre Kleidung das widerspiegelt, was Sie ausdrücken wollen. Zu den Grundbegriffen der Kleidersprache gehören:

- Gepflegtes Äußeres! Nach wie vor. Von Ihrem Äußeren schließt das Publikum auf Ihr Inneres, Ihre Kompetenz, Ihre Glaubwürdigkeit. Daher: gebügelte Hemden, geputzte Schuhe, frischer Haarschnitt etc.
- Investieren Sie in Ihre Kleidung. Das heißt nicht unbedingt in teure Marken. Investieren Sie in teure Materialien, gute Qualität. Das Publikum bemerkt es zumindest unbewusst und überträgt die Eigenschaften auf Sie.
- Pflegen Sie dabei durchaus einen eigenen Stil. Sie werden dadurch unverwechselbar. Tragen Sie Loden, wenn Sie sich darin wohlfühlen, Jeanshemden, wenn es zum Anlass passt und sie eine gute Qualität haben.
- Starke Kontraste strahlen Autorität aus: Schwarz-weiß ist dabei der Stärkste. Wenn Sie wollen, dass das Publikum aktiver ist, tragen Sie weniger Kontraste und mehr Pastelltöne. Hellblau wirkt sachlich, Dunkelblau zugänglich, Rottöne emotional, Hellgrün beruhigend.
- Ausgefallene Farben erregen Aufmerksamkeit und bewahren sie. Allerdings wirkt zu viel davon unruhig. Verwenden Sie exotische Farben für Accessoires oder maximal für das Hemd, wenn der Großteil davon durch Ihr Sakko verdeckt ist.

Bei einer Farb- und Stilberatung und in der einschlägigen Literatur können sie detailliertere Tipps, passend zu Ihrem Typ bekommen. Nutzen Sie diese Möglichkeiten!

Gehen

Der Capewalk. Die Gehbewegung hat Ausdruckskraft. Dabei übermitteln Sie schon Ihre ersten Botschaften. Sorgen Sie dafür, dass sie stimmen. Sie können es auf der Straße beobachten: Kleine, vorsichtig gesetzte Schritte wirken unsicher und wenig risikofreudig, sehr weite und rasche Schritte empfinden wir als hektisch. Beide Eindrücke wollen wir als Redner nicht erwecken. Gewöhnen Sie sich an den Capewalk (siehe in Kapitel 10 „Lampenfieber“). Dazu gehört jetzt auch, dass Sie raumgreifend ausschreiten. Was wir zeigen wollen, sind Sicherheit und Kongruenz. Probieren Sie folgende Punkte aus:

- Bevor Sie losgehen, kommen Sie zur *Ruhe* und sammeln Sie sich. Erst aus der Ruhe kommt die würdevolle Bewegung. Wie Sie das noch professioneller tun können, erfahren Sie im Kapitel „Etuden“.
- Kombinieren Sie diesen Zustand mit *Capewalk.* Ihr Körper ist aufrecht, der Blick ist waagrecht auf Ihr Ziel gerichtet. Supermans Mantel auf Ihren Schultern weht hinterher.
- Ihre Schritte sind *raumgreifend.*

Das ist der Gang, der beeindruckt. Auch gehen will geübt sein, also rauf auf den Catwalk und lassen Sie sich bewundern.

Stehen

In sich ruhen. Als nächstes werden Sie irgendwo zu stehen kommen. Ihre äußere Haltung dabei ist Symbol für Ihre innere Haltung. Zu Beginn sollten Sie emotional stabil und gefestigt sein. Nur von da aus sind Sie in der Lage, zu bestimmen, welche Emotionen Sie zeigen wollen. Das weiß auch das Publikum und möchte das durch Ihre Haltung bestätigt sehen.

> Der Präsident eines lokalen Fußballclubs, der anlässlich einer Jubiläumsveranstaltung über die historische Entwicklung des Vereins referierte, wippte an seiner Position permanent vor und zurück. Einmal geriet er dabei sogar aus dem Gleichgewicht und musste ein paar schnelle Schritte nach vor tun, um nicht hinzufallen. Er gab sich, obwohl er sonst recht beliebt war, damit der Lächerlichkeit preis und musste später erfahren, dass ihm diese Situation einen bösen Spitznamen eingetragen hatte.

Emotionale Stabilität drücken Sie aus, wenn Sie fest und aufrecht stehen. So macht man das:

- Die Füße *hüftbreit, leicht versetzt,* das heißt ein Bein weiter vorne. Täten wir das nicht, würden wir wie ein zweidimensionales Abziehbild wirken.
- Die Knie sind *leicht gebeugt*, nicht durchgedrückt.
- Das Gewicht *ausbalanciert* zwischen beiden Füßen.
- *Ändern* Sie Ihre Haltung von Zeit zu Zeit, um nicht starr und steif zu wirken.
- Minimale *Pendelbewegungen* nach links und rechts geben Ihnen Standfestigkeit. Das Publikum nimmt diese minimale Bewegung nicht wahr.
- Entgegen früheren Lehrmeinungen können Sie hin und wieder auch eine Hand in die *Hosentasche* stecken. Sie strahlen damit Natürlichkeit aus. Verharren Sie aber nicht zu lange in dieser Haltung, denn zu viel Lässigkeit wirkt arrogant.

Sitzen

Wenn Sie Platz nehmen. Ein Verkaufsleiter, der seine Mitarbeiter motivieren wollte, saß, nein lag fast waagrecht auf seinem Sessel, die

Beine lang in den Raum gestreckt. Dabei erzählte er ihnen, wie erfolgreich sie sein könnten, wenn sie sich aktiv um ihre Kunden kümmern und sie möglichst oft besuchen würden. Von Kongruenz konnte dabei wohl keine Rede sein. Die Mitarbeiter waren sich nachher auch einig: „Wir haben wieder einmal eine dieser Tiraden über uns ergehen lassen. Und jetzt zur Tagesordnung." Dabei können Sie auch im Sitzen Dynamik ausstrahlen, und zwar so:

- Nehmen Sie wirklich Platz! Nicht nur auf der Stuhlkante, sondern im ganzen Sessel.
- Sitzen Sie gerade und aufrecht.
- Den Oberkörper leicht nach vorne neigen.
- Die Beine sind nicht übereinander geschlagen, sondern beide fest am Boden.
- Verwenden Sie möglichst Sessel ohne Armlehnen, damit Sie Ihre Arme frei für ausgreifende Gestik haben.

Im Einzelgespräch setzen Sie sich nicht gegenüber. Das vermittelt Konfrontation. Nehmen Sie schräg zum Gesprächspartner Platz. Diese Position ist neutral und erlaubt Ihnen, Blickkontakt zu halten. Wenn Sie an einem rechteckigen Tisch eine Besprechung leiten oder moderieren, verzichten Sie auf den Platz am Kopfende. Als exzellenter Redner haben Sie bessere Möglichkeiten, Ihre Fähigkeiten unter Beweis zu stellen als durch herkömmliche Statussymbole. Nehmen Sie mitten unter den anderen Teilnehmern Platz. Damit erhöhen Sie auch Ihre Akzeptanz.

Mimik

Das Gesicht ist der Spiegel Ihrer Seele. Also achten Sie gut darauf, was Sie denken. Denn Ihre Gedanken entstehen aus Ihrem Charakter und bilden ihn gleichzeitig. Und all das können die Zuhörer an Ihrem Gesicht ablesen. Manche Redner meinen, ihr Vortrag sei so wichtig, das dürfe durch ein Lächeln oder gar Lachen nicht verwässert werden. Hinter diesem Denken stecken ein paar gewaltige

Fehlschlüsse. Zunächst einmal wird hier die Bedeutung der Wörter „wichtig“ und „ernsthaft“ vermischt. Etwas, was wichtig ist, sollte keinesfalls ernst genommen werden. Wenn etwas wirklich wichtig ist, verdient es, dass man sich damit gedanklich intensiver befasst. Das gelingt nur in einem offenen und freudvollen Zustand und niemals in einem Zustand der Ernsthaftigkeit.

Schaffen Sie für die Zuhörer ein Milieu lockerer, entspannter Freude an dem, was gerade zu tun ist. Nur so ermöglichen Sie Effizienz und Erfolg. Wie das geht? Ganz einfach:

- Lächeln, lächeln, lächeln. Sie können nie zu viel davon geben. Da gibt es keinen goldenen Mittelweg, sondern nur das Maximum. Doch achten Sie darauf: Die Zuhörer wollen nicht dieses starre Lächeln, das aus dem Hirn kommt, sondern das warme, sympathische direkt aus Ihrem Herzen, welches sich immer wieder neu auf Ihrem Gesicht formiert.
- Nicken! Dieses universelle „Ja“-Signal. Nützen Sie Sprechpausen, um mit Augenkontakt und Lächeln zu nicken. Es verstärkt die positive Stimmung.
- Verändern Sie dann Ihre Mimik entsprechend den sich verändernden Gefühlslagen. Gehen Sie damit behutsam um. Keine Grimassen schneiden, sondern ein natürliches Sicheinlassen auf das, was Sie transportieren möchten.
- Augenkontakt mit Einzelnen. Wechseln Sie zu einem weiteren Zuhörer, nachdem Sie einen Gedanken zu Ende geführt haben. Das kann auch nach einem Halbsatz schon der Fall sein. Verteilen Sie Ihre Augenkontakte gleichmäßig. Folgen Sie dabei anfangs dem Muster eines großen „W“, das Sie durch das Auditorium ziehen.

Gestik

Die Welt umarmen. Die Gestensprache tauber Menschen ist ein fast vollwertiger Ersatz für sprachliche Kommunikation. Wir können mit Gesten viele Inhalte vorwegnehmen, noch bevor wir Sie mit Worten ausdrücken, und geben so dem Zuhörer Sicherheit, die Inhalte richtig verstanden zu haben.

Ein Computerhersteller veranstaltete eine Roadshow, um die technischen Möglichkeiten neuer Rechner zu präsentieren. Einer der Vortragenden stand auf einer erhöhten Plattform, hinter ihm eine Leinwand, auf die Folien projiziert wurden. Der Mann hielt seine Unterarme waagrecht, eng an seinen Körper gedrückt und vollführte ab und zu senkrechte hackende Handbewegungen, als würde er damit Zwiebeln schneiden.

Offensichtlich hat der Vortragende gelernt: Die Arme müssen oben bleiben. Und das war's dann. Entgegen früheren Lehrmeinungen brauchen Sie Ihre Arme nicht permanent waagrecht zu halten, das wirkt stereotyp, aufgesetzt und unflexibel. Die alten Römer kannten ein Signal, das ihre Herrscher nutzten, um ihre Entscheidung über Tod oder Leben kundzutun: Daumen nach unten oder nach oben. Alle wussten, was die Geste bedeutet. Auch heute gelten ein paar Zeichen als allgemein vereinbart: Nicken, Kopfschütteln, auf etwas hinweisen. Um Worte durch Gesten zu bestätigen, sind diese Standardzeichen aber nicht ausreichend. Nutzen Sie Arme und Hände, um sich auszudrücken.

Dabei gilt:

- *Gestenvorlauf.* Wort und Gestik laufen synchron und geringfügig zeitversetzt, zuerst zeigen, dann sagen. Wenn Sie Arm- oder Handbewegungen nützen, geben Sie ihnen stets minimalen Vorsprung. Das weckt den Geist der Zuhörer für Ihre Worte.
- Zeigen Sie ab und zu Ihre *Handflächen.* Das entspannt das Publikum. Manchmal sind Redner versucht, mit Gegenständen, die Sie zufällig zur Hand nehmen, während des weiteren Vortrages zu spielen. Chart-Stifte sind beliebte Objekte, die man drehen, in die Luft werfen oder öffnen und schließen kann. Das lenkt Sie und das Publikum ab. Außerdem sind Sie dadurch gezwungen,

sich andauernd vor dem Publikum zu verbeugen – nämlich jedes Mal, wenn das Ding zu Boden fällt.

- *Grundsätzlich* gilt: Arme nach unten, Handflächen zum Boden gewandt deutet Negatives an. Arme in Hüfthöhe wirkt neutral, Arme in Brusthöhe und Handflächen nach oben deutet Positives an. Weite, offene Armbewegungen vermitteln Sicherheit.
- *Zusätzlich* zu den obigen legen Sie sich ein Repertoire eigener Gesten zurecht. Hierzu ein paar Anregungen:

Ich	= mit der Rechten auf sich selbst weisen
Das Publikum	= mit beiden Händen auf das Publikum weisen, Handflächen nach oben
Die anderen	= mit einer Hand zur Tür zeigen
Groß	= mit den Händen großen Abstand andeuten
Klein	= mit Zeigefinger und Daumen einen kleinen Abstand andeuten
Denken	= mit der rechten Hand auf die Stirn zeigen
Fühlen	= die rechte Handfläche auf den Solarplexus legen

- *Größe der Gesten:* Nutzen Sie als Maß für die Größe der Bewegungen Ihre drei Armgelenke: kleine Bewegungen aus dem Handgelenk, mittlere Bewegungen aus dem Ellbogengelenk, große Bewegungen aus der Schulter. Richten Sie die Größe Ihrer Bewegungen nach der Anzahl der Zuhörer:
  Wenn Sie mit bis zu drei Zuhörern aus dem mitteleuropäischen Kulturkreis zusammensitzen, genügen die Bewegungen der Hände, d.h. der Finger- und Handgelenke. Mehr könnte übertrieben wirken.
  Bei vier bis neun Zuhörern bewegen Sie die Arme aus den Ellbogen.
  Ab zehn Zuhörern machen Sie große Gesten aus Ihrem Schultergelenk.
- *Langsam!* Lernen Sie auf der Bühne, d.h. überall, wo Sie vor Publikum sprechen, und sei es auch nur vor einer Person, sich langsamer zu bewegen. Dadurch behalten Sie den Kontakt zu Ihrem Publikum. Bei raschen hektischen Bewegungen reißt er ab. Üben Sie langsame, würdevolle Bewegungen!

Ihre persönliche Zeichensprache. Nehmen Sie diese Beispiele als Anregung und kreieren Sie eigene Gesten, die das wesentliche Vokabular Ihres Vortrages unterstreichen. Machen Sie sich diese Gesten zu eigen, sodass Sie während des Vortrages nicht mehr darüber nachzudenken brauchen, sie also unbewusst verwenden. Ihr Publikum gewöhnt sich rasch an die Bedeutung Ihrer Zeichensprache. Sie sprechen damit zwei Sprachen gleichzeitig, und Ihre Zuhörer werden nicht nur hören, sondern auch glauben.

Stimme

Die Stimme ist Ihre klingende Visitenkarte. Sie unterstreicht Ihre Persönlichkeit und setzt richtig eingesetzt die nötigen Akzente in Ihrem Vortrag.

> Ein Parteifunktionär gab seinen Mitarbeitern erste Anweisungen für den Auftakt zum nächsten Wahlkampf. Seine Stimme war tief, und er genoss es sichtlich, sich im Klangkeller aufzuhalten. Sein Ziel war allerdings, Feuer in den Mitarbeitern zu entfachen, denn schließlich geht es im Wahlkampf um die Zukunft der Partei und welchen Einfluss sie im politischen Gefüge nehmen wird. Die Leute fassten jedoch seine Rede eher als väterlichen Rat auf denn als Brandrede.

Das sollten Sie bedenken, wenn Sie meinen, Ihr persönliches Klangbild gefunden zu haben. Jede Klangfarbe lässt in den Zuhörern bestimmte Stimmungen entstehen:

- Eine permanent *laute Stimme* wirkt erregt, als würde dem Redner die Beherrschung fehlen. Die Zuhörer reagieren mit Abschalten oder Aggression.
- Wenn Sie *zu leise* sprechen, wirken Sie unsicher, schüchtern, gehemmt und nicht überzeugt. Leises Sprechen macht das Zuhö-

ren anstrengend. Das Publikum ermüdet und gibt die Aufmerksamkeit ab.

- Eine *zu hohe* Stimmlage gilt als Zeichen für Spannung, Ärger, Zorn oder Ängstlichkeit. Sie wirkt störend, unangenehm, manchmal geradezu lächerlich.
- Die *zu tiefe* Stimme wirkt väterlich, selbstgefällig und nicht besonders engagiert. In den Bart zu brummen hat die gleiche Wirkung wie zu leises Sprechen.

Variation überzeugt. Stimmungen werden nur dann als angenehm empfunden, wenn sie variieren. Tun Sie das auch. Unterstreichen Sie Wörter und Sätze, indem Sie lauter sprechen. Nehmen Sie bei nächster Gelegenheit eine Ihrer Reden oder Vorträge auf Band auf. Hören Sie sich in einer stillen Stunde zu, und seien Sie ehrlich. Nutzen Sie bereits allen nur möglichen Reichtum Ihrer Stimme oder ist noch Potenzial vorhanden? Je mehr Nuancen Sie hörbar machen, desto begeisterter und aufmerksamer werden Ihre Zuhörer sein.

Ein Manager machte in seiner Redevorbereitung den Vermerk: Hier lauter sprechen, nicht ausreichend Argumente vorhanden. Erzeugen Sie Spannung, indem Sie im richtigen Moment leiser und höher sprechen als sonst. Ein Hauch eines väterlichen Rates oder mütterlicher Zuwendung durch ein paar gebrummte Wörter würzt Ihren Vortrag. Benutzen Sie die volle Bandbreite Ihres Kommunikationskanals, auch die 38 Prozent Ihrer Stimmmelodik. Und wenn Sie schon im stillen Kämmerlein sind, lassen Sie Ihrer Stimme einmal Auslauf. Flüstern, schreien, säuseln, kreischen, brummen, murmeln, summen Sie. Sagen Sie irgendetwas befehlend, flehend, liebevoll, lachend, mürrisch, verschwörerisch, hinterhältig, kritisch, hochnäsig, kommandierend, humorvoll, freundschaftlich, anerkennend, huldvoll und weise. Probieren Sie aus, und legen Sie sich ein großes Repertoire an Stimmungen Ihrer Stimme zurecht. Sie werden es in Ihrer Rede ganz automatisch nutzen, wenn es an der Zeit ist.

Pausen zulassen. Nützen Sie ein wesentliches Stilmittel der Musik, um weitere Akzente zu setzen: die Pause. Wie Sie schon wissen, unterscheiden wir *Interpausen*, Pausen zwischen den Sätzen, und *Intrapausen*, Pausen innerhalb des Satzes (siehe Seite 38).

Haben Sie den Mut zur Pause. Übrigens: Sie werden die Pause garantiert länger empfinden, als es Ihre Zuhörer tun.

Kraftorte

Der richtige Abstand. Der Abstand bestimmt die Beziehung zu Ihren Zuhörern. Mit Nähe und Distanz können wir Einfluss auf die Qualität des Kontaktes mit dem Auditorium nehmen. Wir haben rund um uns Schutzwälle errichtet, die wir nur bestimmte Menschen gerne überwinden lassen. Alles was mehr als 4 Meter von uns entfernt ist, stellt für uns kein Problem dar. Wir haben im Gefahrenfall genügend Zeit, uns für Kampf oder Flucht zu entscheiden. Dann erhebt sich der erste Schutzwall. Ihn dürfen Menschen überwinden, mit denen wir bereits losen gesellschaftlichen Kontakt haben. Sie nähern sich uns auf etwa 1,5 Meter. Den zweiten Wall nehmen jene, mit denen wir persönlich zu tun haben. Vier-Augen-Gespräche finden in dieser Distanz statt. Näher als einen halben Meter lassen wir, ohne uns zu sträuben, nur unsere Lieben heran.

Das würde bedeuten: um gut in Kontakt mit den Zuhörern zu kommen, sollte man sich ihnen vorsichtig auf die persönliche Distanz annähern. Wenn Sie allerdings 100 Zuhörer vor sich haben, wird das schwer möglich sein. Als Faustregel gilt daher: so nahe wie möglich und weit genug, um dauernd mit allen Menschen Blickkontakt haben zu können. Beginnen Sie den Vortrag in größerer Distanz und nähern Sie sich mit zunehmendem Kontakt an.

Kraftorte. Was ist der beste Platz für den Redner? Ein paar Dinge haben sich inzwischen auch unter ungeübten Rednern herumgesprochen. Hinter einem Schreibtisch oder versteckt hinter dem Laptop wird es Ihnen kaum gelingen, Kontakt herzustellen. Solche Barrieren sind zu mächtig, das zarte Pflänzchen der Beziehung keimen zu lassen. Sie sollten für die Zuhörer ohne Hindernisse sichtbar sein. Überlegen Sie zuerst: In welche Denkzustände möchte ich meine Zuhörer während des Vortrages führen? Definieren Sie anfangs höchstens drei. Das können zum Beispiel sein:

- Einleitung und Abschluss: Sie sind am Wort, nicht das Publikum. Sie zeichnen den Rahmen des Vortrages und schließen am Ende den Kreis. Das Publikum denkt in Makrostrukturen und Grundsätzen.
- Vortrag des Sachinhaltes: Auch hier sind Sie am Wort. Sie vermitteln Inhalte und Wissen. Die Zuhörer denken sich detailliert in das angebotene Modell hinein. Haben Sie vor, länger zu sprechen, als Sie mühelos stehen können, ist es besser zu sitzen. Wählen Sie eine Sitzgelegenheit, die Ihnen Bewegungsfreiheit ermöglicht. Die Arme sollten seitlich leicht ausgreifen könne, Armlehnen sind da hinderlich.
- Beantworten von Fragen: Die Zuhörer fragen, Sie antworten. Die Zuhörer übertragen das angebotene Modell auf ihre Welt. Sie durchdenken, wie sie das Modell in Zukunft in ihrem praktischen Umfeld nützen können.
- Wenn Sie ein sehr konfliktträchtiges Gespräch mit den Zuhörern erwarten, etablieren Sie auch eine Position im Raum, wo Sie Einwände oder Kritik entgegennehmen und behandeln. Dann bleibt diese Stimmung auch mit dieser Ecke verknüpft. Sobald Sie diesen Punkt verlassen, ist die Atmosphäre wieder frei davon.

Und nun ordnen Sie diesen Denkzuständen Orte im Raum zu. Während der Einleitung und des Abschlusses könnten Sie aus Sicht des Publikums etwas links von der Mitte stehen. Die Sachinhalte erklären Sie auf einem Stuhl sitzend genau in der Mitte, und die Fragen beantworten Sie an einen Schreibtisch gelehnt auf der rechten Seite. Und nun beziehen Sie Stellung. Nehmen Sie die zugeordnete Position ein, sobald Sie die jeweilige Phase starten. Jedes Mal, wenn Sie an diese Position zurückkehren, signalisieren Sie dem Publikum, worum es jetzt gehen wird. Sie geben dem Publikum damit Orientierung im Denken. Es weiß, was es erwartet. Achtung: Trennen Sie die Positionen sauber. Wenn Sie zum Beispiel während der Theoriephase Fragen zulassen, begeben Sie sich auch in die zugeordnete Position. Sonst verfehlen die Punkte ihre Wirkung. Bleiben Sie konsequent bei Ihrer Aufteilung. Sie entwickeln damit ein weiteres Zeichensystem, das die Zuhörer unbewusst verstehen.

Zusammenfassung

Ohne Worte wirken

Die eigentliche Botschaft. Zeigen Sie mit Ihrer Sprachmelodie und Ihrem Körper, was Sie sagen wollen.

Kleidung

Der erste Eindruck. Achten Sie auf ein gepflegtes Äußeres. Investieren Sie in gute Qualität, und pflegen Sie einen eigenen Stil. Setzen Sie die Wirkung von Farben auf Ihr Publikum bewusst für sich ein.

Gehen

Der Capewalk. Kommen Sie zur Ruhe und sammeln Sie sich. Kombinieren Sie diesen Zustand mit dem Capewalk und gehen Sie mit raumgreifenden Schritten.

Stehen

In sich ruhen. Stehen Sie fest und aufrecht, die Füße hüftbreit, die Knie leicht gebeugt und das Gewicht ausbalanciert. Ändern Sie Ihre Haltung von Zeit zu Zeit.

Sitzen

Wenn Sie Platz nehmen. Sitzen Sie gerade, und stellen Sie beide Füße auf den Boden.

Im Einzelgespräch nehmen Sie schräg zum Gesprächspartner Platz.

Mimik

Das Gesicht ist der Spiegel Ihrer Seele. Lächeln und nicken Sie. Verändern Sie Ihre Mimik entsprechend den sich verändernden Gefühlslagen.

Gestik

Die Welt umarmen. Nehmen Sie mit Ihren Gesten Inhalte vorweg, bevor Sie sie mit Worten ausdrücken: zuerst zeigen, dann sagen. Zeigen Sie Ihre Handflächen. Richten Sie sich bei der Größe Ihrer Gesten nach der Anzahl der Zuhörer, und bewegen Sie sich langsam.

Ihre persönliche Zeichensprache. Kreieren Sie eigene Gesten, die das wesentliche Vokabular Ihres Vortrages unterstreichen. Nützen Sie Ihre Zeichensprache als zweite Sprachebene.

Stimme

Die Stimme ist Ihre klingende Visitenkarte. Unterstreichen Sie Ihre Persönlichkeit durch Ihre Stimme, und setzen Sie sie für die nötigen Akzente in Ihrem Vortrag ein.

Variation überzeugt. Benutzen Sie die volle Bandbreite Ihres Kommunikationskanals. Probieren Sie die volle Bandbreite aus, und legen Sie sich ein großes Repertoire an Stimmungen Ihrer Stimme zurecht.

Pausen zulassen. Lassen Sie das Publikum nach-denken durch Interpausen und voraus-denken durch Intrapausen.

Kraftorte

Der richtige Abstand. Nehmen Sie mit Nähe und Distanz Einfluss auf die Qualität des Kontaktes mit Ihrem Auditorium. Faustregel: so nahe wie möglich und weit genug, um dauernd mit allen Menschen Blickkontakt haben zu können. Beginnen Sie den Vortrag in größerer Distanz und nähern Sie sich mit zunehmendem Kontakt an.

Kraftorte. Sie sollten für die Zuhörer ohne Hindernisse sichtbar sein. Ordnen Sie maximal drei verschiedenen Denkzuständen Ihrer Zuhörer verschiedene Orte im Raum zu. Entwickeln Sie damit ein weiteres Zeichensystem, das die Zuhörer unbewusst verstehen.

9. Eleganz – Der letzte Schliff

Die feinen Unterschiede, die einen Unterschied machen

> *Wer sie nicht kennte / Die Elemente / Ihre Kraft / Und Eigenschaft, / Wäre kein Meister / Über die Geister.*
> (Goethe)

Gut in Form. Arthur M. Schlesinger, ein langjähriger Mitarbeiter von John F. Kennedy, hat berichtet, dass Kennedy viel Mühe auf das Verfeinern seiner Redetexte verwandte. Über Kennedys Antrittsrede schrieb Schlesinger: „Keine Kennedy-Rede wurde so oft umgeschrieben wie diese. Jeder Absatz und jeder Satz wurden immer wieder neu formuliert, überarbeitet und gekürzt." Sehen Sie es hier an einem Ausschnitt dieser Rede:

> Erster Entwurf: Wir feiern heute nicht den Sieg einer Partei, sondern das Symbol der Demokratie. Jeder von uns, ob er ein Amt hat oder nicht, nimmt teil an der Verantwortung, diese schwierigste aller Gesellschaften auf den Weg der Selbstdisziplin und der Selbstregierung zu führen.
> Zweiter Entwurf: Wir feiern heute nicht den Sieg einer Partei, sondern einen Konvent der Freiheit. In euren Händen, meine Mitbürger, mehr noch als in den meinen, liegt der Erfolg oder der Fehlschlag unseres beschlossenen Kurses.
> Dritter Entwurf Wir begehen heute nicht den Sieg einer Partei, sondern ein Fest der Freiheit. In euren Händen, meine Mitbürger, mehr noch als in den meinen, wird die Entscheidung liegen, ob unser Kurs zum Erfolg führt oder scheitert.

Kandiszucker oder Brillant. Haben Sie schon einmal einen Rohdiamanten gesehen? Ein teures Stück Kandiszucker. Verwandelt ihn ein Könner in einen geschliffenen Brillanten, hat er loderndes Feuer,

Scharen von Bewunderern und seinen Wert verdreifacht! Wird er dann noch richtig gefasst und kommt an den richtigen Ring, ist ein Meisterwerk daraus geworden. Machen Sie sich auf und verwandeln Sie Ihren Rohdiamanten, es zahlt sich aus.

Worum es in diesem Kapitel geht:

- Der Schliff: Zehn Rhetorikfiguren, die Erfolg bringen
- Die Fassung: Einsatz aller Medien, um Ihre Aussagen zu unterstützen
- Der Ring: Mit „sinnlicher" Sprache die richtige Verbindung zum Publikum finden

Geschliffene Sprache – zehn Rhetorikfiguren

Das beste aus 2.000 Jahren. Präsentationen, bei denen Inhalt und Form zusammenpassen, die dem Publikum leicht in Erinnerung bleiben, von denen die Zuhörer noch lange sprechen – welche sprachliche Form haben die? So wie es verschiedene Diamantschliffe gibt, sind seit ein paar Jahrtausenden Techniken entwickelt worden, um Reden genauso zum Strahlen und Funkeln zu bringen. Hier sind die zehn effektivsten, um Ihre Sprache professioneller zu machen!

Erleben Sie den Unterschied selbst. Sie finden im Folgenden immer zwei Beispiele. Eines davon ist als Rohtext so formuliert, wie wir es zu hören gewohnt sind. Das zweite sagt inhaltlich das Gleiche aus und wurde durch Verwendung der Rhetorikfigur stilistisch zu einem funkelnden Diamant geschliffen.

1. Für mehr Prägnanz – die Alliteration

Gib den Rhythmus vor. Verfeinern Sie Ihre Rede durch Rhythmik und Resonanz, indem Sie gleiche Anlaute verwenden. Die Alliteration ist eine klassische Klangfigur. Die Worte reimen sich, aber nicht hinten, sondern vorne. Eine altbekannte Regel lautet: „Form follows function", was bedeutet, dass eine Form nicht Selbstzweck sein soll, sondern dazu da ist, eine Funktion zu ermöglichen oder zu erleichtern. Die drei englischen Wörter bringen diesen Sachverhalt plakativ und prägnant auf den Punkt. Und das ist der Zweck von Alliterationen.

Diese Klangfiguren bringen uralte Seiten in uns zum Schwingen und sprechen uns damit sehr unbewusst an, als würden längst vergessene Riten wieder lebendig. Lassen Sie Alliterationen im Raum unaufdringlich schwingen. Sie versetzen damit Ihre Zuhörer in jene Zeiten, aus denen die ältesten Zaubersprüche und Beschwörungsformeln stammen – als streuten Sie mit einem Zauberstab ein bisschen Zauberpulver auf Ihr Publikum. Verwenden Sie Ihren Zauberstab unauffällig, also nicht in Titeln, Überschriften oder Slogans, sondern einfach mittendrin.

> Rohtext: Eine der Schlüsselfunktionen für Manager ist, die Mitarbeiter zu motivieren, neue Herausforderungen anzunehmen.
> Feinschliff: <u>M</u>anager <u>m</u>üssen <u>M</u>ut <u>m</u>achen.

Sie werden sehen: der Feinschliff zeigt Wirkung im Publikum. Er macht aufmerksam und weckt Interesse. Steigern Sie die Wirkung dieses Satzes, indem Sie jedes einzelne Wort betonen und durch eine deutliche Handbewegung markieren.

Bereiten Sie ein paar dieser Klangfiguren für Ihre Rede vor, denn selten werden Sie spontan welche erfinden. Lassen Sie die Zaubersprüche ihre Wirkung tun.

2. Für mehr Klarheit – die Anapher

Sag's nochmal, Sam. Worte knapp hintereinander zu wiederholen gilt allgemein als nicht elegant – richtig angewendet wird es allerdings zum Stilmittel mit starker Wirkung. Eine Anapher ist die Wiederholung von Wörtern oder Wortgruppen am Satzanfang. Sie unterstreicht die Bedeutung und verstärkt die Aufmerksamkeit der Zuhörer darauf. Es ist auch ein gutes Hilfsmittel, um Ihre Aussagen noch deutlicher zu strukturieren. Die Zeitschrift „GEO“ gab einem Artikel über Wale den Titel: „Wale: Wie sie leben, wie sie lieben, wie sie leiden". Ein solcher Titel zergeht auf der Zunge und macht Lust aufs Weiterlesen.

> Rohtext: Das Einkommen der Ärzte wird landläufig als relativ hoch angesehen. Wenn man allerdings bedenkt, dass sie eine lange Zeit der Ausbildung ohne oder mit geringem Einkommen auf sich genommen haben, sieht die Sache schon anders aus.
> Feinschliff: Ärzte haben ein hohes Einkommen. Ärzte haben aber auch vorher sehr viel in ihre Ausbildung investiert.

Verwenden Sie Anaphern, wenn Sie auf einen besonderen Zusammenhang aufmerksam machen wollen. Sie geben Ihrer Aussage noch mehr Nachdruck, wenn Sie die sich wiederholenden Wörter besonders betonen, etwa indem Sie diese lauter, höher oder langsamer aussprechen.

3. Für mehr Nachdruck – die Epipher

Am Ende alles gleich. Das Prinzip der Wiederholung von Buchstaben, Wörtern oder Wortgruppen kennen wir ja bereits. Die Epipher tut dasselbe, aber nicht vorne, sondern hinten, am Satzende. Das hat noch größere Wirkung auf die Zuhörer, weil der letzte Satzteil von den Zuhörern besser erinnert wird als der Beginn des Satzes. Die Epipher wirkt daher noch einprägsamer, fast wie eine wiederkehrende Gebetsformel. Conrad Hilton sagte: „Das ganze Geheimnis meines Erfolges besteht im Grunde aus nur acht Wörtern: Be big, think big, do big, dream big." Klingt doch überzeugend, oder?

> Rohtext: Redner erzielen die besten Ergebnisse, wenn sie ihre Stimmung positiv beeinflussen. Fakten, die ein Redner in jedem Fall antrifft, können dazu genützt werden: das Publikum, der Raum und die eigene Person.
> Feinschliff: Sie können den Anblick des Publikums genießen, Sie können die knisternde Spannung vor Ihren ersten Worten genießen, Sie können jedes einzelne Gesicht, das

sich Ihnen im Raum zuwendet, genießen. Wie viel Genuss können Sie noch ertragen?

Wie Sie sehen, lassen sich auch Anapher und Epipher kombinieren. Betonen Sie bei der Epipher das letzte Wort weniger, denn es symbolisiert die Gemeinsamkeit. Betonen Sie die verbundenen Einzelaussagen, in unserem Beispiel das Publikum, die Spannung und die Gesichter. Der Reimcharakter erzeugt zusätzlich „musikalische" Effekte, die Ihre Rede noch lebendiger machen.

4. Für mehr Einprägsamkeit – die Anadiplose

Ende und Anfang. Ein ausgezeichnetes Mittel, um Aussagen hervorzuheben, sind Wiederholungen. Wiederholungen graben sich in das Gedächtnis Ihrer Zuhörer ein. Die Anadiplose ist eine weitere rhetorische Figur, die dieses Stilmittel nützt. Das letzte Wort vom ersten Satz ist auch das erste Wort des zweiten Satzes. Das Wort folgt also zweimal aufeinander und macht dadurch besonders auf sich aufmerksam. Im üblichen Sprachgebrauch wirken solche Wiederholungen unrund, zum Beispiel: „Wenn Sie delegieren können, können Sie die verbleibende Zeit besser nützen." Das Wort „können" zu wiederholen, hat dabei auch keinen positiven Einfluss auf die Zuhörer. Anders sieht es in folgendem Beispiel aus: „Ich habe kein bisschen Fantasie. Fantasie ist für mich ein totales Fremdwort." (Martin Walser)

> Rohtext: Der Controller hat im Projektmanagement wichtige Aufgaben wahrzunehmen. Er hat allerdings viel mehr zu tun, als nur zu kontrollieren.
> Feinschliff: Ein oft unterschätzter Mann im Projektmanagement ist der Controller. Controller haben aber nicht nur mit Kontrolle zu tun.

Die Anadiplose leistet gute Arbeit, wenn Sie die Zuhörer auf ein besonderes Wort aufmerksam machen wollen. Sie schaffen zusätzlich „musikalische“ Untermalung, indem Sie die beiden Wörter betonen und dazwischen eine deutliche Pause setzen.

5. Für mehr Plausibilität – der Kyklos

Weise Sätze werden durch Kreise weise. Ein Wort am Anfang, dasselbe am Ende, schon schließt sich der Kreis. Der Kyklos eignet sich, fundamentale Aussagen oder Prinzipien hervorzuheben. Seit jeher werden Superlative als Kyklos dargestellt: „Das Beste vom Besten“, „Der König der Könige“, so wie eherne Grundsätze: „Aug um Aug, Zahn um Zahn.“ Ein Satz, der wie ein Kreis formuliert wird, wirkt in sich geschlossen. Lebenserfahrungen oder Weisheiten, als Kyklos definiert, vermitteln dem Zuhörer Tiefe und wirken stabil.

> Rohtext: Loyale Mitarbeiter wissen meistens auch, wie wertvoll sie für ihre Chefs sind.
> Feinschliff: Loyale Mitarbeiter wissen: Erfolgreiche Manager sind angewiesen auf loyale Mitarbeiter.

Der Kyklos wirkt auch, wenn das erste Wort dem letzten ähnlich ist und vom selben Grundwort stammt: „Irren ist nicht nur menschlich. Die größten Denker haben am häufigsten geirrt.“

Die Geschlossenheit des Kyklos verhindert Widerspruch und macht den Satz unanfechtbar. Setzen Sie dieses Stilmittel ein, um Prinzipien zu formulieren, die nicht zur Diskussion stehen sollen.

6. Für mehr Übersichtlichkeit – der Parallelismus

Fest stehen auf zwei Beinen. Ähnlich im Aufbau und unterschiedlich im Inhalt. So bilden Sie Sätze mit dem Stilmittel des Parallelismus. Teilen Sie die Aussage in zwei oder mehrere gleich konstruierte Aussageeinheiten. Der Inhalt kann gleichartig oder gegensätzlich sein. Nur das Satzmuster bleibt gleich. Die Bibel bietet eine Fundgrube für Parallelismen: „Die früher leckere Speisen aßen, verschmachten jetzt auf den Gassen; die früher auf Purpur getragen wurden, die müssen jetzt im Schmutz liegen.“ (Klagelieder 4,5)

Rohtext: Der neue Managementtyp stellt den Menschen in den Vordergrund. Umsatzziele sind wichtig, aber Menschlichkeit hat demgegenüber Vorrang. Er verzichtet auf Entwicklungen, die dem Umweltgedanken widersprechen.
Feinschliff: Immer mehr Manager stehen hinter dem neuen Erfolgsrezept: Mensch vor Profit, Umwelt vor Fortschritt.

Der Parallelismus spricht Menschen an, die strukturiert denken. Er gliedert Ihre Aussage und gibt ihr gleichzeitig Schwergewicht und Bedeutung.

7. Für mehr Unterschiede – die Antithese

Sein oder Nichtsein ... Parallelismus im Satzbau, aber Gegensatz in der Satzbedeutung, das ist das Muster der Antithese. Die Antithese ist Gegensätzlichkeit. Gerade diese Divergenz macht diese Rhetorikfigur so interessant. Viele Sprichwörter nützen dieses Stilmittel: Reden ist Silber, Schweigen ist Gold. Der Spatz in der Hand ist besser als die Taube auf dem Dach.

Gegensätzliche Sichtweisen lassen sich damit pointiert formulieren. George Bernard Shaw sagte: „Du siehst die Dinge und sagst: Warum? Ich träume von nie dagewesenen Dingen und frage: Warum nicht?“

Rohtext: Das entscheidende Merkmal eines guten Verhandlers ist es, die notwendigen Dinge durchzusetzen, ohne dabei die beteiligten Menschen vor den Kopf zu stoßen. Er meidet Schuldfragen und versucht das Machbare zu entdecken.
Feinschliff: Gute Verhandler sind hart in der Sache, aber weich in der Wahl des Weges. Sie denken nicht in Kategorien von gut und böse, sondern von nützlich und nutzlos.

Die Antithese hilft, Positionen und Thesen mit ihrem Für und Wider gegeneinander abzuwägen oder ihre Unterscheidungen erkennbar zu machen.

8. Für mehr Pointen – der Chiasmus

Auf den Punkt. Chiasmus und Parallelismus sind an sich gleich, unterschiedlich ist die Form der Überkreuzung im Chiasmus. Haben Sie es erkannt? Dieser Satz ist Chiasmus und Kyklos zugleich. Im Chiasmus werden zwei parallele Aussagen miteinander verkreuzt. Ein Beispiel aus der Literatur: „Eng ist die Welt und das Gehirn ist weit.“ (Schiller, „Wallenstein“). Und ein weiters Beispiel für die Gourmets unter Ihnen: „Was bisher war ist gegessen, wohl schmecken wird uns die Zukunft.“

> Rohtext: Die Entwicklung der Informationstechnologie schreitet weit schneller voran, als die Unternehmen mit ihrer praktischen Umsetzung folgen können.
> Feinschliff: Der Fortschritt der IT-Entwicklung ist rasant, träge dagegen ist deren praktische Umsetzung in Unternehmen.

Nützen Sie den Chiasmus als pointenhaftes Highlight vor allem am Schluss Ihrer Rede.

9. Für mehr Begeisterung – die Klimax

Gut, besser, Klimax. Die Klimax ist nicht einfach nur ein Parallelismus. Die Klimax ist ein sehr interessantes Stilmittel. Sie ist geradezu grandios, um Aufmerksamkeit und Motivation zu steigern. Der Aufbau der Satzteile oder Sätze bleibt gleich. Eine schrittweise Steigerung der Aussage lässt die Zuhörer zum Höhenflug abheben. Bertolt Brecht sagte: „Wer die Wahrheit nicht weiß, der ist bloß ein Dummkopf. Aber wer sie weiß und eine Lüge nennt, der ist ein Verbrecher.“

> Rohtext: Wir schafften den Aufstieg vom kleinen Betrieb zu einem mittelständischen Unternehmen.
> Feinschliff: Als kleiner krisengeschüttelter Betrieb haben wir begonnen. Nun sind wir ein mittelständisches Unternehmen, von vielen Kunden geachtet. Bald werden wir im Verein der Global Player eine Rolle spielen.

Aussagen, die Steigerung nützen, packen das Publikum. Entwicklungen, Tendenzen und Fortschritte werden den Zuhörern auf dramatische Art und Weise bewusst. Holen Sie Ihre Zuhörer auf vertrautem Terrain ab, und führen Sie sie in Gedanken zu ungeahnten Höhen. Das schafft Begeisterung und Enthusiasmus.

10. Für ein gutes Ende – die Trias

Aller guten Dinge sind drei. Drei Aussagen, die gleichrangig nebeneinander stehen, sich einem Thema widmen und auch noch in dieselbe Kerbe schlagen, das ist der Mechanismus der Trias. Im Unterschied zur Klimax erfahren die Teilaussagen keine Steigerung, sie überzeugen allein, weil sie wiederholt auf dieselbe Stelle treffen. Richard von Weizsäcker nützte diese Rhetorikfigur in einer seiner Reden: „Ehren wir die Freiheit. Arbeiten wir für den Frieden. Halten wir uns an das Recht."

> Rohtext: Der Sinn dieser Outdoor-Activities ist es, den Teilnehmern spannende Unterhaltung zu ermöglichen.
> Feinschliff: Outdoor-Avtivities bedeuten für uns Spaß, Spannung und gute Laune.

Drei Argumente auf einen Schlag, das hat Überzeugungskraft. Setzen Sie die Trias durch Pausen davor und danach deutlich ab. Oder heben Sie sich dieses Stilmittel für den Schluss auf. Unterstreichen Sie jedes Argument durch eine deutliche Armbewegung und indem sie das jeweilige Schlüsselwort besonders betonen.

Aktivierung durch Abwechslung

Wo der Anteil sich verliert,
verliert sich auch das Gedächtnis.
(Goethe)

Wenn das Notwendige nicht genug ist. Der deutsche Kaiser Friedrich Barbarossa wollte herausfinden, welche die dem Menschen angeborene Sprache ist. Zu diesem Zweck ließ er von ihren Müttern getrennte Babys unter den damals besten Bedingungen versorgen. Sie bekamen Kleidung und zu essen, nur eines bekamen sie nicht: Worte. Die Ammen, die mit ihnen zu tun hatten, durften nicht mit ihnen sprechen und auch nicht miteinander, damit die Kinder keine Sprache hörten.

Barbarossas Idee war, dass die Kinder dann irgendwann mit zweieinhalb Jahren den Mund aufmachten und begännen, *die* Sprache zu sprechen. Man würde also erkennen können, welche die natürliche Sprache des Menschen wäre. Deutsch wäre ihm am liebsten gewesen. Leider kam es nie so weit. Alle Kinder starben, noch bevor sie ihr erstes Lebensjahr erreicht hatten.

Dadurch, dass sich über das Notwendige hinaus niemand mit ihnen beschäftigte, sahen sie zu wenig lachende Gesichter, hörten zu wenig fröhliche Lieder, spürten zu wenig Liebkosungen, rochen zu wenig Geborgenheit, schmeckten zu wenig Schweiß von liebenden Erwachsenen. Auch wenn Barbarossa meinte, das Experiment sei nicht gelungen, es hatte ein Ergebnis: Die dem Menschen angeborene Sprache ist die der Gefühle. Ihr Vokabular: unsere Sinne.

Aktivierung: Geben Sie Ihrer geschliffenen Rede die richtige Fassung. Auch wenn Ihnen obige Rhetorikfiguren schon in Fleisch und Blut übergegangen sind, wird das Ihrem Publikum nicht immer genügen. Ihre Zuhörer wollen auch Zuschauer und Mittuer sein. Lernen Sie, alle Sinne anzusprechen und Ihr Publikum zu aktivieren. Es wird es Ihnen mit Aufmerksamkeit, Wachheit und einem zufriedenen Lächeln am Ende danken. Sprachmagier sichern sich die Beteiligung der Zuhörer durch Ansprechen aller Sinne. Sie gestalten ihre Rede zum Entertainment und nützen dazu viele Mittel. Alles, was vom Publikum selbst gesehen, gesagt, gefühlt wird, schafft Beteiligung. Sie haben nahezu immer die Möglichkeit, solche Zutaten in Ihren Vortrag einzuflechten. Alles, was Ihrem Vortrag mehr Abwechslung sichert, fördert die Gefühlsbeteiligung und damit die Aufmerksamkeit Ihrer Zuhörer. Hier ein paar Anregungen:

Sehen

Das Auge erfreuen. Zuhörer wollen nicht nur zuhören, sie wollen auch sehen. Etwas mit eigenen Augen gesehen zu haben, überzeugt oft rascher als viele Worte. Geben Sie ihnen dazu reichlich Gelegenheit und sie werden sagen: Das war nicht nur ein brillanter, sondern auch ein äußerst abwechslungsreicher Vortrag. Was Sie zeigen können:

- Handouts und Informationsblätter fassen die Inhalte in kurzer und prägnanter Form zusammen. Wenn Sie Strukturen mit einzelnen Punkten darstellen, so wie das, was Sie jetzt lesen, dann komprimieren Sie auf höchstens sieben Punkte. Sieben Punkte können wir gerade noch gleichzeitig überblicken. Mehr sind verwirrend und unübersichtlich.
- Mit dem Overhead-Projektor präsentierte Folien unterstützen den Vortrag durch Darstellung der Struktur und Kernsätze. Grafiken stellen Modelle und Zusammenhänge dar. Nützen Sie möglichst viele Symbole. Ein Bild sagt mehr als tausend Worte. Halten Sie darauf nur das fest, was sich die Zuhörer unbedingt merken sollten. Je einfacher Sie Folien und Charts gestalten, umso einprägsamer werden sie für die Zuhörer.
- Das Flipchart eignet sich hervorragend, um mit Zeichnungen, Symbolen oder Stichwörtern Ihren Vortrag zu begleiten, ihn durch visuelle Informationen zu erweitern. Verwenden Sie unterschiedliche Farben. Zum Beispiel sollten Überschriften und Inhalte nicht die gleiche Farbe tragen. Schreiben Sie Buchstaben mit möglichst kurzen Ober- und Unterlängen. Sie erleichtern dadurch die Lesbarkeit deutlich.

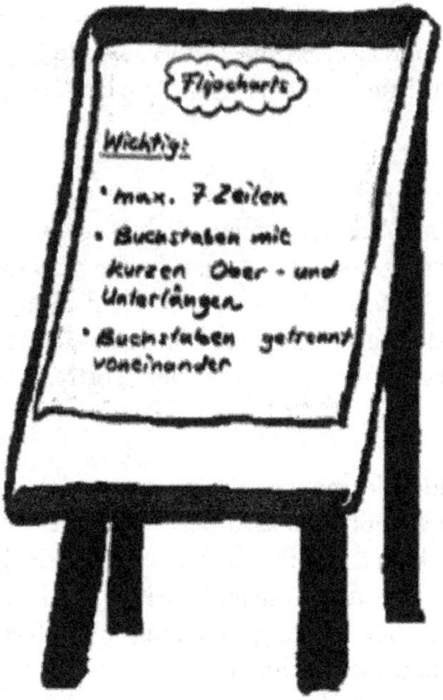

Abbildung 2: Schreiben auf dem Flipchart

- Animierte Präsentationen mittels PC und Video-Beamer bieten zusätzliche Möglichkeiten, Folien durch Ton, bewegte Grafiken und Videoclips zu ergänzen.
- Filmausschnitte können als Beispiele Ihre Aussagen untermauern.
- Modelle und Muster bereichern nicht nur durch visuelle, sondern auch durch taktile Reize Ihren Vortrag.
- Pinnwände und farbige Kartonkärtchen sind gut geeignet, einen Überblick über bunte Ideen zu geben oder Strukturen und Hierarchien darzustellen.

- Skripte erläutern die Inhalte detaillierter und ergänzen durch zusätzliche Informationen oder neue Aspekte.

Je mehr visuelle Informationen Sie den Zuhörern bieten, umso lebendiger und kurzweiliger werden sie Ihren Vortrag empfinden. Darüber hinaus werden sich die Zuhörer deutlich länger an die Inhalte erinnern können.

Hören und Sagen

Musik in meinen Ohren. Geben Sie Ihren Zuhörern mehr zu hören als ihre Stimme. Lassen Sie zu Beginn und am Ende Musik erklingen. Wenn es zum Thema passt, lassen Sie während des Vortrags im Hintergrund Musik laufen, oder singen Sie etwas mit den Teilnehmern. Spielen Sie Tondokumente ab. Ermuntern Sie das Publikum, auch selbst das Wort zu ergreifen, um Fragen zu beantworten oder für Kurzdiskussionen.

Fragen? Stellen Sie sich vor, Sie sitzen im Publikum und der Vortragende richtet eine Frage an Sie. Was geht in so einem Augenblick in Ihnen vor? Genau, Ihre Aufmerksamkeit steigt, wenn Sie nicht ohnedies hoch war, schlagartig an. Sie ändern Ihren gedanklichen Fokus, auch offensichtlich rein rhetorische Fragen haben diese Wirkung. Fragen beteiligen, sie regen zum Nachdenken an und lenken die Gedanken der Zuhörer. Der logische Schluss: Fragen sind ideale Helfer, um die Trance der Zuhörer in die von Ihnen gewünschte Richtung zu lenken. Eine Rede ist keine One-(Wo)Man-Show, sonst wäre das Publikum nur Kulisse. Der Zweck Ihrer Rede ist das Publikum, das beteiligte Publikum! Fragen Sie nach Meinungen, Wünschen, Standpunkten, Gefühlen, Erfahrungen, Ideen und Visionen, um all das kennenzulernen und in Ihren Vortrag einzubringen. Haben Sie Mut zu fragen. Wenn Sie Angst haben vor den Antworten, ist das ein Hinweis für noch notwendige Vorbereitung.

Kurzdiskussionen! Wenn Sie besonders viele neue Informationen gebracht haben, entsteht beim Publikum das Bedürfnis nach Verarbeitung der Information. Wenn Sie einfach weiter drauflossprechen, kann diese nicht einsetzen. Die Konsequenzen: entweder Abschalten und innere Emigration oder Stirnrunzeln und unwirsche Fragen. Eine sehr elegante Möglichkeit, beidem aus dem Weg zu gehen, ist, die Teilnehmer dazu aufzufordern, drei Minuten mit den nächsten beiden Nachbarn das eben Gehörte zu diskutieren. Diese Kurzdiskussionen

- geben Raum für aktive Informationsverarbeitung,
- aktivieren alle Teilnehmer, weil man ja nicht dumm dastehen, sondern mitreden möchte,
- lassen Ihnen Raum, um sich kurz zu erholen,
- zeigen Ihnen, wenn Sie aufmerksam zusehen, wie die Akzeptanz Ihrer bisherigen Informationen ist.

Danach können Sie in die Gruppe fragen, ob es etwas besonders Erwähnenswertes gäbe, um Feedback über das Verständnis des Bisherigen zu bekommen.

Versprochen! Versprechen fesseln die Zuhörer, sie erhöhen die Spannung.

> „Die Theorie und die praktischen Übungen, die wir jetzt gemeinsam machten, sind eines. Das alles in Ihrem Leben auch anzuwenden, ist das andere. Mein Wort darauf: Wenn Sie jeden Tag mindestens einmal an diese Hilfsmittel denken und eines davon anwenden, werden Sie sehr rasch Meisterschaft erlangen und den bestmöglichen Nutzen aus diesen Fertigkeiten schöpfen können."

Mein Wort darauf, dieses Versprechen ist kein Risiko. Denn wenn die Zuhörer die daran geknüpfte Bedingung erfüllen, tun sie genau das, was der Redner erreichen möchte, und sichern, dass er das Versprechen einlösen kann. Stellen Sie sich vor, Sie würden mindestens einmal täglich an die Effizienz der Hypnosemuster denken und jeden Tag eines davon anwenden. Sie können gar nicht anders, als darin Meister zu werden. Also wie gesagt: ein Versprechen ohne Risiko, aber mit Erfolgsgarantie.

Fühlen und Tun

Interaktiv. Selbst tätig zu werden verlangt den ganzen Menschen. Daher ist die Aktivierung der Zuhörer ähnlich effektiv wie das Ansprechen der Gefühle. Sehen wir uns die wichtigsten Möglichkeiten an:

- *Experiment.* Die beste Methode, Menschen von etwas zu überzeugen, ist zu demonstrieren, dass es praktisch tatsächlich funktioniert. Also rein in die Übung. Wovon Sie auch immer überzeugen wollen, suchen Sie Gelegenheiten, dass die Zuhörer es praktisch anwenden können. Wenn Sie Wissen oder Fähigkeiten lehren, dann lassen Sie jede Theorie sofort ausprobieren. Geben Sie während des Vortrages, der Rede oder des Seminars so viel Gelegenheit wie möglich dazu.
- Ein gutes Kommunikationstraining besteht aus höchstens 20 bis 30 Prozent Theorie, der Rest ist Tun, Üben und Ausprobieren. Die meisten Menschen haben Spaß an Experimenten. In geschützter Atmosphäre kann man gefahrlos Dinge ausprobieren und erkennen, was gut oder weniger gut funktioniert. Lassen Sie der Experimentierfreude freien Lauf. Bestärken Sie die Menschen, das Erlernte auf vielfältige Art und Weise zu testen und miteinander zu kombinieren. Eröffnen Sie die Spielwiese, und geben Sie der Fantasie der Menschen so viel Freiraum wie möglich.
- *Kleingruppenarbeit.* Nicht nur für den Workshop, richtig gehandhabt auch für längere Vorträge gut geeignet. Lassen Sie die Zuhörer Kleingruppen bilden und dort Ergebnisse erarbeiten. Lassen Sie Gruppensprecher wählen. Am einfachsten geht das, indem jede Kleingruppe einen Kreis bildet, jedes Gruppenmitglied seinen linken Zeigefinger hochhält und dann zugleich mit allen anderen, auf Ihr Zeichen, auf jene Person zeigt, durch die sie vertreten sein möchte. Alle verharren in dieser Position bis die Stimmen ausgezählt sind. Bei Gleichstand – ein Stechen. Diese Gruppensprecher können nach der Gruppenarbeit die Ergebnisse präsentieren. Wenn es z.B. um Ermutigung geht, lassen Sie die Teilnehmer drei Gruppen bilden und dort Beispiele sammeln zu

den Themen: Erste Gruppe: „Wer hat Vergleichbares wo, wann und mit welchen Strategien schon geschafft?“ Zweite Gruppe: „Wann, wo und mit welchen Strategien haben wir in der Vergangenheit schon Vergleichbares geschafft?“ Dritte Gruppe: „Welche Ressourcen nützen wir für die anstehende Herausforderung nicht, nicht mehr oder noch nicht?“

- *Rituale.* Nehmen wir an, Sie halten eine Rede anlässlich einer Taufe. Ein Kind wurde geboren und erhält nun im Rahmen einer kirchlichen Zeremonie einen Namen, den es ab diesem Augenblick ein Leben lang tragen wird. Der Vorname bleibt gleich, von der Taufe bis zum Tod. Wenn dieses Kind bereits vor der Taufe mit einem Namen angesprochen wurde, war das gleichsam informell. Jetzt gilt es. Was liegt näher, als diese Gelegenheit zu nützen: Sie nehmen das Kind während Ihrer Rede in die Arme und lassen jeden der Festgäste das Kind das erste Mal offiziell mit seinem Namen ansprechen und dabei etwas Liebes oder Heiteres zu ihm sagen. Sie setzen damit eine schöne Geste und lassen die Zuhörer aktiv werden. Sie sehen: es gibt zahllose Möglichkeiten, das Auditorium zum Exerzitium werden zu lassen, damit Ihrer Rede Leben einzuhauchen und den eigentlichen Zweck noch sicherer zu erfüllen. Lassen Sie das Publikum arbeiten, es wird es Ihnen danken.
- *Außerdem:* Rollenspiele, kinesiologische Übungen, gegenseitiges Massieren, Feldversuche, Tanzen ...

Riechen und Schmecken

Riechen. Dieser Sinn hat große Bedeutung für unser Wohlbefinden. Nicht umsonst sagen wir: „Ich kann ihn nicht riechen“ oder „Ich rieche den Braten“. Sorgen Sie für ein gutes Raumklima. Sie sollten es zum Verbündeten haben, nicht dagegen ankämpfen müssen. Verwenden Sie Duftlampen oder Räucherstäbchen, um es ansprechend zu machen. Unser Tipp: Verwenden Sie diese Hilfsmittel außerhalb der Sicht der Zuhörer. Durch ein besonderes Phänomen werden Düfte manchmal als störend erlebt, wenn die Teilnehmer ihre Quelle sehen können. Wenn sie unsichtbar bleiben, wird nur das gute Raumklima gelobt. Hier scheint eine höhere Logik zu wirken.

Für Leib und Seele. Beziehen Sie unbedingt Verpflegungsfragen in Ihr Konzept mit ein. Sie müssen berücksichtigen, ob man Sie einem bereits ausgehungerten Publikum aussetzt oder ob es versuchen wird, bei Ihnen sein Verdauungsschläfchen zu halten. Wann immer es in Ihrem Einflussbereich liegt, sollten Sie zumindest Getränke und Appetithäppchen anbieten. Da genügen schon Wasser und Früchte. Ihre Sorge um das leibliche Wohl der Zuhörer wird Ihnen eine wesentlich günstigere Ausgangsbasis bieten. Ein Bonbon auf jedem Sitzplatz am Anfang des Vortrags ist zwar Bestechung, wird aber immer gerne genommen und entspannt die Atmosphäre.

Multimedia in der Sprache

> *Ein guter Redner ist jemand, der bewirkt, dass die Menschen mit den Ohren zu sehen vermögen.*
> (Arabisches Sprichwort)

Form und Inhalt. Ein Land erlebte eine lange Periode des Glücks und des Wohlstands unter einem Herrscher, der im ganzen Volk als weiser Mann bekannt war. Das Geheimnis des langen Glücks waren die gerechten Entscheidungen, die er jedes Mal traf, wenn Untertanen Zwist hatten und kamen, um sich seinem Urteil zu unterwerfen. Bei diesen Gelegenheiten hörte er beide Seiten an, ließ dann ein großes, ledergebundenes Buch bringen, studierte es lange und fällte dann sein Urteil. Und diese Urteile waren jedes Mal gerecht und eine Lösung für beide Teile. Eines Tages brach ein Dieb ein, um das Buch der Weisheit zu stehlen. Noch im Palast übermannte ihn seine Neugier, und er öffnete das Buch, um die erste Weisheit zu lesen. Wie verwundert war er, als er entdeckte, dass alle Seiten des Buches leer waren. Bis auf die erste, da stand ein einziger Satz. Und der lautete: „Die Form ist wichtiger als der Inhalt."

Der Ring, mit dem Sie den Zuhörer packen. Zusätzlich zu obigen Möglichkeiten können Sie höchste Kompetenz durch Verwendung aller Sinneskanäle in Ihrer Sprache zeigen. Die Neurologie zeigt, dass Sie dadurch das gesamte Gehirn Ihrer Zuhörer ansprechen. Was nicht nur zu besserer Verständlichkeit, sondern auch zu mehr Beteiligung und Motivation führt. Halten Sie Ihren Vortrag lebendig, auch in jenen Phasen, wo Sie „nur" sprechen. Bleiben Sie plastisch, bleiben Sie begeisternd, verwenden Sie die Sprache der Sinne. Wir haben nämlich innerhalb einer Sprache fünf verschiedene Subsprachen, ohne dass es dem Normalbürger bewusst wäre. Diese Subsprachen der Sinne sind:

- Visuell für Sehen
- Auditiv für Hören
- Kinästhetisch für Fühlen und Tun
- Olfaktorisch für Riechen
- Gustatorisch für Schmecken

Wobei die beiden letzten, olfaktorisch und gustatorisch, neurologisch das gleiche Gehirnareal ansprechen.

Um einen einfachen Satz, wie z.B. „Folgenden Vorteil gibt es da für Sie ...", auszudrücken gibt es mehr als diese eine Variante. Schauen wir uns einmal die Möglichkeiten der sinn-haften Sprache an:

Neutral: Folgenden Vorteil gibt es da für Sie ...
Visuell: Lassen Sie uns einmal einen Blick auf die Vorteile werfen ...
Auditiv: Wie klingen denn folgende Vorteile für Sie ...
Kinästhetisch: Kommen Sie einmal in Kontakt mit folgenden Vorteilen ...
Olfaktorisch/gustatorisch: Lassen Sie sich folgende Vorteile auf der Zunge zergehen ...

Hier finden Sie ein paar Anregungen, um sich darin zu üben, sinnhaft zu sprechen:

Sehen

Wörter: Bild, Fokus, Vorstellung, Einsicht, Horizont, Klarheit, Licht, Kurzsichtigkeit, Rücksicht, Szene, Perspektive, Aussicht, Vorschau, Anschauung, Aspekt, Ausblick, Durchblick, Bild, Illusion, Blickwinkel, Vision, Gedankenblitz, sehen, klären, leuchten, veranschaulichen, vorstellen, zeigen, nachsehen, schauen, schielen, starren, strahlen, übersehen, visualisieren, scheinen, reflektieren, klarmachen, durchblicken, hereinschauen, beäugen, fokussieren, vorhersehen, illustrieren, beobachten, enthüllen, zeigen, überwachen, offenbaren, aufzeigen, ausmalen, aussehen, beobachten, beaufsichtigen, bezeichnen, blicken, demonstrieren, einsehen, erscheinen, farbig, hell, angesichts, anschaulich, ansehnlich, deutlich, hervorragend, klar, rund, scheinbar, sichtlich, skizzenhaft, sonnenklar, strahlend, transparent, trüb, undurchsichtig, unsichtbar, offensichtlich, verschwommen, versehentlich, kurzsichtig, weitsichtig.

Redewendungen: Möglicherweise haben Sie noch eine verschwommene Vorstellung davon. Aber das werden wir jetzt klären. Es wäre Schwarzmalerei zu sagen, dass ... Das sehe ich anders. Ich möchte Ihnen zeigen, dass ... Stellen Sie sich vor, dass ... Lassen Sie mal sehen. Das leuchtet mir völlig ein. Werfen Sie ein Auge auf ... Sehen Sie, was ich meine? Nehmen wir diesen Gedanken unter die Lupe. Wir haben die gleiche Perspektive, den gleichen Blickwinkel. Zeigen Sie mir, was Sie meinen. Schauen Sie zurück auf das, was der Vormittag an neuen Ansichten für Sie gebracht hat. Dies bringt Licht in die Angelegenheit. Erscheint Ihnen das vorstellbar? Schauen Sie nach vorne. Die Zukunft sieht strahlend aus. Die Lösung blitzt vor seinem geistigen Auge auf. Haben Sie schon eine klarere Vorstellung davon? Richten wir unseren Fokus auf ... Ich erkenne Ihren Standpunkt. Ist Ihnen das schon klar? Ich habe eine Vorstellung davon. Bildlich gesprochen, bedeutet das ... Das Bild, das Sie zeichnen, gefällt mir gut. Es ist offensichtlich, dass ... Es ist ersichtlich, dass ... Jetzt ist es mir klar. Das muss man aus verschiedenen Blickwinkeln betrachten. Das scheint in Ordnung zu sein. Mit dieser Information bekommen Sie sicher den Durchblick. Das ist sonnenklar. Das, was Sie sagen, passt genau in das Bild. Das sieht stark aus. Für mich sieht das aus wie ... So können wir einen Überblick gewinnen. Sie haben einen Blick dafür.

Hören

Wörter: Ton, Wort, Akzent, Rhythmus, Geräusch, Schall, Reim, Stille, Antwort, Aussage, Donnerwetter, Harmonie, Klang, Klatsch, Knall, Gleichklang, Musik, Ruhe, Sprechweise, Stichwort, Stimme, Stimmung, sagen, erklingen, klingen, betonen, diskutieren, verkünden, zuhören, rufen, knistern, kommentieren, lärmen, murmeln, nachfragen, pfeifen, plaudern, proklamieren, quietschen, rasseln, ratschen, rattern, raunen, rufen, schnurren, schreien, schwatzen, schweigen, ankündigen, artikulieren, aufhören, ausdrücken, einstimmen, erklären, erwähnen, flüstern, fragen, gurren, hören, ausplaudern, ausrufen, aussprechen, bellen, brüllen, brummen, mitteilen, summen, tönen, versprechen, wispern, harmonisch, laut, ruhig, taub, monoton, hörbar, verständlich, sprachlos, mündlich, ausgesprochen, blechern, einstimmig.

Redewendungen: Gleich kracht es. Sie spucken große Töne. Dafür habe ich kein Verständnis. Das hört sich ja an, als wenn ... Dieses Argument haben Sie ganz schön angeschmettert. Ich weiß nicht, was ich dazu sagen soll. Manche Dinge sollte man nicht gleich ausposaunen. Vielleicht klingt Ihnen das noch alles spanisch. Aber schon bald werden Sie besser verstehen, was ich meine. Manche Leute machen viel Tamtam. Oft gehen einem Informationen in das eine Ohr rein, aus dem anderen wieder raus. Damit Sie diese Informationen wirklich verstehen, teile ich Ihnen die wichtigsten Dinge noch mal mit. Da klingelt's in Ihren Ohren. Dann sind wir ja auf der gleichen Wellenlänge. Erläutern Sie mir das bitte näher. Sind Sie in Harmonie mit ...? Wort für Wort. Jetzt kann ich mir einen Reim darauf machen. Hören Sie die Zwischentöne? Übersetzt in unsere Sprache, heißt das ... Unmissverständlich ausdrücken. Eine Audienz geben. Laut und deutlich ... Haben Sie sich auch schon gefragt, wie ... Das ist ja ein Gedicht! Das spricht mich sehr an. Ich sage mir immer ... Klingt das nicht gut? Hört es sich gut an? Hören wie uns das noch mal Wort für Wort an. Schon davon gehört? Keine

Frage! Das höre ich gerne, dass Sie ... Es klingt vernünftig ... Hat es schon klick gemacht bei Ihnen? Sagen Sie mir Bescheid. Ich verstehe das so, dass ... Stimmt! Lassen Sie uns dazu andere Stimmen hören. Ich möchte Ihnen damit sagen, dass ...

Fühlen

Wörter: Berührung, Kontakt, Druck, Spannung, Griff, Standpunkt, Hand, angreifen, annehmen, anpacken, anstrengen, aufgreifen, aufnehmen, ausformen, ausführen, umgehen mit, drücken, rubbeln, in Anspruch nehmen, schieben, anfassen, begreifen, behandeln, beherrschen, berühren, dafürhalten, drängeln, drehen, drücken, einbinden, einsteigen, umgehen, umarmen, umfangen, zerstreuen, zupacken, zusammenfassen, zusammenkommen, empfinden, fassen, fühlen, gefallen, gehen, halten, handhaben, hängen, hineinbringen, einfinden, packen, passen, schwingen, entgegenstehen, entnehmen, erfassen, erleben, erschlagen, halten, kratzen, solide, schwer, glatt, fest, sensibel, spannend, spürbar, warm, kalt, rau, einfühlsam, greifbar, kompakt, sanft, aktiv, ausschließlich, berührt, erfüllt, füllig, griffig, hart, heftig, passend, packend, sanft.

Redewendungen: Er hat sich bis auf die Knochen blamiert. Der ist ein Quertreiber. Es gibt noch ein paar Stolpersteine: ... Das kratzt mich nicht. Ein harter Bursche. Dickfellig. Das ist noch nicht weltbewegend. Sie ziehen mir den Boden unter den Füßen weg. Das reibt noch. Das schlägt sich. Vielleicht sind Sie noch hin- und hergerissen. Das übersteigt derzeit mein Fassungsvermögen. Ein warmherziger Mann. Legen Sie Hand an. Sitzt, wackelt und hat Luft. Legen Sie die Karten auf den Tisch! In Kontakt sein mit ... Können Sie die Idee schon begreifen? Bis jetzt haben wir nur an der Oberfläche gekratzt, das, was wir nun machen, wird mehr in die Tiefe gehen. Damit können wir es in Gang bekommen. Bringen wir endlich Schwung in die Angelegenheit. So bekommen wir die Sache in den Griff. Diese Herleitung kann ich nachvollziehen. Dafür lege ich meine Hand ins Feuer. Mit diesem Wissen haben Sie bereits eine feste Grundlage ... Gefühlsmäßig ist es wie ... Das funktioniert ja schon reibungslos. Das geht unter die Haut. Die Argumente passen wie die Faust aufs Auge. Er hat ein Gespür für ... Das passt mir gut. Das sitzt. So wird es für mich begreifbar. So fühlt es sich gut an. Ich nehme an, dass ... Erleben Sie auch andere Standpunkte dazu. Ich möchte Folgendes damit belegen ... Wir durchlaufen dabei folgende Schritte: ... Bei Ihnen habe ich das Gefühl, dass ... Schießen Sie mal los!

Riechen/Schmecken

Wörter: Gerücht, Geschmack, Würze, schmecken, riechen, parfümiert, duftend, wohlriechend, wohlschmeckend, geschmackvoll, frisch, scharf, sauer, bitter, salzig, saftig, süß ...

Redewendungen: Eine bittere Pille. Unter die Nase halten. Das ist bitter. Lunte riechen. Stinkt es Ihnen nicht, dass ...? Das ist ätzend. Das hat noch einen unangenehmen Beigeschmack. Eine süße Person. Frisch wie der Morgen. Sind Sie schon auf den Geschmack gekommen? Habe ich Ihnen Gusto auf mehr gemacht? Das riecht nach einer Überraschung. Manche Menschen haben einen Riecher für so etwas. Das ist allererste Sahne. Das kommt meinem Geschmack sehr entgegen.

Üben Sie sich darin, alle Sinne anzusprechen! Dadurch wird Ihr Publikum klarer sehen, was Sie sagen wollen und ein Gefühl dafür bekommen, worum es wirklich geht. Und Sie zeigen damit eine feine Nase für den Geschmack des Publikums.

Zusammenfassung

Ohne Worte wirken

Geschliffene Sprache – zehn Rhetorikfiguren

1. Für mehr Prägnanz – die Alliteration

Gib den Rhythmus vor. Verfeinern Sie Ihre Rede, indem Sie gleiche Anlaute verwenden.

2. Für mehr Klarheit – die Anapher

Sag's nochmal, Sam. Wiederholen Sie Wörter oder Wortgruppen am Satzanfang, um zu betonen.

3. Für mehr Nachdruck – die Epipher

Am Ende alles gleich. Wiederholen Sie Wörter oder Wortgruppen, aber nicht am Satzanfang, sondern hinten.

4. Für mehr Einprägsamkeit – die Anadiplose

Ende und Anfang. Verwenden Sie ein Wort als Anfang eines Satzes und als Schluss des nächsten.

5. Für mehr Plausibilität – der Kyklos

Weise Sätze werden durch Kreise weise. Setzen Sie ein Wort am Anfang und am Ende des Satzes ein.

6. Für mehr Übersichtlichkeit – der Parallelismus

Fest stehen auf zwei Beinen. Verwenden Sie dasselbe Satzmuster für verschiedene Aussageeinheiten.

7. Für mehr Unterschiede – die Antithese

Sein oder Nichtsein ... Formulieren Sie Parallelismus im Satzbau, Gegensatz in der Satzbedeutung.

8. Für mehr Pointen – der Chiasmus

Auf den Punkt. Überkreuzen Sie zwei parallele Aussagen miteinander.

9. Für mehr Begeisterung – die Klimax

Gut, besser, Klimax. Steigern Sie die Aussage gleich aufgebauter Satzteile oder Sätze schrittweise.

10. Für ein gute Ende – die Trias

Aller guten Dinge sind drei. Überzeugen Sie mit drei gleichrangigen Argumenten.

Aktivierung durch Abwechslung

Sehen

Das Auge erfreuen. Bieten Sie visuelle Informationen, wie Handouts, Informationsblätter, Overhead-Folien und Skripte. Verwenden Sie Flipcharts, Pinnwände und farbige Kartonkärtchen. Zeigen Sie Filmausschnitte, Modelle, Muster und animierte Präsentationen.

Hören und Sagen

Musik in meinen Ohren. Spielen Sie Musik vor oder singen Sie mit Ihrem Publikum. Ermuntern Sie es, auch selbst das Wort zu ergreifen, um Fragen zu beantworten oder für Kurzdiskussionen.

Versprochen! Fesseln Sie die Zuhörer mit Versprechungen ohne Risiko, aber mit Erfolgsgarantie.

Fühlen und Tun

Interaktiv. Aktivieren Sie Ihre Zuhörer durch Experimente, Rituale, Kleingruppenarbeit, Rollenspiele, kinesiologische Übungen, gegenseitiges Massieren, Feldversuche und Tanzen.

Riechen und Schmecken

Riechen. Sorgen Sie für ein gutes Raumklima mit Duftlampen oder Räucherstäbchen.

Für Leib und Seele. Beziehen Sie unbedingt Verpflegungsfragen in Ihr Konzept mit ein.

Multimedia in der Sprache

Der Ring, mit dem Sie den Zuhörer packen. Sprechen Sie plastisch und begeisternd. Verwenden Sie die Subsprachen der Sinne: visuell, auditiv, kinästhetisch, olfaktorisch und gustatorisch.

10. Etuden – Vorbereitung statt Lampenfieber

Von der Sicherheit, die aus der guten Vorbereitung kommt

Es werden mehr Menschen durch Übung tüchtig als durch Naturanlage. (Demokrit)

Jetzt geht's los! Als Präsident Roosevelt nach dem Ende des Zweiten Weltkriegs von Europa heimflog, wurde er von hochverdienten amerikanischen Soldaten begleitet. Sie sollten mit dem Präsidenten aus der Maschine steigen und im Anschluss daran Orden für ihren mutigen Einsatz bekommen. Gleich neben Roosevelt saß jener amerikanische Fallschirmspringer, der die meisten Absprünge über feindlichem Gebiet absolviert hatte, nämlich 87. Roosevelt teilte ihm schon vor dem Start der Maschine seine Bewunderung mit, und sie plauderten immer wieder ganz ungezwungen während des Fluges. Als die Maschine dann zur Landung ansetzte, bemerkte Roosevelt, wie der Soldat neben ihm unruhig wurde und besorgt aus dem Fenster blickte. „Ist irgendetwas nicht in Ordnung?", fragte der Präsident, jetzt selbst etwas beunruhigt. „Oh, nein", antwortete der Soldat, „Sie müssen nur wissen, ich bin noch nie in so einem Ding gelandet!"

In Fleisch und Blut. Wenn Sie alles, was Sie bis jetzt gelernt haben, umsetzen, dann sind Sie schon ganz gut unterwegs. Sie haben sich Ihr Lob verdient, denn Ihre Vorarbeiten für die Rede sind nun abgeschlossen. Sie haben Ziel und Absichten Ihrer Rede beschrieben, sie in die richtige Struktur gebracht und mit ausreichend Inhalten gefüllt. Sie wissen, wie Sie den Kontakt zu Ihren Zuhörern herstellen, um ihre Trance auf Sie auszurichten und kompetent, glaubwürdig und sympathisch zu wirken. Sie verfügen über ein ausreichendes Repertoire an Argumenten und anderen Möglichkeiten zu überzeugen. Sie haben auch schon durch Beigabe edler Zutaten, wie Rhetorikfiguren, Hypnosemuster und die Gewürze der praktischen Faszination, für Verfeinerung gesorgt. Sie haben zumindest eines erreicht: Sie fühlen sich daheim in der Theorie. Doch ob die Praxis ein holpriger Weg oder eine Prachtstraße wird, entscheidet sich erst ab jetzt. Krempeln Sie die Ärmel hoch, denn die Praxis beginnt jetzt.

Wie Sie sich richtig auf den großen Moment vorbereiten, welche Übungen Sie machen können, um Ihren Auftritt zu perfektionieren, was Sie gegen Lampenfieber tun können, all das erfahren Sie in diesem Kapitel.

Bereite deine Unterlagen vor

Die Unterlagen für das Publikum

Widmen wir uns jetzt jenen Unterlagen, die nicht für Sie, sondern für das Publikum bestimmt sind:

- Achten Sie darauf, dass so viele Details wie möglich auf Ihre Botschaft abzielen. Nützen Sic jede Gelegenheit dafür!
- Testen Sie Ihre Unterlagen vorher. Wenn möglich bei jemandem, der genauso viel oder wenig von der Sache versteht wie ihr Publikum. Erzielen Sie die gewünschte Wirkung?
- Bereiten Sie die Technik vor. Bedenken Sie: Was bei der Technik schiefgehen kann, geht eines Tages schief. Haben Sie nach Möglichkeit alles doppelt verfügbar. Wo das nicht möglich ist, sorgen Sie für eine Möglichkeit, ohne Technik auszukommen.

Wenn Sie mehr zu diesem Thema wissen wollen, empfehlen wir ausdrücklich die Bücher von Emil Hierhold. Er scheint uns der Mann mit der größten diesbezüglichen Erfahrung im deutschsprachigen Raum zu sein.

Die Unterlagen des Redners

Ein Blick genügt. Ungeübte Redner klammern sich gerne an ihre Unterlagen. Sie erwarten sich davon Stütze und Sicherheit. Lassen

Sie diese Hilfe, wenn Sie unerfahren sind, auch zu. Alles was Sie dabei unterstützt, eine exzellente Rede zu halten, ist willkommen. Damit Ihre Unterlagen das auch leisten können, gilt es bei ihrer Herstellung ein paar wichtige Aspekte zu beachten. Unterlagen zu erstellen hat eine Menge Vorteile für Sie: Sie gewinnen dadurch noch mehr Sicherheit und behalten Sie auch, wenn Sie ein Zwischenruf eines Zuhörers kurzfristige, aus dem Konzept brachte. Sie geben Ihren Gedanken über die Rede noch mehr Struktur und Klarheit. Ein Stichwortzettel oder Memo gibt Ihnen das andauernde Gefühl, gut vorbereitet zu sein.

Doch Vorsicht: Redner, die sich an ihr Skript klammern und hilfesuchend darin blättern oder ihre Folien andauernd umsortieren, um die richtige zu finden, wirken alles andere als souverän. Betrachten Sie diese Unterlagen als Stütze, die im Verborgenen wirkt. Ihre Hilfszettel und Gedankenstützen sind für Sie da, nicht für das Publikum. Wenn Sie für die Rede ein Memo erstellen, organisieren Sie es so, dass Sie auch mit einem flüchtigen Blick die entscheidenden Informationen entnehmen können. Das bedeutet:

- Formulieren Sie keine Sätze. Sie haben während des Vortrages keine Zeit, sie zu lesen. Bereiten Sie sich so vor, dass Sie Ihre Thesen, Aussagen und Argumente in Stichwörter fassen. Verwenden Sie genau diese Stichwörter im Memo. Sobald Sie später im Vortrag das Stichwort lesen, sind für Sie alle zugehörigen Gedanken wieder präsent.
- Für viele Menschen wirken Bilder und Symbole noch besser als Stichwörter, um sie mit den richtigen Gedanken und Sätzen zu assoziieren. Variieren Sie und probieren Sie aus, was für Sie wirksamer ist. Nützen Sie jene Darstellungsform, die Ihnen das größte Maß an Sicherheit und Übersichtlichkeit bringt.
- Zeichnen Sie die Stichwörter und Symbole so auf Ihrem Memo auf, dass die Reihenfolge der Themen auch mit einem flüchtigen Blick leicht erkennbar ist. Sie können dabei eine tabellarische Struktur verwenden, in der die Themen von oben nach unten abgebildet sind. Eine weitere Darstellungsform sind Mindmaps. Hier wird in der Mitte des Blattes die zentrale Botschaft festgehal-

ten und von da ausgehend durch Äste und Zweige die Inhalte in Strukturen und Unterstrukturen dargestellt. Probieren Sie aus, was Ihnen mehr liegt. Das Kriterium für Ihre Entscheidung ist die Qualität des Ergebnisses, Ihrer Rede.

- Die Technik der Mindmaps verlangt ohnedies farbliche Unterscheidungen. Tun Sie das auch, wenn Sie die Inhalte in tabellarischer Form festhalten. Sie sollen einen möglichst guten Überblick über Themen und Inhalte haben. Finden Sie heraus, was Ihnen dabei am meisten hilft. Eine Möglichkeit ist, Inhalte, Argumente und Beispiele farblich zu trennen.
- Tragen Sie bei Vorträgen oder Seminaren, die länger dauern, auch die Zeit ein, die Sie für das jeweilige Thema kalkulieren. Sie erhalten damit auch einen zeitlichen Überblick. Sie wissen stets, ob Sie pünktlich oder im Verzug sind, und können entsprechend reagieren.
- Stellen Sie die Inhalte eines zusammenhängenden Vortrages auf einer Seite dar. Wenn sich Ihr gesamter Vortrag nicht auf einer Seite abbilden lässt, unterteilen Sie die Memo-Seiten nach den voraussichtlichen Abschnitten Ihrer Rede, sodass Sie in der Pause das Blatt wechseln können. Sie vermeiden damit, vor dem Publikum in Memos zu blättern.

Haben Sie keine Scheu, im Vortrag hin und wieder einen Blick auf Ihr Memo zu werfen. Es stärkt Ihre Sicherheit, und Sie behalten den Überblick. Selbst die besten Redner verwenden Memos. Sie vermitteln damit ja auch den Eindruck, sich auf die Rede gut vorbereitet zu haben und nicht von sich zu glauben, perfekt zu sein. Und das findet das Publikum in Ordnung und sympathisch. Die für das Memo erarbeitete Struktur macht Sie außerdem sehr flexibel. Manchmal stellen Zuhörer Fragen, deren Beantwortung Sie vom Thema ablenkt und in eine ungeplante Richtung führt. Dann müssen Sie entscheiden, ob Sie diese Richtung beibehalten oder wieder in die ursprüngliche Bahn zurückkehren wollen. Mit einer im Voraus geplanten Struktur können Sie die Auswirkungen dieser Varianten recht gut und schnell abschätzen und die für das Publikum richtige Entscheidung treffen.

Übung macht den Meister

Arnolds Geheimnis. Arnold Schwarzenegger, steirischer Terminator, wurde auf einer Cocktailparty in Österreich von einem Yuppie mit Sektglas in der Hand gefragt: „Wie kommen Sie zu so einem tollen Bizeps, Herr Schwarzenegger? Ich hätte auch gerne einen so tollen Bizeps! Verraten Sie mir Ihr Geheimnis."

Arnold fragte in seinem berühmten steirisch-englischen Deutsch: „Wollen Sie das wirklich wissen?" „Ja, das würde ich wirklich gerne wissen!" „Na gut, dann verrat ich's Ihnen. Sie dürfen es aber niemandem weitersagen!" Er neigte sich etwas zu seinem jungen, aber unsportlichen Bewunderer und sagte: „Ich bewege seit vielen Jahren meine Arme täglich sehr oft gegen sehr schwere Widerstände. Das ist mein Geheimnis."

Das Sprichwort ist nicht neu, hat aber seine ganze Wahrheit bewahrt: Meisterschaft erlangen Sie nur durch Übung. Ihr Weg zur Exzellenz als Redner ist mit intensiven Redevorbereitungen und Gelegenheiten gepflastert, die Sie beim Schopf packen. Üben heißt aber nicht nur Üben vor Zuhörern, sondern auch im Trockendock. Viele reale Situationen lassen sich hinter dem Vorhang vorwegnehmen und ausprobieren.

Gedächtnisübung

Den Überblick bewahren. Den Vortrag auswendig zu lernen, wie ein Gedicht, macht keinen Sinn. Ihrem Vortrag würde die Lebendigkeit und Flexibilität verloren gehen. Insbesondere dann, wenn Sie dem Publikum viele Möglichkeiten einräumen, den Vortrag mitzugestalten, ist Ihre Flexibilität gefordert. Denn schließlich haben Sie sich ja vorher ausgiebig Gedanken über die Struktur Ihres Vortrages gemacht und sie zu einer tragfähigen Konstruktion werden lassen. Die sollten Sie trotz thematischer Ausritte der Zuhörer beibehalten, ohne den Eindruck von Starrheit zu erwecken. Behalten Sie also die Struktur bei, aber seien Sie innerhalb dieser Struktur flexibel. Voraussetzung dafür ist, dass Sie stets den Überblick über Ihre

Aussagen und die dazugehörigen Argumente behalten. Dazu finden Sie hier zwei einfache mnemotechnische Hilfsmittel.

Loci-Technik. Schon in der Rhetorik der Antike kannte man visuelle Gedächtnistechniken. Die älteste Methode, die sogenannte Loci-Technik, geht zurück auf den griechischen Dichter Simonides von Keos (556–468 v. Chr.). Simonides war bekannt dafür, stundenlange Reden ohne die Verwendung eines Manuskriptes halten zu können. Das kam so:

Simonides hatte einmal den Auftrag, in einer Gesellschaft ein Gedicht zu Ehren des Gastgebers vorzutragen. Er kam seinem Auftrag nach, flocht aber auch Verse für die Gäste ein und für die Götter Castor und Pollux. Während des Vortrags ging er im Raum umher und blieb bei passender Textstelle hinter den am Tisch sitzenden Gästen stehen. Nach dem Vortrag zahlte der Gastgeber nur die Hälfte des vereinbarten Honorars und riet Simonides, sich die andere Hälfte von Castor und Pollux zu holen.

Kurz danach wurde Simonides von zwei jungen Männern – Castor und Pollux – vor das Haus gebeten. Während er draußen war, stürzte das Gebäude zusammen und begrub alle im Haus unter sich. Als man die Toten ausgrub, konnten die Verwandten ihre Angehörigen nicht mehr erkennen. Simonides, der sich an seine Rede und die Plätze, an denen er stand, erinnerte, identifizierte die Opfer.

Simonides kam durch dieses Erlebnis auf die Idee, sich bei der Vorbereitung einer Rede Orte vorzustellen und diesen dann bildliche Informationen zuzuordnen. Diese Technik lehrte er fortan seine Schüler, und sie hat sich bis in die Gegenwart erhalten:

1. Denken Sie sich eine *Folge von Orten* aus, die Ihnen gut bekannt sind, z.B. Plätze in Ihrer Heimatstadt, bestimmte Gebäude an einer Straße, Gebäude in verschiedenen Städten oder die Räume in Ihrer Wohnung, Ihr Weg von zu Hause zur Arbeit, Ihre Körperteile von Kopf bis Fuß. Es können auch die Statuen oder Bilder in einem Museum sein. Wichtig ist lediglich, dass Sie sich die Reihenfolge ganz leicht merken können.
2. Nehmen Sie dann Ihre vorbereitete Rede zur Hand, und ordnen Sie den von Ihnen gewählten Orten in der schon bestimmten

Reihenfolge die Abschnitte Ihrer Rede zu. Jetzt verknüpfen Sie diese Orte mit *bildlichen Vorstellungen*. Verwenden Sie hierfür die bildlichen Vorstellungen, die Ihnen spontan zu dem jeweiligen Bereich Ihrer Rede einfallen. Achten Sie auf eine gute Bildqualität, d.h.
Sichtbarkeit: prägnante Farben, Dreidimensionalität, entsprechende Bildgröße
Hörbarkeit: Geräusche oder Stimmen
Fühlbarkeit: Gefühle, die Sie mit dem Bild verbinden
3. Gehen Sie dann im Geist von Ort zu Ort, und rufen Sie die Bilder, die Sie mit den Orten verknüpft haben, dadurch ab. Die *Reihenfolge* der Aussagen Ihrer Rede ist damit fest verankert.

Symbol-Technik. Eine ähnliche Methode, die vor allem für die Grobstruktur gut geeignet ist, ist die folgende:

1. Prägen Sie sich zuerst zu jeder *These* ihre Aussagen ein.
2. Prägen Sie sich dann zu jeder *Aussage* ihre Sach- und Gefühlsargumente ein.
3. Finden Sie für jede Ihrer Aussagen ein *Symbol*. Wenn ein Punkt Ihres Vortrages die Terminabstimmung mit den Zuhörern ist, kann das Symbol ein Kalenderblatt sein. Für den Punkt „Zusammenarbeit im Team" könnten Sie ineinanderverkettete Ringe als Bild wählen. Was Ihnen spontan in den Sinn kommt, ist das Richtige. Und nun schließen Sie die Augen und machen sich ein Bild von jedem einzelnen dieser Symbole.
4. Im nächsten Schritt können Sie diese Bilder im Geist in der richtigen *Reihenfolge* nebeneinanderreihen. Das ist Ihr geplanter Ablauf. Sollte ein Zuhörer Sie mit einer Frage zu einem anderen Thema locken, dann werfen Sie kurz einen Blick auf Ihre inneren Bilder und entscheiden: beibehalten oder umreihen.
5. Wenn Sie die Struktur abändern, sortieren Sie einfach die Bilder in Ihrem Kopf neu. So behalten Sie immer den *Überblick*, ohne dazu Papier und Bleistift zu benötigen.

Anfang und Ende

Proben. Zwei Passagen des Vortrages sind für die Gesamtwirkung so bedeutend, dass Sie sich damit intensiver befassen sollten. Der Anfang Ihres Vortrages schafft die Voraussetzung für Aufmerksamkeit und Zuwendung des Publikums, und das Ende ist der Teil, der am längsten in Erinnerung bleibt. Proben Sie also die ersten und letzten fünf Minuten Ihres Vortrages. Legen Sie sich die geeigneten Formulierungen zurecht, schmücken Sie diese mit Hypnosemustern und Rhetorikfiguren und dann geht's los. Das Üben der ersten fünf Minuten hat noch dazu einen großen Vorteil. Sie gewinnen Sicherheit über diese wichtige Phase des Vortrages und reduzieren das Lampenfieber.

Üben unter erschwerten Bedingungen. Ideale Bedingungen finden Sie selten. Manchmal hat der Raum keine gute Akustik. Manchmal ist der Geräuschpegel hoch, weil nebenan gearbeitet wird oder der Verkehr draußen auf der Straße rollt. Es lässt sich auch nicht vermeiden, dass Zuhörer den Raum betreten und verlassen und dabei die Tür zukracht. Vieles kann Ihre Konzentration und die Ihrer Zuhörer beeinflussen. Sie können auf einfache Art und Weise trainieren, trotz solcher Ablenkungen bei der Sache zu bleiben:

1. Wenn Sie eine Rede vorbereitet haben, schalten Sie den Fernseher ein, drehen ihn laut und halten dann daneben die Rede oder einen Teil davon. Wählen Sie ein Programm mit vielen akustischen Abwechslungen. Das simuliert erschwerte Vortragsbedingungen.
2. Erlauben Sie sich, dabei auch einmal hängen zu bleiben, und trainieren Sie, dann auch mithilfe Ihres Memos den Faden reibungslos wieder aufzunehmen.
3. Achten Sie auch darauf, dass trotz des hohen Geräuschpegels Ihre Worte klar und deutlich aus Ihrem Mund kommen. Wenn es hier klappt, dann erst recht vor Publikum.

Zungenfertigkeit

Bodybuilding im Mund. Auch Ihre Aussprache braucht Zuwendung, um sich zu entfalten. Der interessanteste Inhalt kann zur Geduldsprobe für die Zuhörer werden, wenn er als eintöniges Gedudel aus dem kaum geöffneten Mund des Redners plätschert. Undeutliches Sprechen verleitet die Zuhörer auch noch, nicht Verstandenes zu überfliegen. Sie verabschieden sich still, und ihr Geist beschäftigt sich mit anderen, spannenderen Dingen – also das Gegenteil dessen, was Sie erreichen wollen. Dabei ist es so einfach, der Stimme mehr Klarheit und Präzision zu verleihen:

1. *Der Zunge Zügel anlegen.* Strecken Sie Ihre Zunge etwas heraus, und drücken Sie leicht mit Ihren Zähnen auf die Zungenspitze. Und nun zählen Sie laut und deutlich bis 50. Behalten Sie dabei die Zungenspitze zwischen Ihren Zähnen. Um verständlich sprechen zu können, müssen sich die Muskeln in und um Ihren Mund deutlich mehr bewegen als sonst. Spüren Sie, wie die Muskeln in Ihrem Mund mit jeder Zahl an Beweglichkeit gewinnen.
2. *Der Knöchelbiss.* Heben Sie Zeigefinger und Mittelfinger einer Hand, so als würden Sie schwören. Beugen Sie die beiden Finger leicht, sodass die Knöchel etwas hervortreten. Und nun nehmen Sie die nebeneinanderliegenden Fingerknöchel zwischen Ihre Zähne und beißen leicht zu. Jetzt zählen Sie laut und möglichst verständlich weiter von 51 bis 80. Damit trainieren Sie weitere Muskeln, welche vorher unbeschäftigt waren.
3. *In Freiheit.* Und jetzt sagen Sie ein paar Worte, ohne Ihrem Mund Fesseln anzulegen. Hören Sie den Unterschied? Sie sprechen jetzt weitaus klarer und deutlicher. Machen Sie diese Übung so oft wie möglich und immer knapp vor einer Rede. Ihre saubere Aussprache wird beim Vortrag für die Zuhörer den Eindruck erwecken, professionell geschult zu sein.

Feedback

Sprechtechnik und Wortwahl. Jede Rede ist für Sie eine Chance zu lernen. Halten Sie Ihre Rede auf einem Tonträger fest. Sie sollten sich nachher genügend Zeit nehmen, um Ihr eigener Zuhörer zu werden. Übernehmen Sie die Rolle Ihrer Zuhörer, bevor Sie den Tonträger einschalten. Hören Sie mit deren Ohren zu. Beantworten Sie dabei folgende Fragen:

- Ist der Vortrag insgesamt durchgängig verständlich oder hat die Argumentation des Redners Lücken, sodass die Verständlichkeit darunter leidet?
- Hat er genügend Beispiele gebracht und den Bezug zur Praxis hergestellt?
- War die Wortwahl und Satzkonstruktion lebendig, mit Rhetorikfiguren und Hypnosemustern durchwachsen?
- Hat der Redner die Sprechpausen mit „Ähhh“ gefüllt oder sich Stille erlaubt?
- Artikulierte der Redner deutlich und verständlich?
- War der Vortrag eher monoton oder waren die Sätze begleitet von Melodik und Rhythmus?

Jede positive Antwort ist ein weiterer Grund, sich zu loben. Zu jeder negativen Antwort können Sie sich gratulieren. Denn das ist eine weitere Gelegenheit, sich zu verbessern. Sie wissen nun, was Sie im Trockendock ausprobieren und worauf Sie sich in Ihrer nächsten Rede konzentrieren werden.

Der Spiegel der Wahrheit. Auch der Einsatz von Gestik und Mimik bedarf der Übung. Wenn Sie Ihren Vortrag filmen können, sollten Sie diese Möglichkeit nützen und nachher Ihre Körpersprache und Bewegungen unter die Lupe nehmen:

- Ist das allgemeine Muster der Bewegungen nicht zu ruhig und nicht zu hektisch, wirken Sie ausgeglichen und sicher?
- Bleiben Ihre Arme am Körper kleben oder füllen Sie mit Ihrer Körpersprache den Raum aus?

- Sagen Körper und Mund dasselbe, drückt die Körpersprache aus, was Sie in diesem Augenblick sagen?
- Stimmt die Mimik mit dem Gesagten überein und wirkt sie lebendig? Zeigt Ihr Gesicht Gefühle?
- Bleiben Sie starr an einem Punkt im Raum oder nützen Sie die Sprechpositionen im Raum wie geplant?

Auch wenn Sie sich nicht als Filmstar bewundern können, Sie haben trotzdem die Möglichkeit, den Einsatz von Gestik und Mimik zu üben. Stellen Sie sich vor einen Spiegel, der möglichst groß ist und bis zum Boden reicht. Beobachten Sie sich, während Sie Abschnitte Ihrer Rede vortragen. Am besten wählen Sie dafür Anfang und Ende des Vortrages. Der große Vorteil dabei: Sie können Passagen immer wieder ausprobieren, auch absichtlich übertreiben und variieren, so lange, bis Sie damit zufrieden sind. Als eigener Regisseur können Sie sich selbst zu Höchstleistungen verbessern. Also: bitte vor den Spiegel.

Lampenfieber

Viel Feind, viel Ehr. Im alten Rom wurde ein Mann zum Tode verurteilt, weil er behauptete, mit den Tieren sprechen zu können. Man bringt ihn in die Arena des Circus Maximus. Er sieht die hoch aufragenden Tribünen, hört die johlende Menge und spürt den heißen Staub unter seinen Füßen. Das Publikum freut sich auf das Spektakel, weil in Kürze der gefürchtete menschenfressende Löwe auf den Verurteilten losgelassen wird.

Endlich ist es so weit. Mit wehender Mähne und laut brüllend betritt der Killer die Arena, schaut sich um, entdeckt unseren Freund und geht zähnefletschend auf ihn zu. Dieser, zum Erstaunen der Zuschauer, kommt ihm entgegen, statt in Panik davonzulaufen. Als er ganz nahe bei ihm ist, flüstert er ihm etwas ins Ohr, worauf der Löwe in Panik wieder aus der Arena läuft. Der Kaiser ist so beeindruckt von dieser Vorstellung, dass er den Mann in seine Loge bringen lässt, um ihn zu begnadigen. Zum Abschluss fragt er ihn, was denn die geflüsterten Worte waren, die den Löwen in die Flucht getrieben hätten. Der Mann sagt: „Das war einfach! Ich habe ihm bloß gesagt, er könne mich ohne Weiteres fressen, aber er sollte wissen, dass man hier nach dem Essen eine Tischrede halten muss."

Das Geheimnis des Auditoriums. Neulinge der Rhetorik neigen zum Glauben, die Zuhörer seien eigentlich nur gekommen, um sie scheitern zu sehen. Sie würden gespannt auf den ersten Fehler warten und sich diebisch freuen, wenn es endlich passiert. Das Gegenteil ist der Fall! Zur Erläuterung folgendes Experiment:

Denken sie an Gelegenheiten, wo Sie Publikum waren. Egal ob Sie freiwillig dort waren oder nicht. Egal ob Sie Eintritt bezahlt haben oder nicht. Sie sitzen jetzt dort im Auditorium und wissen: Die nächsten Minuten, Stunden oder vielleicht sogar Tage werden Sie hier Publikum sein. Und da vorne steht der Vortragende. Was wünschen Sie ihm? Dass er schwitzend und stotternd durch die Veranstaltung stolpert? Was wünschen Sie seiner Performance? Dass sie langweilig, uninteressant und peinlich wird? Wohl nicht. Oder nur, wenn Sie selbst masochistisch veranlagt sind. Dämmert es Ihnen? Im eigensten Interesse wünscht das Publikum dem Redner und damit auch sich selbst, dass es gut wird! Das Publikum will, dass es gelingt!

Wenn Sie sich dieses Faktum in den ersten Augenblicken Ihrer Rede bewusst machen, wird vieles leichter und Sie werden besseren Kontakt zu Ihrem Publikum haben.

Im Fall des Falles: Metakommunikation

Gut zu wissen. Nur selten haben Sie diese Vorschusslorbeeren des Publikums nicht. Seien Sie sich in solchen Situation über eines im Klaren: Wir würden uns zu wichtig nehmen, glaubten wir, es ginge um uns! Es geht zumeist um das Thema und/oder das Umfeld der Veranstaltung. Daher ist dieses Problem auch nicht mit Argumenten und rhetorischen Figuren zu lösen. Wenn Sie überraschend in eine derartige Situation kommen, haben Sie zuvor Ihre Hausaufgaben nicht richtig gemacht! Hatten Sie keine Gelegenheit dazu, wurden Sie mit dem Auftritt überrumpelt und bemerken diese Stimmung erst vor Ort, dann machen Sie sich zuallererst bewusst: „Es geht hier nicht um mich! Das Publikum geht bloß mit dem Anlass oder Thema nicht konform.“ Wenn Sie genau wissen, was in solchen Momenten zu tun ist, erhöht das Ihre Sicherheit und Ruhe vor Ihrem Auftritt. Machen Sie sich also mit dem Folgenden vertraut:

Metakommunikation. Was wir in solchen Situationen brauchen, ist eine Spezialtechnik, die sich Metakommunikation nennt. Meta bedeutet „darüber“, und Metakommunikation meint „Kommunikation über Kommunikation“ und funktioniert so:

1. Machen Sie in Ihrem Vortrag ein *Time-out*, unterbrechen Sie und sagen Sie, dass Sie für ein paar Momente über die aktuelle Situation hier im Raum sprechen möchten.
2. Geben Sie Ihre *Wahrnehmungen* über den Unwillen der Zuhörer wieder. Das erfordert Mut, ist aber unabdingbar. Machen Sie das ohne Vorwurf! Die beiden sichersten Möglichkeiten, den Vorwurf draußen zu lassen, sind entweder
   sinnesspezifische Beschreibung: so konkret wie möglich festzustellen, was gerade läuft, oder
   deklarierte Interpretation: zu interpretieren, aber es auch sofort als Ihre Interpretation zu deklarieren.
3. Räumen Sie ein, dass die Zuhörer über die belastenden Hintergründe *vielleicht lieber schweigen* wollen.
4. Zeigen Sie aber auch Ihre *Bereitschaft und den guten Willen,* dem eigentlichen Thema Raum zu geben.
5. Dann schweigen Sie!

Dazu ein Beispiel aus der Praxis: Terry, eine Unternehmensberaterin, hatte den Auftrag, die Kooperation der Mitarbeiter der Versandabteilung eines Verlages zu fördern. Im Rahmen eines Workshops beabsichtigte sie, zuerst die bestehende Situation mit den Mitarbeitern zu analysieren und dann gemeinsam Maßnahmen zur Verbesserung der Zusammenarbeit zu beschließen. Bevor sie noch die ersten Worte an das Publikum gerichtet hatte, spürte sie deutliche Abwehr. Die Teilnehmer saßen recht zugeknöpft und in kleine

Gruppen aufgesprengt da und warfen ihr manchmal unfreundliche Blicke zu.

> Die Abwehrhaltung der Teilnehmer bezog sich nicht auf Terry, sondern auf das Ansinnen der Unternehmensleitung, die Mitarbeiter zu Kooperation zu zwingen, von der sie noch nicht überzeugt waren. Hätte sich Terry an dieser Stelle bemüht, trotz dieser Abwehr fortzusetzen und das Publikum in den Griff zu bekommen, wäre sie gescheitert. Terry tat das einzig Richtige, sie brach ab und sagte:
> „Was ich hier im Raum wahrnehme, würde ich so interpretieren, dass ich nicht Ihre ungeteilte Bereitschaft zur Mitarbeit habe.
> Es wäre vielleicht ganz gut, wenn wir ein paar offene Worte wechseln würden, über das, worum es Ihnen hier eigentlich geht. Wenn Ihnen das nicht angemessen erscheint, brauchen Sie mit mir aber auch nicht darüber zu sprechen.
> Allerdings scheint mir das Problem im Rahmen dieses Workshops, so wie er geplant ist, nicht lösbar, und das Beste, was ich dann tun könnte, wäre: Meinen Vortrag so schnell wie möglich herunterzuspulen und dann nichts wie raus hier. Vergeudete Zeit für uns alle. Ich bin aber auch bereit, Ihrem eigentlichen Anliegen Raum zu geben. Ich bitte Sie daher, mir zu sagen, welche von den beiden Möglichkeiten Sie haben wollen."
> Schweigen, langes Schweigen. Blicke werden ausgetauscht, Sitzhaltungen verändert. Ein Räuspern, dann: „Sie haben schon recht. Uns hat bis jetzt niemand gefragt ..."

Terry sprach die Situation offen an, ohne den Anschein von Vorwürfen zu erwecken, sodass die Teilnehmer sich ebenfalls der Thematik langsam öffneten und unter Moderation der Beraterin konstruktiv zu diskutieren begannen. Der Tag brachte den Mitarbeitern schlussendlich Klarheit über die Anliegen und Bedürfnisse der einzelnen Gruppierungen innerhalb der Abteilung. Die Folge war erste Annäherung und beginnendes Verständnis. Der zuerst geplante Workshop lief einige Tage später und war erfolgreich.

Einzelne. Ähnlich können Sie vorgehen, wenn Sie bemerken, dass ein Teilnehmer in der Gruppe der Zuhörer mit der Rede nicht kongruent ist. Bitten Sie diesen Teilnehmer bei der nächsten Gelegenheit um ein kurzes Gespräch unter vier Augen. Fragen Sie, wie er oder sie zum Thema der Rede steht. Die offene Aussprache entkräftet den Widerstand. Da solche Situationen selten auftreten, können Sie in den meisten Fällen den Vorschuss an Wohlwollen und die Hoffnung auf Ihren Erfolg genießen.

Mentale Vorbereitung

Rückzug. Ziel und Inhalt der Rede sollten Ihnen jetzt bereits klar sein. Ihre Gedanken sind auf die Rede ausgerichtet. Und nun vergessen Sie das alles einfach wieder. Wenn Sie sich gut vorbereitet haben, sind alle Themen und Inhalte mit dem ersten Wort Ihrer Rede wieder präsent. Sie brauchen bloß noch die Registerkarten mit Ihren Inhalten, Geschichten und stilvollen Formulierungen zu ziehen und abzulesen. Das Hirn weiß also, was zu tun ist. Nun sollten Sie auch den übrigen Körper in Schuss bringen, bevor Sie Ihren Auftritt geben. Nicht ohne Grund strahlen exzellente Redner Kraft, Ruhe und Sicherheit aus, wenn sie die Bühne betreten. Sie haben sich in ihrer Garderobe entsprechend vorbereitet. Suchen Sie einen Raum, in dem Sie möglichst ungestört und sicher sein können, und tun Sie es den großen Rednern gleich.

Aus der Stille kommt die Kraft. Ungefähr 100 n. Chr. hielt Patanjali, ein großer indischer Yogi, in seinen „Yoga-Sutren" eine Form der Entspannung, Sammlung und Konzentration der Kräfte fest. Diese Form der Meditation gehört noch heute zum Besten, was wir diesbezüglich tun können. Wir haben mit dieser Methode schon zwei Viererboote zu Weltcupsiegern gemacht und Hunderte Trainer zu einer professionellen Vorbereitung verholfen. Folgen wir Patanjalis sieben Stufen:

1. *Nach innen gehen (Pratjahara):* Ziehen Sie sich zurück. Suchen Sie einen ruhigen Ort auf, an dem Sie ungestört sind. Nehmen Sie dort Platz, und schließen Sie Ihre Augen. Ziehen Sie sich ganz bewusst von den Eindrücken Ihrer Umgebung zurück. Bleiben Sie dort.
2. *Körper beachten und befreien (Asana):* Richten Sie Ihre Aufmerksamkeit auf Ihren Körper. Lächeln Sie leicht. Beachten Sie, wo Ihr Körper angespannt ist und wo entspannt. Befreien Sie die angespannten Körperpartien, lassen Sie zu, dass Sie etwas weicher und wärmer werden. Tun Sie das mit Ihrem ganzen Körper, beachten und befreien Sie jede Körperstelle. Bleiben Sie dabei.
3. *Atmung beachten und befreien (Pranajama):* Achten Sie jetzt auf Ihre Atmung. Wo atmen Sie? Brustkorb oder Bauch? Wechseln Sie dann jedenfalls zur Bauchatmung. Lassen Sie Ihre Atmung dann tiefer und langsamer werden. Zählen Sie beim Einatmen bis drei, machen Sie auf „vier" eine kleine Pause, zählen Sie beim Ausatmen weiter von fünf bis neun, auf „zehn" eine kleine Pause und wieder bei „eins" beginnen. Bleiben Sie bei dieser Atmung, auch wenn Sie mit der Zeit aufhören zu zählen.
4. *Gedanken beachten und befreien (Nijana):* Achten Sie jetzt darauf, wie viel von Ihren hektischen Gedanken noch da ist. Beginnen Sie, Ihre Gedanken zu beachten. Das heißt, nehmen Sie einfach wahr, was Ihnen durch den Kopf geht. Ohne es abstellen zu wollen. Nehmen Sie es einfach nur wahr. Bemerken Sie dann auch Ihren Kommentar zu Ihren eigenen Gedanken, nehmen Sie auch diesen wahr, und bemerken Sie dann auch Ihren Kommentar über Ihren Kommentar über Ihre Gedanken. Fahren Sie so lange damit fort, wie Sie wollen, bis es Ihrem Denken zu viel wird und es still wird ...
5. *Stille (Samadhi):* Sitzen Sie dann körperlich entspannt, tief und ruhig atmend. Wann immer Ihr Denken wieder beginnt, lassen Sie es, beachten Sie es und beachten Sie die Beachtung, so lange bis es wieder ruhig ist. Wenn Sie bis jetzt noch keine Meditationserfahrung haben, seien Sie bescheiden dabei. Geben Sie sich damit zufrieden, hin und wieder einen Moment diese Art Ruhe zu erreichen.

6. *Aufmerksamkeit außerhalb fokussieren (Dharma):* Nach einiger Zeit kommen Sie aus der Stille nach außen zurück. Fokussieren Sie Ihre Sinne dabei auf einen entfernten Punkt gerade vor Ihnen. Machen Sie das mit allen Sinnen. Schauen Sie dorthin, lauschen Sie hin, ja fühlen, riechen und schmecken Sie dorthin.
7. *Aufmerksamkeit auf 360 Grad erweitern (Dharanam):* Wenn Sie alle Ihre Sinne dort, an diesem einen Punkt versammelt haben, dann spannen Sie Ihre Wahrnehmung von diesem Punkt ausgehend weiter auf. Wie einen Fächer, den man entfaltet. Zuerst nur ganz wenig, dann immer mehr, bis Sie damit Ihr ganzes Gesichtsfeld ausfüllen, und dann sogar bis darüber hinaus. So lange, bis der Fächer Ihrer Aufmerksamkeit 360 Grad umfasst.

In diesem Zustand sind Sie mit allen inneren Ressourcen in Kontakt und gleichzeitig mit Ihrer Umwelt. Der ideale Zustand für einen Redner. Üben Sie sich darin! Wenn Sie darin gut werden, können Sie alle sieben Stufen in einer Minute durchlaufen und völlig gesammelt weitergehen.

Aufwärmen

Außen „hui"! Stellen Sie sich in Ihrer Garderobe vor einen großen Spiegel. Betrachten Sie sich, überprüfen Sie, ob Ihre Kleidung richtig sitzt und auch der Rest Ihres Äußeren genauso ist, wie Sie es wollen. Damit wir von unserer Schönheit nicht überwältigt werden, kommt der nächste Schritt:

Selbstironie. Und nun lachen Sie, aber nicht dieses feine, kaum wahrnehmbare Lächeln, sondern lachen Sie, als wäre der Mund größer als Ihr Kopf. Sobald Sie einmal damit angefangen haben, mit sich alleine in einem Raum, vor dem Spiegel stehend, zu lachen, können Sie sowieso nicht anders, als weiter zu lachen. Schneiden Sie wilde Grimassen. Erlauben Sie Ihren Muskeln, zügellos in Ihrem Gesicht herumzuhüpfen. Alle unnötige Ernsthaftigkeit fällt dadurch von Ihnen ab. Sie wäre nicht so schlimm für Ihre Zuhörer, aber uns nimmt sie die Luft und die richtige Stimmung.

Große Gesten. Jetzt ist der richtige Zeitpunkt, sich zu erinnern, dass Sie auch Arme haben. Breiten Sie die Arme aus, als wollten Sie die Welt umarmen. Lassen Sie Ihre Arme zum Himmel wachsen, und machen Sie dabei ein Gesicht, als wollten Sie alle Wolken dort oben gleichzeitig verschlucken. Strecken Sie die Arme weit vor, und geben Sie Ihrem Gesicht das größte nur vorstellbare Staunen, das überhaupt möglich ist. Genießen Sie diese Freizügigkeit. Und behalten Sie das Wichtigste davon für Ihren Auftritt.

Capewalk. Nach dieser Phase der Selbstkarikatur gehen Sie in den Capewalk: Stellen Sie sich vor, Sie seien Superman oder Superwoman mit dazugehörigem Cape. Gehen Sie jetzt so, dass Ihr Cape, wenn Sie eines hätten, waagrecht im Wind flattern würde. Achten Sie dabei auf die nötige Körperhaltung und die passende Qualität Ihrer Bewegungen. Fühlen Sie, wie etwas vom „super sein" von Ihrem Cape auf Sie ausstrahlt.

Der Geist der Zuhörer. Nun fehlt nur noch eines, die Ausrichtung auf Ihre Zuhörer. Sonst wären Sie auf der Bühne Ihres Vortrages allein mit Ihrem wundervollen Gefühlscocktail. Große Redner nehmen mit dem Publikum Kontakt auf, bevor Sie ihm begegnen, und zwar auf eine besondere Art und Weise. Sie sprechen Ihre Zuhörer weniger auf der rationalen Sachebene an. Sie kommunizieren in ihrer Fantasie mit deren Unbewusstem. Das Unbewusste der Zuhörer symbolisiert all ihr Wissen, ihre Erfahrungen und das, was den Zuhörern im Grunde ihrer Herzen wichtig ist und woran sie glauben.

1. Stellen Sie sich vor, Sie stünden bereits auf der Bühne und vor Ihnen im Auditorium wären Ihre Zuhörer, aber alle nur vertreten durch ihr Unbewusstes.
2. Und nun sprechen Sie in Ihrem Geist zum Unbewussten Ihrer Zuhörer mit Elementen der Hypno-Rhetorik®.
3. Erzählen Sie von Ihren guten Absichten beim folgenden Vortrag und warum das Thema so wichtig ist für die Teilnehmer.

Zusammenfassung

Von der Sicherheit, die aus der guten Vorbereitung kommt

Bereite deine Unterlagen vor

Die Unterlagen für das Publikum

Lassen Sie Details auf Ihre Botschaft abzielen. Testen Sie Ihre Unterlagen vorher auf die von Ihnen gewünschte Wirkung. Bereiten Sie die Technik vor, die Sie verwenden werden.

Die Unterlagen des Redners

Ein Blick genügt. Verwenden Sie Stichwortzettel oder Memos, damit Sie sich gut vorbereitet fühlen.

Doch Vorsicht: Organisieren Sie es so, dass Sie mit einem Blick die Informationen entnehmen können.

Übung macht den Meister

Arnolds Geheimnis. Üben Sie, um Meisterschaft zu erlangen. Üben Sie nicht nur vor Zuhörern, sondern auch im Trockendock. Nehmen Sie reale Situationen hinter dem Vorhang vorweg.

Gedächtnisübung

Loci-Technik. Verknüpfen Sie eine Folge von Orten mit bildlichen Vorstellungen, die Ihnen zu dem jeweiligen Bereich Ihrer Rede einfallen. Verankern Sie damit die *Reihenfolge* der Aussagen Ihrer Rede.

Symbol-Technik. Prägen Sie sich Ihre Thesen, Aussagen, Sach- und Gefühlsargumente ein. Verbinden Sie Ihre Aussagen mit einem Symbol, und reihen Sie die Symbole nebeneinander.

Anfang und Ende

Proben. Proben Sie die ersten und letzten fünf Minuten Ihres Vortrages. Legen Sie sich die geeigneten Formulierungen zurecht, schmücken Sie diese mit Hypnosemustern und Rhetorikfiguren.

Üben unter erschwerten Bedingungen. Schalten Sie beim Üben den Fernseher ein. Trainieren Sie, mithilfe Ihres Memos den Faden wieder aufzunehmen. Achten Sie auf eine klare und deutliche Sprache.

Zungenfertigkeit

Bodybuilding im Mund. Verleihen Sie Ihrer Stimme mehr Klarheit und Präzision, indem Sie Ihrer Zunge erst Zügel anlegen, dann auf Ihre Knöchel beißen und schließlich wieder frei sprechen.

Feedback

Sprechtechnik und Wortwahl. Halten Sie Ihre Rede auf einem Tonträger fest. Werden Sie Ihr eigener Zuhörer. Hören Sie mit deren Ohren zu, und nützen Sie das Ergebnis, um sich weiter zu verbessern.

Der Spiegel der Wahrheit. Filmen Sie Ihren Vortrag oder stellen Sie sich vor einen Spiegel, und nehmen Sie Ihre Körpersprache und Bewegungen unter die Lupe.

Lampenfieber

Das Geheimnis des Auditoriums. Machen Sie sich bewusst, dass das Publikum dem Redner und damit auch sich selbst wünscht, dass es gut wird!

Im Fall des Falles: Metakommunikation

Gut zu wissen. Wenn das Publikum von vornherein ablehnend reagiert, seien Sie sich klar: Es geht nicht um Sie, sondern um das Thema und/oder Umfeld.

Metakommunikation. Unterbrechen Sie und sprechen Sie über die aktuelle Situation. Zeigen Sie Bereitschaft, dem eigentlichen Thema Raum zu geben. Dann schweigen sie!

Einzelne. Sperren sich Einzelne gegen Ihren Vortrag, fragen Sie diese Teilnehmer unter vier Augen, wie er oder sie zum Thema der Rede steht.

Mentale Vorbereitung

Rückzug. Vergessen Sie Ziel und Inhalt der Rede, und suchen Sie einen Raum, in dem Sie möglichst ungestört und sicher sein können, und bringen Sie Ihren Körper in Schuss.

Aus der Stille kommt die Kraft. Folgen Sie Patanjali: Nach innen gehen, Körper, Atmung und Gedanken beachten und befreien, Stille, Aufmerksamkeit außerhalb fokussieren und erweitern.

Aufwärmen

Außen „hui"! Überprüfen Sie vor einem Spiegel Ihr Äußeres, Ihre Garderobe.

Selbstironie. Lachen Sie, als wäre der Mund größer als Ihr Kopf. Schneiden Sie wilde Grimassen.

Große Gesten. Breiten Sie die Arme aus, als wollten Sie die Welt umarmen, und staunen Sie dabei.

Capewalk. Lassen Sie Ihr imaginäres Superman-Cape waagrecht im Wind flattern.

Der Geist der Zuhörer. Erzählen Sie dem Unbewussten der Zuhörer von Ihren guten Absichten.

11. Paroli – Zehn typische Angriffe und wie Sie ihnen begegnen

Für einen kühlen Kopf, wenn es heiß hergeht

Das Publikum ist wunderbar nachsichtig. Es verzeiht alles außer Genie.
(Oscar Wilde)

Schlagfertigkeit gefragt. Petra und Ruth kamen ins Gespräch. Bald stellten sie fest, dass beide Klientinnen von Milton Erickson, dem Begründer der modernen Hypnotherapie, waren. Petra bewunderte seine Wahrnehmungsgenauigkeit, mit der er einmal ihren Puls quer durch den Raum gemessen hatte, indem er nur ihre Halsschlagader beobachtete. Ruth lobte seine Tonalität, durch die sie schon beim ersten „Guten Morgen" in Trance ging.

Nach einer halben Stunde solcher Schwärmereien wurde es ihnen selbst zu viel. Sie kamen auf die Idee, dem großen Milton einen Streich zu spielen. Sie dachten sich einen Traum aus, mit dem Plan, am kommenden Freitag einen Termin bei ihm zu nehmen und dann mit fast identischen Worten den gleichen Traum zu erzählen.

Ruth war aufgeregt, als sie Freitagnachmittag bei Milton erschien. Sie wusste, dass Petra am Vormittag ihren Traum plangemäß „abgeliefert" hatte. Ruth machte es sich bequem, und bevor Milton etwas sagen konnte, legte sie mit ihrer Traumschilderung los. Während ihrer Erzählung wurde Milton sichtlich nachdenklich. Als sie fertig war, blickte sie ihn an. Er schüttelte langsam den Kopf. Dann sagte er: „Sie müssen verzeihen, aber ich bin etwas verwirrt. Sie sind heute schon die Dritte, die mir diesen Traum erzählt."

Agieren und reagieren. Reden ist keine einseitige Angelegenheit. Aussagen provozieren Fragen und bewirken manchmal auch gegensätzliche Standpunkte. Rasch entsteht Diskussion. Zuhörer versuchen des Öfteren, ihren Standpunkt entsprechend vehement zu vertreten, und benutzen dabei bewusst oder unbewusst unlautere

Kunstgriffe, denen Sie als Redner zu begegnen haben. Oft kommen derartige Angriffe unerwartet und blockieren die Gedanken des Vortragenden. Ein roter Kopf und Ratlosigkeit ist die Folge. Wie können Sie als Vortragender solche Angriffe mit kühlem Kopf aufnehmen und elegant parieren? Was tun hervorragende Redner, die konfrontierenden Aussagen oder massiven Gegenargumenten souverän begegnen?

Aus der Schusslinie:

1. *Bewegen.* Sobald Sie bemerken, es handelt sich um eine Konfrontation, nehmen Sie eine andere Position im Raum ein. Damit trennen Sie den Ort des Lernens vom Ort der Argumentation. Sie hören die Aussage des Zuhörers an, ohne zu unterbrechen. Währenddessen atmen Sie weiter, bleiben ruhig und entspannt.
2. *Intelligent aussehen.* Auf dieser Position nehmen Sie eine Haltung ein, die signalisiert: „Ich überlege sachlich, was Sie sagen, und bilde mir meine Meinung als der Experte hier im Raum." (Arme vor die Brust, eine Hand am Kinn, Blick zum Sprecher und gelegentlich nach oben gerichtet, Stirn leicht in Falten.)
3. *Souveräne Pause.* Sie richten sich auf, straffen Ihre Haltung, spüren Ihr Cape im Wind flattern und schweigen. Die Pause hilft, Gefühle der Aggressivität im Sprecher und im Publikum abklingen zu lassen, und gibt Gelegenheit, über die besten Argumente nachzudenken.

Paroli. Sie parieren die Argumentation des Sprechers, z.B. mit einer der folgenden Strategien:

Nicht die Bäume, sondern der Wald

Der Redner sagt: „Unsere Vertriebsmannschaft hat sich in letzter Zeit zu einem schlagkräftigen Team formiert. Sie informieren und unterstützen einander und haben es damit auch geschafft, einige Arbeitsabläufe effizienter zu gestalten."

> Ein Zuhörer, dem dieses Lob für den Vertrieb offensichtlich zu weit geht, meint:
> „Herr Kollege, das glauben Sie doch selbst nicht. Es ist allgemein bekannt, dass Vertriebsleute dazu neigen, sehr autark zu arbeiten. Ja mehr noch, die lassen sich doch niemals in die Karten schauen, weil sie Angst haben, jemand könnte ihnen einen Auftrag wegschnappen. Ich kenne da eine Untersuchung aus dem europäischen Raum, die das bestätigt. Ich zeige sie Ihnen gerne, damit Sie sehen, wie die Welt wirklich ist."

Verwendete Strategie: Das Muster, das der Kollege anwendet, ist einfach. Er verallgemeinert die Behauptung des Gegners, stellt sie in einen größeren Rahmen. Damit löst er sie aus dem unmittelbaren Zusammenhang und gibt ihr eine andere Bedeutung. Dann „beweist" er, dass die ursprüngliche Aussage in diesem größeren Rahmen unrichtig ist. Das Perfide daran ist: Er hat recht. Eigentlich widerlegt er die Aussage des Redners nicht, aber es wirkt so, als ob er ihn berichtigt hätte. Denn was er sagt ist: „Im Allgemeinen arbeiten Vertriebsmitarbeiter nicht zusammen." Was er allerdings damit ausdrücken will, ist: „Unsere Vertriebsmitarbeiter arbeiten nicht zusammen."

Gegenstrategie: Wie geht der Redner mit diesem Einwand um? Die ersten Schritte kennen Sie schon: die Aussage ruhig anhören, Position im Raum verändern, sachliche Haltung einnehmen, aufrichten wie Superman, Pause und los geht's.

Der größte Fehler, den Sie dabei machen können, ist, die Aussage des Sprechers als unwichtig, dumm oder gemein abzutun. Diese Haltung führt Ihr Denken in die falsche Richtung. Denn was Ihnen da nur noch einfällt, sind Gegenargumente auf der gleichen Ebene oder wertmindernde Aussagen über den Sprecher oder dessen Worte. In jedem Fall verlieren Sie damit die Achtung und Wertschätzung des Publikums und natürlich insbesondere des Sprechers. Das wichtigste Prinzip lautet: Würdige die Aussage. Gehen Sie grundsätzlich davon aus, dass dem Sprecher etwas Wichtiges am Herzen liegt, sonst würde er sich nicht zu Wort melden. Wenn die Aussage für den Sprecher Bedeutung hat, ist sie auch für alle anderen Zuhörer relevant.

Gehen Sie also nicht darauf ein, was der Sprecher damit ausdrücken will, sondern was er tatsächlich sagte. Jetzt heißt es nur noch herauszufinden: Was ist am Einwand für alle und für den Zweck Ihrer Rede wichtig? Das gilt es hervorzuheben. Denn das ist die Chance für Ihre weitere Argumentation.

„Vielen Dank für die Information. Ich denke, diese Studie aus dem europäischen Raum interessiert uns alle. Vor allem deshalb, weil sie zeigt, wie sehr sich unsere Vertriebsleute offenbar vom europäischen Durchschnitt abheben. Und darauf können wir besonders stolz sein. Denn die Studie beweist, dass unsere Leute gewissermaßen über ihren eigenen Schatten gesprungen sind, um diesen herausragenden Teamgeist zu entwickeln."

Kollege Widersacher ist ein armer Kerl. Eigentlich wollte er dagegen argumentieren, nun wird aber sein eigener Gegenbeweis dazu verwendet, die Argumentation des Redners noch zu unterstützen. Die Gegenstrategie ist besonders kraftvoll, weil sie der Sprecher ja durch seinen „scheinbaren" Einwand zuvor bestätigte.

Theorie und Praxis

Der Redner sagt: „Die präzise Definition des Projektziels ist eine wesentliche Voraussetzung für das Gelingen eines Projektes. Beschreiben Sie genau, was am Ende des Projektes als Ergebnis vorliegen soll und was nicht. Und stimmen Sie diese Definitionen mit dem verantwortlichen Auftraggeber ab. Wenn Sie das nicht tun, ernten Sie sicher Enttäuschung."

Damit ist ein Zuhörer nicht einverstanden: „Mein lieber Herr, ich sage Ihnen, ich bin lange genug im Projektgeschäft und bin alles andere als ein Schreibtischtäter. Was Sie sagen

> ist Theorie. In der Praxis schaut das alles ganz anders aus. Ein Auftraggeber lässt sich doch nie genau festlegen, was zu tun ist. Sonst hätte er ja nachher überhaupt keinen Spielraum. Glauben Sie mir, wenn ich den bitte, exakt zu beschreiben, was er will, wirft er mich hochkantig zur Tür hinaus."

Verwendete Strategie: Aus purer Achtung vor dem Mann aus der Praxis beginnt der „Schreibtischtäter" nun zu überlegen: „Ist meine Theorie etwa wirklich unrichtig, gleichsam durch die Wirklichkeit falsifiziert?" Genau das beabsichtigt der Sprecher. Mit der Macht seiner Erfahrungen versucht er, die aufgestellte Theorie zu überrollen. Und er erntet das Verständnis der Zuhörer. Denn dem Mann aus dem Praxis wird allemal mehr Glauben geschenkt als dem trockenen Theoretiker.

Gegenstrategie: Wenn eine Theorie anwendbar ist, dann wird sie auch durch die Praxis bestätigt. Wenn Sie sich also in so einem Augenblick über Ihre Theorien Gedanken machen, ist das wohl etwas zu spät. Wir gehen davon aus, dass Sie das schon vorher taten. Also bewahren Sie Ihre Ruhe und stehen Sie zu Ihrem Wissen. Überlegen Sie: „Wie trägt diese Aussage dazu bei, meine Theorie zu bestätigen und dem Zweck meiner Rede im Sinne aller Zuhörer zu dienen?" Die Antwort kann zum Beispiel lauten:

> „Viele Dank für Ihre Ergänzung. Auch ich habe schon des Öfteren die Erfahrung gemacht, dass Auftraggeber sich ungern festlegen lassen wollen. Oft sind sie gar nicht dazu in der Lage, ihre Wünsche und Gedanken zu präzisieren. Und in jedem Fall führt eine derart unklare Beziehung zwischen Auftraggeber und Auftragnehmer zu Unzufriedenheit auf beiden Seiten. Das können Sie mit Ihren Erfahrungen bestimmt bestätigen. Die Praxis hat gezeigt, dass es in solchen Fällen keine andere Möglichkeit gibt, als auf Basis der vagen Anforderungen des Auftraggebers selber zu definieren, was das Projekt tun soll, und sich für dieses Papier dann die Zustimmung zu holen. Und dazu rate ich Ihnen auch."

Der Sprecher fühlt sich durch diese Antwort gewürdigt, seine Wortmeldung wurde genützt. Und aus dem Einwand wurde im Handumdrehen eine Ergänzung des Vortrages, der den Zuhörern hilft, die Theorie in die Praxis umzusetzen.

Mein Name ist Hase

> Der Redner sagt, nachdem er der Vertriebsmannschaft das neue Provisionssystem und die Gründe für dessen Einführung erklärte: „Sie wissen nun, wie das neue System funktioniert und wie Sie dessen Vorteile nützen können ..."
> Ein Zuhörer unterbricht: „Wissen Sie, ich bin hier ein alter Hase. Aber was Sie da sagen, verstehe ich einfach nicht. Vielleicht bin ich auch zu dumm dazu. Nur irgendwie habe ich den Eindruck, dass es andere auch nicht vollständig kapiert haben. Ich kann daher auch überhaupt nicht beurteilen, ob das etwas Sinnvolles für uns ist."

Verwendete Strategie: Achtung, Falle. Menschen, die sich auf diese Art und Weise dumm stellen, sind bei den Zuhörern meistens als erfahrene Autorität geachtet. Und diese Vormachtstellung nützt der Sprecher weidlich aus. Das ist der Trick: Er tut so, als hätte er es nicht verstanden. Implizit will er damit ausdrücken: „Was Du erklärt hast ist Quatsch." Und damit kann er die Argumentation des Redners für alle Zuhörer zu Fall bringen. Wenn Sie das Implizite explizit machen, helfen Sie damit weder sich noch den Zuhörern. Denn wenn Sie sinngemäß antworten: „Stellen Sie sich doch nicht dumm, Sie haben es sehr wohl verstanden, Sie lehnen das neue System ja bloß ab", geben Sie dem Sprecher die Gelegenheit zu sagen: „Ja, Sie haben recht, es ist Schwachsinn." Und nun wissen die Zuhörer nur mehr eines: Es ist Schwachsinn. Was ist also die richtige Strategie?

Gegenstrategie: Spielen Sie das Spiel weiter. Der Zuhörer wollte sagen: „Das ist Unsinn." Mit größter Höflichkeit und genauso implizit wie der Sprecher beweist der Redner: Es ist nicht Unsinn und auch nicht Unverstand, sondern Widerstand.

„Also bei Ihrer reichen Erfahrung kann ich mir nicht vorstellen, dass Sie das System nicht verstehen. Es muss doch an meiner Darstellung liegen. Ich werde es daher noch etwas ausführlicher erklären."

Der Redner beginnt nun wieder von vorne, noch ausführlicher. Bald wird sich einer der Zuhörer melden und kundtun, sie hätten es schon verstanden, weitere Erläuterungen wären nicht mehr notwendig.

Eines bleibt dem Redner noch zu tun: Er sollte diese oder die nächste Rede zum Zweck der Motivation nützen, denn zumindest dieser eine Zuhörer hat noch zu wenig Vorteile durch das neue System für sich selbst herausgefunden.

Ober sticht Unter

Der Redner sagt: „Wir könnten mit diesem Unternehmen eine Art Werbekooperation eingehen. Wenn wir Kunden besuchen, empfehlen wir deren Produkte und umgekehrt. Schließlich ergänzen sich die beiden sehr gut, und Sie können den Kunden damit noch mehr Service bieten als heute."
Ein Zuhörer: „Moment, das dürfen wir doch nicht. Ich darf Sie an das offizielle Schreiben des Vertriebsleiters vom 20.6. dieses Jahres erinnern, in dem er uns Verkäufern derartige Kooperationen auf informellem Weg eindeutig untersagt. Sie wollen doch wohl unserem Chef nicht widersprechen."

Verwendete Strategie: Na, trauen Sie sich zu widersprechen? Der Zuhörer schafft Bedrohungspotenzial für den Redner und die Zuhörer. Noch dazu, wo es schwarz auf weiß zu lesen ist. Für viele Menschen gilt Geschriebenes als Gesetz und kann nicht angezweifelt werden. Die Frage ist also: Wirft Sie diese Drohung aus der Bahn oder behalten Sie einen kühlen Kopf? Und schaffen Sie es, die Zuhörer zu überzeugen, dass von Bedrohung keine Rede sein kann?

Gegenstrategie: Diese Aussage kann einer Neigung entspringen, die Dinge so zu belassen, wie sie sind. Genauso gut kann es sich dabei um „blinden Gehorsam" handeln. Denken Sie daran: Der Sprecher brachte eine Autorität ins Spiel. Das können Sie doch auch. Und zwar eine, die noch mächtiger ist als die von ihm genannte. Diese neue Autorität bestätigt und untermauert Ihre Aussagen. Auf diese Idee wären Sie ohne den Einwand des Sprechers vielleicht gar nicht gekommen. Seien Sie dafür dankbar.

> „Sie haben recht. Ich kenne das Schreiben. Wie wir alle wissen, kann auch der Vertriebsleiter die Gesetze des Marktes nicht ändern. Und die weisen eindeutig in Richtung Kooperation. Wenn wir also mit diesem Unternehmen zusammenarbeiten wollen, wird er das Schreiben vom 20.6. dieses Jahres widerrufen. Denn der Markt entscheidet."

Es gibt immer noch höhere Autoritäten, die Sie ins Treffen führen können, was dafür sorgt, dass der Einwand seine Kraft verliert.

Himmel oder Hölle

> Der Redner erklärt, warum es notwendig ist, das Sekretariat zu schließen, welches bisher allgemein genutzt wurde. Die Mitarbeiter müssen Arbeiten wie Briefe und Pakete adressieren und versenden, Unterlagen vorbereiten, Reisen buchen und so weiter ab jetzt selber übernehmen. „Es ist für unser Unternehmen lebensnotwendig, die Fixkosten deutlich zu reduzieren. Denn Sie wissen, die Konkurrenz hat die Preise drastisch gesenkt, und da müssen wir einigermaßen mithalten. Sonst bekommen wir bald keine Aufträge mehr."
> Ein Zuhörer, deutlich aufgebracht: „Ich habe verstanden, dass Sie uns gesundschrumpfen wollen. Ob das allerdings der richtige Weg ist, wage ich zu bezweifeln. Denn unsere Motivation lässt sich auch nicht ewig strapazieren."

Verwendete Strategie: Da haben Sie's. Es geht nicht um Restrukturierung, Streamlining oder Neuorganisation, sondern „Gesundschrumpfung". Damit macht der Zuhörer deutlich, was er davon hält. Er stülpt den Argumenten des Redners einen Begriff über, der allgemein in Misskredit steht. Er schafft damit ein Gegengewicht zur allgemein geübten Praxis der Verschleierung. Beides ist nicht der richtige Weg. Denn im Grunde hat er dem Redner die Maske vom Gesicht gezogen, zumindest in den Augen der Zuhörer. Und das ist unangenehm genug. Auf Verschleierungsworten beharren bringt nichts, und die Provokation aufgreifen auch nicht. Damit machen Sie die Sache nur noch schlimmer. Lügen und Verschleierungen sind keine geeigneten Möglichkeiten, zu motivieren.

Gegenstrategie: Bleiben Sie bei der Strategie des Sprechers. Klartext ist angebracht. Sagen Sie mit deutlichen und offenen Worten die Wahrheit. Und überzeugen Sie die Menschen, indem Sie ihnen eine Zukunft zeichnen, die sie auch anzustreben gewillt sind.

> „Ich verstehe Ihren Einwand. Es kommt zunächst einmal mehr Arbeit auf Sie zu, Arbeit die uns allen nicht besonders angenehm ist. Wir werden diese Durststrecke gemeinsam durchlaufen müssen, sonst knüppelt uns die Konkurrenz nieder und unser Unternehmen geht den Bach hinunter. Dann müssen wir uns alle um neue Arbeit umsehen. Sobald wir diese Durststrecke überwunden und unseren Kundenkreis gemeinsam ausgebaut haben, können wir uns eine Administration leisten, die uns das Leben wieder erleichtern wird."

Nehmen Sie solche Einwände als wertvollen Hinweis. Denn eigentlich war es ein Problem fehlender Motivation. Und was da als Redner zu tun ist, wissen Sie ja bereits.

Der scheinbare Widerspruch

> Der Redner schwärmt vor einer Gruppe von Verkäufern über das Leben als Vertriebsmitarbeiter. „Kein anderer Beruf erlaubt Ihnen, so viele Menschen kennenzulernen. Jeder Mensch ist anders, und das zu erleben kann Spaß machen." Ein Zuhörer: „Wenn das Leben als Verkäufer so toll ist, warum sind Sie es dann nicht geblieben?"

Verwendete Strategie: Die Frage „Wenn Sie uns das schmackhaft machen wollen, warum gilt das nicht für Sie?" ist legitim. Der Verdacht liegt nahe, dass der Redner zwar Wasser predigt, aber Wein trinkt. Hellhörige und kritische Zuhörer haken da gerne nach. Der Zuhörer versucht, diesen Widerspruch oder scheinbaren Widerspruch aufzudecken. Es droht die Gefahr, dass die Argumente des Redners zu Fall gebracht werden. Wenn Sie sinngemäß antworten: „Na ja, ich bin eben zu Höherem geboren", wird die Arroganz das Vertrauen Ihrer Zuhörer zerstören. Wenn Sie ausweichend antworten, wird das Vertrauen Ihrer Zuhörer zumindest angekratzt.

Gegenstrategie: Um weiterhin als Redner Überzeugungskraft zu behalten, muss Ihre Antwort glaubhaft sein. Die Frage lautet daher: „Was unterscheidet mich von den Zuhörern, warum gilt das Gesagte nicht für mich?" Ehrlichkeit und etwas Diplomatie bringen die Lösung:

> „Jeder Beruf hat Schattenseiten und wunderschöne Augenblicke. Ich habe als Verkäufer schlechte und gute Zeiten erlebt. Ich bin viel herumgelaufen und hatte nicht immer Erfolg. Gerade die Möglichkeit, viele interessante Menschen kennenzulernen, war und ist mein Lebenselixier und hat mich schließlich erfolgreich gemacht. So konnte ich auf der Karriereleiter weiterklettern. Manchmal denke ich mit ein bisschen Wehmut an diese Zeit zurück."

Na, sehen Sie: Ehrlich währt am längsten. Die Aussage wirkt glaubhaft, weil sie Höhen und Tiefen beschreibt, aber auf eine Art und Weise, die Mut macht.

Zorn macht dumm

Der Redner sagt: „Die Personalabteilung hat bei der Aufnahme der drei neuen Mitarbeiter eine sehr glückliche Hand bewiesen. Sie haben sich rasch in die Gruppe integriert und machen ihre Arbeit gut."
Ein Zuhörer versucht zu widerlegen: „Wenn Sie jetzt behaupten, die Personalabteilung nimmt nur gute Mitarbeiter auf, dann kann ich nur lachen. Das Gegenteil ist der Fall. Und Sie selbst sind mit daran schuld, denn Sie waren jedes Mal dabei."

Verwendete Strategie: Der erste zornige Impuls sagt: Wenn dich jemand angreift, schlage zurück. Und das ist das Ziel des Zuhörers: Mach ihn zornig, dann wird er auch Fehler begehen. Aus der Hüfte geschossen würde die Antwort daher lauten: Herr Kollege, Sie wollen doch nicht behaupten, dass wir schlechte Arbeit leisten. Die aufgenommenen Mitarbeiter waren durchwegs alle gut." Und genau in diese hohle Gasse wollte Sie der Zuhörer bringen. Nun haben Sie Ihre erste Aussage verallgemeinert und damit angreifbar gemacht. Prompt wird der Zuhörer mit einem oder mehreren Gegenbeispielen aufwarten und damit Ihre Argumente zu Fall bringen.

Gegenstrategie: Bewahren Sie einen kühlen Kopf, und bleiben Sie bei Ihrer Aussage. Wenn etwas am Einwand des Sprechers den Tatsachen entspricht, bestätigen Sie es. Ansonsten wiederholen und präzisieren Sie Ihre Aussage so, dass für die Zuhörer der Unterschied zwischen Ihrer Aussage und der Verallgemeinerung erkennbar wird.

„Ich weiß, dass nicht jede Personalentscheidung, die wir trafen, glücklich war. Dafür trage ich mit die Verantwortung und freue mich über jeden Verbesserungsvorschlag. Ich wiederhole gerne, was ich vorhin sagte: Die Personalabteilung hat bei der Aufnahme der drei neuen Mitarbeiter eine sehr glückliche Hand bewiesen. Sie sind nicht nur hervorragend integriert, sie brauchten auch weniger Zeit für die Einschulung als der Durchschnitt.“

Wenn der Sprecher nun noch einmal auf sein Argument eingeht, macht er sich bei den übrigen Zuhörern unangenehm bemerkbar. Denn die Zuhörer haben erkannt: Sie waren der Sieger. Seine einzige Chance besteht darin, einen vollständig neuen Angriff zu starten. Und auch dafür haben Sie die richtige Strategie zur Hand.

Keine Ahnung

Der Redner sagt: „Bei Produktpräsentationen mit Laptop und Videobeamer zu arbeiten, sieht zwar höchst professionell aus, hat aber einen großen Nachteil. Der Präsentator ist geneigt, sich starr an die Folien zu halten, denn insbesondere wenn sie animiert sind, geben sie eine fixe Reihenfolge vor. Der Präsentator tut sich schwer, davon abzuweichen und ist damit weniger flexibel, als wenn er wirkliche Folien zeigt oder noch besser: die visuellen Inhalte an einem Flipchart mit der freien Hand entwickelt.“
Ein Zuhörer wendet ein: „Ich glaube, Sie haben von den modernen Präsentations-Tools keine Ahnung. Sonst würden Sie wissen, dass Sie am Computer jederzeit eine andere Folie auswählen und anzeigen können. Aber dazu muss man sich schon einmal die Zeit nehmen und sich mit diesen Programmen befassen.“ Die Ausdrucksweise, Gestik und Tonalität reizt die übrigen Zuhörer zum Lachen.

Verwendete Strategie: Jetzt stehen Sie schön dumm da. Keine Ahnung von Computern. Die Taktik des Zuhörers lautet: Ich bin die Kapazität hier im Raum und weiß besser Bescheid als der Redner. Also werden die anderen glauben, die Aussage des Redners sei falsch. Wenn Sie sich zu einem Thema, in dem Sie nicht der Experte sind, auf einen Kampf einlassen, haben Sie schon verloren.

Gegenstrategie: Bleiben Sie bei Ihren Leisten. Geben Sie zu, was Sie nicht können, und rücken Sie in den Vordergrund, worin Sie Experte sind.

> „Sie haben schon recht, ich befasse mich weniger mit Computern und mehr mit Menschen. Ich habe mit sehr vielen Menschen gesprochen, was sie bei Präsentationen schätzen. Ein Großteil legt größeren Wert auf die Persönlichkeit des Präsentators als auf die eingesetzte Technik. Sie empfinden es als viel ansprechender, wenn jemand mittels eines Flipscharts verständlich erklärt anstatt mit klinisch sauberen Folien. Diesem Wunsch sollten wir Rechnung tragen."

Die Zuhörer nehmen nicht an, dass Sie allwissend sind. Sie verstärken Ihre Glaubwürdigkeit, wenn Sie einräumen, dass die Zuhörer in anderen Bereichen mehr wissen als Sie. Umso mehr werden Sie Ihnen Ihr eigenes Wissen abkaufen.

Die Guten ins Töpfchen, die Schlechten ins Kröpfchen

> Der Redner sagt: „Assessment-Center sind eine nach wie vor bewährte Methode, um gemeinsam mit den Bewerbern herauszufinden, ob sie alle Fähigkeiten für diese Aufgabe mitbringen. Sie gelten zwar als aufwendig, in Summe ist die Methode aber viel effizienter, als einen Mitarbeiter mit dieser Aufgabe zu betrauen."
> Ein Zuhörer meldet sich zu Wort: „Also ich sage Ihnen eines, und ich wundere mich, dass Sie das nicht wissen. Assessment-Center sind doch Schnee von gestern. Das Verfahren ist doch uralt."

Verwendete Strategie: Der Einwand ordnet die Aussage des Redners einer Kategorie mit negativem Image zu, legt sie gleichsam in die

Schublade mit der Aufschrift „Vergiss es“. Es besteht die Gefahr, dass die übrigen Zuhörer dem folgen, ohne sich zu fragen, ob das die richtige Lade ist.

Gegenstrategie: Lassen Sie das Thema ruhig in dieser Lade, aber geben Sie ihr eine andere Beschriftung. Eine alte Methode kann bedeuten: „Es gibt Besseres“. Und es kann auch bedeuten: „Alt und bewährt“.

> „Sie haben recht, die Methode ist verglichen mit den Veränderungszyklen im Geschäftsleben alt. Sie wird schon lange angewendet. Die Zeit ist ein hervorragender Prüfstein. Vieles Moderne wird hochgejubelt, und mit der Zeit erkennt man, die Euphorie war doch zu groß. Die Methode Assessment-Center hatte inzwischen millionenfach Gelegenheit, sich zu bewähren. Es ist ein stabiles Verfahren, das seinen Platz über viele Jahre hinweg behaupten konnte.“

Der Redner hat das Wort „alt“ in einen neuen Rahmen gesetzt und bestätigt damit seine ursprünglichen Aussagen.

Angst und bang

> Der Redner sagt: „Meine Damen und Herren, wir sollten uns wirklich in Ruhe überlegen, den Transport zum Kunden auszulagern. Das ist nicht unsere Kernkompetenz und kostet mehr als ein guter Vertrag mit einer Spedition. Dann können wir uns viel besser auf unsere Hauptaufgabe konzentrieren.“
> Ein Zuhörer meint etwas unwirsch: „Mein lieber Mann, damit schaufeln Sie sich aber Ihr eigenes Grab. Die Logistik gehört zu Ihrem Bereich. Wenn das weg ist, haben Sie keine Daseinsberechtigung mehr.“

Verwendete Strategie: Der Sprecher verzichtet auf Gegenargumente. Er versucht, den Redner zu verängstigen. Er weist darauf hin, dass seine Aussage seine eigenen Werte verletzen wird. Das ist ein schwerer Angriff auf die Glaubwürdigkeit des Redners. Denn die Zuhörer denken: Wenn diese Aussagen des Redners ihm selbst gefährlich werden können, dann vielleicht auch mir. Die Motivation zuzuhören sinkt schlagartig, wenn Sie nicht entsprechend kontern.

Gegenstrategie: Jetzt kommt es darauf an: Sprachen Sie ins Blaue oder sind Sie vorbereitet? Wenn Sie Ihre Hausaufgaben erledigt haben, sind Ihnen auch die persönlichen Konsequenzen klar. Trifft das nicht zu, bedanken Sie sich beim Zuhörer und denken noch ein bisschen darüber nach, bevor Sie Ihr Konzept in die Öffentlichkeit tragen. Es gilt also, was immer gilt: Ehrlichkeit siegt. Machen Sie deutlich, dass alles, was der Sprecher denkt, Sie bereits tiefergehend durchdachten.

> „Danke für Ihren Hinweis. Die Auswirkung meines Vorschlages auf meinen Tätigkeitsbereich ist mir bewusst. Dass ich dennoch dafür plädiere, zeigt Ihnen, wie sehr ich an den Erfolg dieser Maßnahme glaube."

Nutzen Sie jede sich bietende Gelegenheit, dem Ziel Ihrer Rede näherzukommen. Nahezu jede Wortmeldung ist dazu geeignet, auch wenn sie beim ersten Hinhören den Eindruck erweckt, kontraproduktiv zu sein. Hören Sie ruhig zu, nehmen Sie Abstand, und nützen Sie dann die Chance. Handeln Sie als Redner wie ein Judokämpfer, der den Schwung des Angriffes nutzt, um den Gegner zu Fall zu bringen.

Zusammenfassung

Für einen kühlen Kopf, wenn es heiß hergeht

Nicht die Bäume, sondern der Wald

Verwendete Strategie: Ihre Behauptung wird verallgemeinert und damit aus dem Zusammenhang gelöst. Dann wird „bewiesen", dass die Behauptung in diesem größeren Rahmen unrichtig ist.

Gegenstrategie: Das wichtigste Prinzip lautet: Würdigen Sie die Aussage. Finden Sie heraus, was am Einwand für alle und für den Zweck Ihrer Rede wichtig ist, und heben Sie das hervor.

Theorie und Praxis

Verwendete Strategie: Mit der Macht seiner Erfahrungen versucht der Sprecher Ihre aufgestellte Theorie zu überrollen. Und dem Mann aus der Praxis wird mehr geglaubt als dem Theoretiker.

Gegenstrategie: Überlegen Sie: „Wie trägt diese Aussage dazu bei, meine Theorie zu bestätigen und dem Zweck meiner Rede zu dienen?" Verwandeln Sie den Einwand zu einer Ergänzung.

Mein Name ist Hase

Verwendete Strategie: Der Trick ist: Jemand nützt seine Vormachtstellung als erfahrene Autorität aus und tut so, als hätte er nicht verstanden. Implizit will er sagen: „Was Du erklärt hast, ist Quatsch."

Gegenstrategie: Spielen Sie das Spiel weiter. Und beweisen Sie implizit: Es ist nicht Unsinn und auch nicht Unverstand, sondern Widerstand.

Ober sticht Unter

Verwendete Strategie: Na, trauen Sie sich zu widersprechen? Der Zuhörer schafft Bedrohungspotenzial für Sie und die Zuhörer.

Gegenstrategie: Bringen Sie eine Autorität ins Spiel, und zwar eine, die noch mächtiger ist als die vom Sprecher genannte. Bestätigen und untermauern Sie mit dieser neuen Autorität Ihre Aussagen.

Himmel oder Hölle

Verwendete Strategie: Der Sprecher stülpt Ihren Argumenten einen Begriff über, der allgemein in Misskredit steht. In den Augen der Zuhörer zieht er Ihnen die Maske vom Gesicht.

Gegenstrategie: Bleiben Sie bei der Strategie des Sprechers. Reden Sie Klartext. Sagen Sie mit deutlichen und offenen Worten die Wahrheit.

Der scheinbare Widerspruch

Verwendete Strategie: „Wenn Sie uns das schmackhaft machen wollen, warum gilt das nicht für Sie?“ Der Zuhörer versucht, diesen Widerspruch oder scheinbaren Widerspruch aufzudecken.

Gegenstrategie: Fragen Sie sich: Was unterscheidet mich von den Zuhörern, warum gilt das Gesagte nicht für mich? Seien Sie ehrlich und diplomatisch.

Zorn macht dumm

Verwendete Strategie: Der Zuhörer hat das Ziel: Mach ihn zornig, dann wird er auch Fehler begehen. Er verallgemeinert Ihre Aussage und greift an.

Gegenstrategie: Wiederholen und präzisieren Sie Ihre Aussage so, dass für die Zuhörer der Unterschied zwischen Ihrer Aussage und der Verallgemeinerung erkennbar wird.

Keine Ahnung

Verwendete Strategie: Die Taktik des Zuhörers lautet: Ich bin die Kapazität hier im Raum und weiß besser Bescheid als Sie. Er gibt sich als der Experte aus und fordert Sie zum Kampf auf.

Gegenstrategie: Stärken Sie Ihre Stärken. Geben Sie zu, was Sie nicht können, und rücken Sie in den Vordergrund, worin Sie Experte sind.

Die Guten ins Töpfchen, die Schlechten ins Kröpfchen

Verwendete Strategie: Der Einwand ordnet Ihre Aussage einer Kategorie mit negativem Image zu, legt sie gleichsam in die Schublade mit der Aufschrift „Vergiss es".

Gegenstrategie: Lassen Sie das Thema in dieser Lade und geben Sie ihr eine andere Beschriftung. Bestätigen Sie so Ihre ursprünglichen Aussagen.

Angst und bang

Verwendete Strategie: Der Sprecher versucht, Sie zu verängstigen. Er weist darauf hin, dass Ihre Aussage Ihre eigenen Werte verletzen wird. Ein schwerer Angriff auf Ihre Glaubwürdigkeit.

Gegenstrategie: Es gilt also, was immer gilt: Ehrlichkeit siegt. Machen Sie deutlich, dass alles, was der Sprecher denkt, Sie bereits tiefergehend durchdacht haben.

12. Events – Spezialstrategien für zehn wichtige Anlässe

Mit einem großen Repertoire – daheim in allen Situationen

Wer vieles bringt, wird manchem etwas bringen.
(Goethe)

Die richtigen Worte zur richtigen Zeit. Während der Pariser Aufstände des 19. Jahrhunderts kam es vor dem Élysée-Palast zu heftigen Auseinandersetzungen. Die Menge war hartnäckig. Alle Versuche, sie zu zerstreuen, waren fehlgeschlagen. Da erhielt ein Hauptmann den Befehl, auf die aufständische Kanaille zu schießen. Der Hauptmann, der diesen Befehl mit seiner Moral nicht in Einklang bringen konnte, überlegte eine Weile, er wog die Konsequenzen einer Befehlsverweigerung ab gegen die Opfer, die sein Befehl zur Folge hätte. Plötzlich schaute er auf, trat vor die Menge und sagte:

„Ich habe den Auftrag, in Kürze auf den rebellischen Pöbel schießen zu lassen. Ich werde diesen Auftrag auch gerne ausführen. Doch ich sehe hier unter ihnen auch Menschen, die ich als gute Bürger kenne. Ich möchte denen vorher die Gelegenheit geben, den Platz zu verlassen, damit nicht irrtümlich auch auf sie geschossen wird."

Drei Minuten später war niemand mehr da, auf den man hätte schießen können.

Der Anlass und Ihre Absicht. Wo Menschen in Kontakt miteinander kommen, sind die Anlässe zahllos, Ihre Rhetorikkünste zu erproben und zu festigen. Einige davon – solche, auf die Sie recht häufig stoßen werden – haben wir ausgewählt, um Ihnen Gelegenheit zu geben, sich darauf besonders vorzubereiten. Welchen Anlass Sie auch immer beim Schopf packen, das Erste und Wesentliche dabei ist, sich unabhängig vom Anlass über die Absicht der Rede Gedanken zu machen und diese zu bestimmen. Den Anlass schenkt und ermöglicht Ihnen die Umwelt, die Absicht der Rede ist jener Anteil, den Sie selbst der Rede hinzufügen, um ihr die von Ihnen gewünschte Ausrichtung zu geben.

Um Spezialstrategien für folgende Anlässe geht es in diesem Kapitel:

1. Veränderungen oder Neueinführungen
2. Schulung
3. Verkaufen
4. Stegreifrede
5. Verhandeln und Vermitteln
6. Feedback
7. Small Talk
8. Brainstorming
9. Workshop-Moderation
10. Vorstellen und Verabschieden eines Redners

1. Veränderungen oder Neueinführungen

> *Der Geist strebt, sowohl insofern er klare und bestimmte als auch insofern er verworrene Ideen hat, in seinem Sein auf unbestimmte Dauer zu verharren, und er ist sich dieses seines Strebens auch bewusst.*
> (Benedict de Spinoza)

Die Trägheit überwinden. Sehr häufig steht Führungskräften in Unternehmen die Aufgabe zu, Menschen von notwendigen Veränderungen und Neuerungen in Kenntnis zu setzen. Das wäre einfach, wenn nicht der menschliche Geist das Bestreben hätten, Veränderungen zu meiden, manchmal sogar zu fürchten. So wie Pferde in die brennende Koppel zurücklaufen, fürchten wir das Unbekannte oft mehr als ein bekanntes Übel. Wie können Sie als Führungskraft diese Ablehnung umgehen?

Der Personalchef eines Unternehmens aus dem Bereich der Telekommunikation setzte die Mitarbeiter der Beschwerdeabteilung von organisatorischen Änderungen in Kenntnis. Er erwartete Widerstand und überlegte sich daher seine Rede besonders ausführlich. Anlässlich einer kurzen Informtionsveranstaltung tat er schließlich die Neuerung kund:
„Die Anfangsschwierigkeiten bei der Einführung des neuen Abrechnungssystems sind inzwischen ausgestanden. Dass wir dabei nicht allzu viele Kunden verloren, ist unter anderem auch Ihnen zu verdanken. Ihr professioneller und herzlicher Umgang im Gespräch mit aufgebrachten Kunden hat viele Probleme bereinigt. Dafür möchte ich Ihnen danken. Nun läuft das System seit sechs Monaten problemlos, die Kundenbeschwerden haben sich auf weniger als die Hälfte reduziert. Andere einschneidende Änderungen sind derzeit nicht in Sicht.
Sie sind derzeit bei Weitem nicht ausgelastet. Jeder von Ihnen nimmt momentan pro Stunde selten mehr als fünf Anrufe entgegen. Das mag vielleicht kurze Zeit für Sie recht angenehm sein, insbesondere angesichts des Stresses, den Sie vorher hatten. Doch auf Dauer kann sich das unser Unternehmen nicht leisten. Eine Möglichkeit wäre, den Personalstand in Ihrer Abteilung zu reduzieren und damit wieder eine vernünftige Auslastung herzustellen.
Aber damit würden wir ein paar hervorragende Mitarbeiter verlieren, die uns über schwierige Zeiten hinweggeholfen haben. Das würde gegen unsere Grundsätze verstoßen, und wenn es irgendwie anders ginge, wäre es uns lieber.
Eine Lösung für dieses Dilemma wäre Folgendes: Die Werbeabteilung braucht dringend Mitarbeiter, die mit Menschen am Telefon rasch Kontakt aufnehmen können. Die Aufgaben sind vielfältig: Es werden Befragungen über Kundenzufriedenheit durchgeführt, Marktanalysen sollen helfen, den Kundenbedarf zu erkennen, und neue Kunden, insbesondere Firmen, sollen akquiriert werden.

Sie finden darin alle ein reiches und interessantes Betätigungsfeld und können noch dazu als Gruppe zusammenbleiben. Was halte Sie davon?"
Die Antwort war ein einhelliges Ja.

Meisterhaft. Und das Prinzip, dem der Personalchef folgte, ist recht einfach. Sehen wir es uns einmal genauer an.

1. Der erste Schritt ist, das *Problem darzustellen*, das die Veränderung erforderlich macht. Der Personalchef nützte diese Gelegenheit gleich, um auch berechtigtes Lob auszusprechen. Den Zuhörern sollte danach klar sein: So kann es wirklich nicht weitergehen. Das Problem darf nicht bestehen bleiben. Es muss etwas geschehen.
2. Der nächste Schritt ist, eine *Scheinlösung* anzubieten. Bringen Sie jetzt nicht die geplante Lösung, das wäre voreilig und ein Fehler. Die beste Scheinlösung ist das vermutete Worst-Case-Szenario der Zuhörer. Der Personalchef sprach direkt aus, worüber in der Abteilung schon seit einiger Zeit gemunkelt wurde. Alle wussten: So kann es nicht weitergehen.
3. Doch bei der Scheinlösung soll es natürlich nicht bleiben. Der Redner findet daher *Gegenargumente*, um die erste Lösung zu verwerfen. Der Personalchef nützte auch diese Chance, die Mitarbeiter zu loben. Das beruhigt die Zuhörer, denn die Scheinlösung wäre deutlich schmerzhafter gewesen, als das, was er wirklich anzubieten hat.
4. Nun folgt der *Lösungsvorschlag*. Die Zuhörer wissen: Das Problem muss gelöst werden und es gibt deutlich unangenehmere Lösungen als diese. Da fällt es leicht zuzustimmen.
5. Zum Abschluss präsentiert der Redner noch einen *Zusatznutzen*, der den Zuhörern hilft, die letzten Hemmungen gegenüber der notwendigen Veränderung abzulegen. Über den Zusammenhalt der Gruppe hatte der Personalchef bisher nicht gesprochen. Natürlich freut es die Leute, zusammenbleiben zu können. Das Argument zählt.

Eine einfache Strategie in fünf Schritten und auch das Einführen von Neuerungen im Unternehmen ist keine Hürde mehr für Sie.

2. Schulung

Abwechslung ergötzt.
(Euripides)

Gelernte Lernmuster. Wir haben uns im Laufe unseres Lebens einen persönlichen Lernstil angeeignet. Je besser wir in der Lage sind, trotz unterschiedlicher Lernstile bei so vielen Teilnehmern wie möglich anzukommen, desto kompetenter werden wir auch in Seminar- oder Trainingskontexten wirken. Basierend auf der Arbeit von David Kolb, einem Psychologen der Universität Cleveland, entwickelte die Pädagogin Bernice McCarthy ein höchst effektives Lehr- und Lernmodell, das 4MatSystem®.

Zwei Dimensionen des Lernens. Kolb entdeckte, dass der Lernerfolg von zwei Faktoren abhängt: Informationsaufnahme und Informationsverarbeitung. Innerhalb jedes Faktors haben wir zwei Möglichkeiten:

1. *Informationsaufnahme*: Entweder interessieren wir uns bei Neuigkeiten für
   die konkrete Erfahrung oder
   das abstrakte Konzept dahinter.
2. *Informationsverarbeitung*: Entweder durch
   aktives Experimentieren oder
   reflektive Beobachtung.

Wenn man diese beiden Dimensionen kombiniert, entstehen daraus vier Quadranten, denen jeweils ein Lerntyp sowie eine charakteristische Frage, die während des Lernprozesses beantwortet werden muss, zuzuordnen ist:

Die vier Lerntypen nach Bernice McCarthy		Informationsverarbeitung	
		Proaktiv	Reflektiv
Informations-aufnahme	Konkret	Praktiker Was wenn?	Gefühlsmensch Warum?
	Abstrakt	Experi-mentierer Wie?	Theoretiker Was?

Jeder dieser Lerntypen hat unterschiedliche Wünsche in Bezug auf die Schulung:

- *Der Warum-Typ, der Gefühlsmensch* betrachtet die Information konkret und verarbeitet sie reflektiv. Er lässt sich durch Visionen zu persönlichen Höchstleistungen motivieren. Der Redner sollte die Motivation des Zuhörers anerkennen und fördern. Jede Geschichte des Redners ist willkommen. Wenn er darüber nachdenkt, verknüpft er die Bilder und lässt neue Fantasien daraus entstehen. Beim Inhalt ist ihm die Dramatik wichtig, Theorie ist uninteressant. Er lernt durch Zuhören und Erfahrungsaustausch. Wenn der Warum-Typ Neues erfährt, muss es für ihn packend und interessant sein.
- *Der Was-Typ, der Theoretiker* betrachtet die Information abstrakt und verarbeitet sie reflektiv. Der Was-Typ ist an Konzepten interessiert. Die praktische Nutzung ist eher sekundär. Er kann sich an der Schönheit und Brillanz von Modellen erfreuen. Die Verbindung mehrerer Ideen zu neuen Ideen oder Modellen kann ihn begeistern. Informationen werden rasch strukturiert. Präsentiert der Redner keine Struktur, schafft sich der Was-Typ selber eine, denn er betrachtet das als die wesentlichste Information des Vortrages. Er setzt gern den ersten Schritt vor den zweiten.
- *Der Wie-Typ, der Experimentierer* betrachtet Information abstrakt und verarbeitet sie aktiv. Er will wissen, wie etwas funktioniert, alles andere ist langweilig. Er möchte Theorien, Modelle und Pläne ausprobieren. Zu viel Theorie belastet eher und hindert am Tun. Er lernt, indem er in einer vernünftigen Art und Weise Theorien testet. Funktioniert etwas, dann ist es gut. Ob es ihm in

Zukunft auch von Nutzen sein wird, ist eher sekundär. Der Wie-Typ möchte zupacken, angreifen, abtasten, mit den Händen erforschen. Mit einem Wort: Er braucht Aktivität und eignet sich Lerninhalte durch Üben an.

- *Der Was-wenn-Typ, der Praktiker* betrachtet Information konkret und verarbeitet sie aktiv. Er stellt sich die Frage: „Wie wird es sich morgen in meinem Alltag bewähren?“ Wenn die praktische Verwendbarkeit nicht besprochen und geklärt wird, fasst der Was-wenn-Typ die aufgenommenen Informationen als sinnlose Theorie auf und ist frustriert: „Jetzt habe ich so viel Zeit hier versessen und kann damit nichts anfangen.“ Der Was-wenn-Typ bringt im Vortrag häufig Praxisbeispiele und gibt damit dem Redner die Chance, abseits der Theorie die Inhalte für die Zuhörer mit Realgehalt zu ergänzen.

Alle nutzen. Wahrscheinlich haben Sie sich durch diese Beschreibungen noch besser einem Lerntyp zuordnen können. Und nun kommt eine wichtige Frage: Welcher Lerntyp ist Ihrer Meinung nach der Beste? Ganz richtig: alle zusammen! Die ideale Lernstrategie nützt die Fähigkeiten und Schwerpunkte aller vier Typen. Als Redner haben Sie oft neue Inhalte zu lernen, um sie dann dem Publikum auch richtig zu vermitteln. Die beste Art zu lernen ist, die Rolle jeder der vier Lerntypen einzunehmen, und zwar in der angeführten Reihenfolge. Dasselbe gilt natürlich genauso für Ihre Zuhörer. Wenn Sie also wollen, dass Ihre Zuhörer möglichst großen Nutzen aus Ihrem Vortrag ziehen, dann nützen Sie die Lernsequenz, die aus den vier Lerntypen hervorgeht.

1. Die Warum-Phase

Der Vortragende als Motivator

Inhalte: Erzeugen Sie Kontakt zum Publikum. Beschreiben Sie gleich zu Beginn, warum das, was jetzt kommt, wichtig ist. Schaffen Sie emotionale Beteiligung durch Gefühlsargumente. Klären Sie die persönliche Motivation der Zuhörer.

Hilfsmittel: Alles, was inspiriert, berührt und motiviert. Erzählen Sie Geschichten, die zum Thema passen und die Menschen motivieren. Sie werden aus den Geschichten bildhafte Vorstellungen entwickeln. Wenn diese Bilder angenehm genug sind, bleiben sie.

2. Die Was-Phase

Der Vortragende als Dozent

Inhalte: Erstellen Sie jetzt für die Zuhörer Strukturen. Bringen Sie Sachargumente und Theorien. Synthetisieren Sie Ideen zu neuen. Führen Sie Modelle zusammen. Alles, was Sie anschließend sagen und tun, muss den hier gebrachten Gedankengebäuden leicht zuzuordnen sein.

Hilfsmittel: Die Zuhörer sollten die allgemeine Struktur des Vortrages immer vor Augen haben. Flipchart, Folie oder Handouts sind dafür gut geeignet. Definieren Sie Ihre Begriffe. Leiten Sie deduktive Schlüsse ab. Bringen Sie neue Konzepte, die Sinn machen und die Welt etwas besser erklären.

3. Die Wie-Phase

Der Vortragende als Coach

Inhalte: Jetzt geht es ans Handwerk. Schaffen Sie für die Zuhörer ein Setting, in dem sie die neuen Konzepte gefahrlos ausprobieren können. Sie sollen Fehler machen. Jeder Fehler ist Feedback und bereichert die Erfahrungen. Sind praktische Übungen nicht möglich, dann lassen Sie die Zuhörer das Gelernte in Gedanken ausprobieren.

Hilfsmittel: Gestalten Sie die Übungen so real wie möglich. Die Menschen brauchen dabei Ihre Unterstützung. Sie sind von Ihrem Vortrag überzeugt, wenn sie spüren, dass es praktisch funktioniert, auch wenn beim ersten Mal nicht alles reibungslos läuft. Unterstützen Sie auch durch Ihr Feedback. Denn: Feedback ist das Futter der Champions.

4. Die Was-wenn-Phase

Der Vortragende als Kollege

Inhalte: Die Teilnehmer haben schon erste praktische Erfahrungen mit den Inhalten gemacht. Sie sind jetzt keine absoluten Neulinge mehr. Würdigen Sie das! Jetzt ist Zeit für Fragen und kollegialen Austausch. Wie wird das in der Praxis funktionieren? Beantworten Sie diese Frage nicht, sondern stellen Sie sie! Und ermuntern Sie die Teilnehmer, sie mit ihrer alten und neu gewonnenen Kompetenz zu beantworten.

Hilfsmittel: Animieren Sie in diesem Abschnitt zu Fragen und Antworten. Nützen Sie die entstehende Diskussion, um die Menschen von der Sinnhaftigkeit und Bedeutung Ihres Vortrages in der Zukunft zu überzeugen.

Sollten Sie mehrere Themen bei der Schulung vortragen oder Ihr Thema in kleinere Einheiten unterteilt haben, dann können Sie für jeden Teil durch diese vier Stationen gehen.

3. Verkaufen

Kaufen ist Trance. Alle Käufe finden in Trance statt, denn – das wissen wir schon aus dem Kapitel über Hypno-Rhetorik® – alles ist Trance. Und Kaufen ist eine Trance mit einer bestimmten Struktur, eine Zukunftstrance. Wenn wir uns das klarmachen, verstehen wir besser, worauf es im Verkauf ankommt. Erleben wir die spezielle Zukunftstrance des Kaufens am eigenen Leibe. Denken Sie dabei an die letzten drei Gelegenheiten, als Sie etwas gekauft haben, und erkennen Sie, wie Sie zu der Überzeugung gelangt sind, dass Sie das Produkt wirklich haben wollten.

1. Sie werden zum Kaufinteressenten, weil Sie es für möglich halten, in Zukunft mehr Lebensqualität zu haben, wenn Sie ein bestimmtes Produkt besäßen. Das kann bedeuten, dass Sie dann

weniger Leid, Schmerz, Mühsal etc. hätten oder mehr Freude, Eleganz, Lust etc.

2. Sie beginnen den Sondierungsprozess, um herauszufinden, ob die obigen Träume mit dem ins Auge gefassten Produkt tatsächlich verwirklicht werden können und ob man es sich leisten kann und möchte.
3. Zum Käufer werden Sie dadurch, dass Sie in Ihrer Fantasie in die Zukunft gehen und dort sehen, hören und vor allem fühlen, dass es hier, in der Zukunft, guttut, ein ganz konkretes Produkt gekauft zu haben. Wenn das verlockend genug ist und Sie vom Verkäufer nicht zu sehr abgelenkt werden, kaufen Sie jetzt tatsächlich.

Die eigentliche Aufgabe des Verkäufers. Diese Überlegungen machen deutlich, was die Hauptaufgabe des Verkäufers eigentlich ist: die Trance des Kunden über die verlockende Zukunft immer weiter zu verstärken. Um das ausreichend gut zu können, braucht der Verkäufer zwei Zutaten:

- Informationen über die Zukunftstrance des Kunden und
- die Fähigkeiten aus der Hypno-Rhetorik®. Je mehr er davon hat, desto weniger braucht er vom obigen Punkt.

Mithilfe zum Glücklichsein. Ingrid ist eine der wenigen Verkäuferinnen, denen das klar ist. Sie ist die Starverkäuferin in einem Unternehmen, das Büromöbel produziert und verkauft. Ihre Kollegen besuchen ihre Kunden bis zu fünfmal, bevor der Kaufabschluss unter Dach und Fach ist. Sie führt höchstens zwei Verkaufsgespräche. Dadurch schafft sie im selben Zeitraum nicht nur mehr Abschlüsse, ihr bleibt auch genügend Zeit, die Kunden zu besuchen, ohne etwas verkaufen zu wollen. Die Beziehung zu ihren Partnern ist tragfähig, und darüber hinaus erhält sie viele Empfehlungen, sodass ihr Kundenkreis ständig wächst. Vorgefertigte Argumentationshilfen hat sie seit jeher abgelehnt.

Bevor sie die umfangreichen Kataloge vor einem neuen Kunden auf den Tisch legt, fragt sie: „Was stellen Sie sich vor?“

Ingrid hört dann aufmerksam zu, während der Kunde antwortet: „Ich mag diese rein funktionalen Möbel nicht. Alles grau in grau oder verchromt. Das hat nichts Heimeliges, da fehlt die Wärme. Die Leute sollen sich wohlfühlen und auch sehen, dass wir etwas für sie investieren. Schließlich verbringen sie einen Großteil ihrer Zeit in dieser Umgebung. Und dann die Stühle: Diesen modernen Schnickschnack mag ich überhaupt nicht. Das ist überhaupt nicht ergonomisch. Der Rücken wird heutzutage ohnedies viel zu sehr belastet. Da leg ich lieber was drauf und die Leute sind weniger krank. Ich will gesunde Arbeitsverhältnisse schaffen. Ich hoffe, Ihre Lieferungen sind zuverlässig, da habe ich schon Dinge erlebt: Ewig lange Wartezeiten und dann kam auch noch das Falsche. Ich setze Korrektheit voraus.“

Ingrid weiß genug über die Zukunftstrance des Kunden. Sie wird sich in ihrer Präsentation nicht mit Preisfragen, toller Optik, modernem Design und Funktionalität herumschlagen. Diese Argumente würden den Kunden von seiner verlockenden Zukunftstrance ablenken. Der Kunde träumt von heimeliger Wärme, gesunden Mitarbeitern, die sich wohlfühlen und wissen, dass sie geschätzt werden, und korrekter Lieferung.

„Ich zeige Ihnen ein paar Beispiele, die Ihre Vorstellungen von einem positiven Arbeitsumfeld vielleicht noch bereichern. Die Stahlrohrmöbel lassen wir beiseite, die sind zu funktional. Dieses Holzdesign strahlt Wärme aus und macht Ihre Büroräume wohnlich. Man könnte sich vorstellen, dass die Mitarbeiter gerne längere Zeit in dieser heimeligen Atmosphäre verbringen. In diesen Lederstühlen fühlt man sich nicht nur wohl, sie sind auch ergonomisch getestet. Wenn wir die liefern, stellen wir die richtige Sitzposition für jeden Mitarbeiter individuell ein. Sitzen darf nicht wehtun,

es muss gesund sein. Es wäre doch erfreulich, wenn Ihre Investition in hochqualitative Stühle in weniger Krankenstandstagen resultiert.“
Schließlich kommt sie noch auf die Lieferbedingungen zu sprechen: „Wir vereinbaren jetzt den Liefertermin, und ich werde an diesem Tag hier bei Ihnen sein. Wir werden gemeinsam da draußen bei Ihrem Lieferantentor stehen, sicherstellen, dass nichts schiefgeht, alles korrekt geliefert wird und die beeindruckten Gesichter der Mitarbeiter sehen, wenn die ersten Möbel ausgepackt werden. Wie wäre das?“

Ingrid verstärkt und bereichert gekonnt die Zukunftstrance des Kunden. Sie greift seine eigenen Zauberworte auf und gibt sie bereichert zurück. Der Kunde hat dadurch das Gefühl, verstanden zu werden, und geht dann noch tiefer in seine Zukunftstrance. Das ist der Schlüssel Ihrer Argumentation. Fragen Sie die Kunden, was sie sich vorstellen. Keine Sorge vor direkten Fragen. Ihre Kunden freuen sich darüber, denn ihre Zukunftstrance ist ja etwas Erfreuliches für sie, und außerdem rücken sie damit in den Mittelpunkt des Geschehens.

Die Hauptaufgabe des Verkäufers. Ihre wichtigste Aufgabe als Verkäufer ist es, herauszufinden, ob Ihr Produkt die Zukunftstrance des Kunden bereichern kann. Denn nur dann haben Sie einen Kunden. Schaffen Sie das nicht, ist es besser, sich gleich höflich zu verabschieden. In solchen Fällen tut Ingrid auch genau das und spart damit beiden viel Zeit. Bevor sie sich abmüht, dem Kunden doch einen Verwendungszweck einzureden, besucht sie lieber einen anderen potenziellen Kunden. Doch bevor sie geht, sagt sie dem Kunden offen, warum sie den Verkaufsprozess hier abbricht. Die Menschen wissen diese ehrliche Art enorm zu schätzen und bedanken sich oftmals mit Empfehlungen und neuen Kundenkontakten.

Zauberworte sind der Schlüssel zum Erfolg. Merken Sie sich die Zauberworte, die Ihnen der Kunde nennt: Sicherheit, Komfort, Wertbeständigkeit, Zuverlässigkeit, harmonisches Aussehen, Funktionalität, preisgünstig oder wie in unserem Beispiel heimelige Wärme, Möglichkeiten, sich wohlzufühlen, gesunde Ergonomie und korrekte Lieferung. Jene Zauberworte sind die Pfeiler, die die Zukunftstrance des Kunden tragen. Rund um sie träumt sich der Kunde seine Lieblingszukunft. Wenn Sie die Zukunftstrance des Kunden bereichern, verwenden Sie genau diese Zauberworte, exakt wie der Kunde sie verwendete. Sagen Sie also nicht etwa wohnlich statt heimelig oder Zuverlässigkeit statt Sicherheit, denn sonst würden Sie den Kunden in seiner Zukunftstrance stören. Der Kunde muss sich in dem, was Sie sagen, wiederfinden. Das ist wichtig.

Und Ingrid weiß: Mit der Unterschrift ist der Kauf für beide Seiten noch lange nicht abgeschlossen. Von da an soll der Spaß für den Kunden ja erst beginnen. Denn ein Kauf ist eine Investition in die Zukunft.

4. Stegreifrede

Tritt frech auf,
mach's Maul auf,
hör bald auf!
(Martin Luther)

Struktur aus der Westentasche. Wenn man anfängt, Sie als Redner zu schätzen, und Ihr persönlicher Erfolg dadurch gesteigert wird, laufen Sie Gefahr, manchmal auch unaufgefordert Stellung zu nehmen oder einen Sachverhalt zu kommentieren. Für solche Gelegenheiten sollten Sie immer eine einfache Grundstruktur parat haben, um einen sinnvollen Bogen spannen zu können. Im Folgenden lernen Sie eine gut verwendbare und sehr effektive Struktur kennen.

An einem späten Nachmittag rief ein Zeitungsreporter den Geschäftsführer eines Transportunternehmens an und bat ihn mit dem Hinweis auf große Dringlichkeit um eine Stellungnahme. „Ich habe einen Artikel zum Thema ‚Konkurrenzdruck im Transportgewerbe' verfasst. Der Chefredakteur meint, ich soll Ihr Statement auch noch in den Bericht mit hineinnehmen. Für Sie ist es natürlich eine

Chance, positiv in der Zeitung zu stehen. Viele beklagen den übermäßigen Konkurrenzdruck. Was ist Ihre Meinung zur aktuellen Situation im Transportgewerbe?"

Eine Horrorvision? Nein, doch nicht mehr für Sie. Ihr Wissen über die Kunst der Rhetorik und die absolvierten Übungen lassen Sie auch derartige Situationen souverän meistern.

> Der Geschäftsführer: „Unser Unternehmen hat schon seit langer Zeit die Maxime aufgestellt ‚Besser miteinander als gegeneinander'. Transport ist kein Ein-Schritt-Prozess, Transport ist vielschichtig und setzt sich meistens aus mehreren Teilen zusammen. Diesen Weg versuchen wir zu gehen. Wir haben Partner gefunden, die mit uns gemeinsam entlang der vom Kunden gewünschten Transportkette die optimale Leistung bieten. Mit diesen Partnern gemeinsam sind wir stark geworden.
> Inzwischen sind wir mit Unterstützung unserer Partner in der Lage, jeden Transportwunsch zu erfüllen. Unser Name wird mit Zuverlässigkeit und guten Preisen assoziiert, und darauf sind wir mit Recht stolz. Und wenn Sie mich fragen, wie es mit uns weitergehen wird:
> Wir haben vor, mit den inzwischen zur Verfügung stehenden technischen Mitteln den Kunden ein Höchstmaß an Transparenz über den Weg zu bieten, den ihr Gut auf dem Weg zum Ziel nimmt. Sie sollen in Zukunft jederzeit wissen, wie weit der Transport ist und wann die Lieferung erfolgen wird. Abgesehen davon werden Auftragsvergabe und Abrechnung natürlich vollelektronisch erfolgen. Keine Routinearbeiten, kein Stress für den Kunden, nur Qualität und Zuverlässigkeit. Das ist unser Ziel. Und wir werden es erreichen."

Und das Ganze aus dem Stegreif. Sie werden vielleicht sagen: „Ein Geschäftsführer macht so was doch tagtäglich und ist darin sicher." Richtig. Er ist aber deswegen sicher, weil er einer vollkommen einfachen Regel folgt, die ihm den Weg durch die Stegreifrede weist. Wenn Sie unvorbereitet gebeten werden, ein paar Worte zu einem Thema zu sagen und Ihnen keine andere Struktur gegenwärtig ist, dann halten Sie sich an diese:

1. *Sammeln Sie sich* zuerst. Das Publikum gibt Ihnen die Zeit. Niemand erwartet, dass Sie wie aus der Pistole geschossen Weisheiten von sich geben. Profis schaffen es sogar, hier die sieben Sammlungsschritte des Patanjali zu machen!
2. Dann sprechen Sie über die *Vergangenheit* des Themas,
3. über die *Gegenwart*
4. und zuletzt über die *Zukunft*.
5. Hier angelangt – auch wenn Ihnen Ihr Statement kurz vorkommen sollte, verwässern Sie es nicht im Nachhinein – *schweigen* Sie und nehmen Sie wieder Platz.

Reif für Stegreif. Probieren Sie es einmal aus, und Sie werden sehen, wie einfach es wird, unerwartet und unvorbereitet über ein Thema zu reden. Sie verfügen damit nämlich über eine Art Westentaschenstruktur, die für alle Gelegenheiten geeignet ist. Bitten Sie einen Kollegen oder Ihren Partner, Ihnen ein Thema zu nennen. Dann greifen Sie in Ihre geistige Westentasche, holen die Struktur heraus, überlegen kurz und beginnen zuerst über die Vergangenheit zu reden. Wie von selbst knüpfen sich daran einige Aussagen über die gegenwärtige Situation, und dann brauchen Sie nur noch einflechten, wie Sie sich selbst die Zukunft wünschen und gestalten wollen. Wenn Sie damit zu Ende sind, dann schweigen Sie aber auch. So einfach ist Stegreif-Theater für einen Redner Ihres Kalibers.

5. Verhandeln und Vermitteln

Ein Onkel, der Gutes mitbringt,
ist besser als eine Tante, die bloß Klavier spielt.
(Wilhelm Busch)

Den Kuchen vergrößern und verteilen. Verhandeln hat zu tun mit „Handel treiben". Händler sind dann zufriedene Partner, wenn ein fairer Ausgleich zustande kam. Jeder gab so viel, wie er nahm, und trotzdem hat jeder nun mehr als vorher, weil das, was er erhielt, für ihn selber wichtiger ist als das, was er gab. Das ist einer der Grundgedanken der Marktwirtschaft. Wenn Sie einen neuen Fernsehapparat kaufen, geben Sie dafür Geld aus. Und Sie tun es gerne, weil die Menge Geldes Ihnen weniger wichtig ist, als das neue Gerät mit Internetoptionen.

Waage-Recht. Viele Menschen sehen als primäres Ziel beim Verhandeln, möglichst viel für sich herauszuholen. Wenn das Ihr einziges Ziel ist, fühlen sich Ihre Partner übervorteilt und werden zu Gegnern oder Sie kriegen keine Einigung zustande. Was in dieser eingeschränkten Sicht fehlt, ist die zweite Seite. Als guter Händler sollten Sie auch Wert darauf legen, dass Ihr Partner gleich viel nehmen kann, wie er gibt, und damit zufriedener ist wie vorher. Das Ergebnis einer guten Verhandlung ist, gerechten Ausgleich zu schaffen und mehr Zufriedenheit als vorher. Gute Verhandler und Vermittler finden dafür fast immer Lösungen. Und sie „verkaufen" diese Lösung professionell an die Partner.

Seit Wochen kochte und brodelte es in der Vertriebsabteilung eines Logistikunternehmens. Der Geschäftsführer musste aus Altersgründen die Firmen-Pkws erneuern und wollte bei der Gelegenheit auf Kleinwagen umsteigen. Die Erhaltung der großen Kaliber war teuer, und für Investitionen war zurzeit sehr wenig Spielraum. Der Pkw-Pool wurde von der Geschäftsleitung und drei Abteilungen benutzt. Die Vertriebsabteilung legte sich geschlossen quer. Ihr Argument war: „Wenn wir mit einem Aschenbecher als Auto beim

Kunden vorfahren, fragen die uns, ob wir bald Konkurs anmelden werden."

Die Fronten waren inzwischen verhärtet. Keine Lösung in Sicht. Der Geschäftsführer kam schließlich auf die Idee, den Leiter der Entwicklungsabteilung um Unterstützung zu bitten. Die brauchten ganz selten ein Auto, er konnte daher halbwegs objektiv an die Sache herangehen. So wurde er zum Vermittler.

Er erfragte zuerst die Standpunkte, Anforderungen und Wünsche des Geschäftsführers, der Vertriebsabteilung und des Verantwortlichen für Finanz und Controlling, der die Autos auch einkaufen sollte. Dann zog er sich zurück und skizzierte mögliche Lösungswege. Schließlich überlegte er die Vor- und Nachteile jeder Lösung für alle Beteiligten.

Das Ergebnis war ein Vorschlag, den er zuerst dem Geschäftsführer unterbreitete: „Gute Nachrichten, Chef. Die Lösung ist recht einfach. Wir haben es durchgerechnet. Der Controller meint, die Auslastung der Autos könnte höher sein. Wir brauchen nicht zwölf, sondern nur elf Autos. Davon können ohne weiteres neun Kleinwagen sein und zusätzlich nehmen wir zwei Klasseautos. Sie geben insgesamt noch weniger aus als vorgesehen und die zwei Großen können wir sogar etwas besser ausstatten als die jetzigen. Und die Vertriebsabteilung ist beruhigt. Sie wissen ja, wenn es da grummelt, geht gleich der Umsatz zurück. So werden sie zufrieden sein."

Der Chef war einverstanden. Zum Leiter der Vertriebsabteilung sagte der Vermittler: „Im Grunde ging es nur darum, dass der Zeitpunkt für größere Investitionen im Unternehmen gerade denkbar schlecht ist. Aber was soll's, Sie brauchen die Autos. Ihre Topverkäufer können nicht mit einer Rostlaube zum Kunden fahren. Wir haben es durchgerechnet, es geht. Für die Fahrten zu Kunden bekommen Sie zwei Autos, die noch repräsentativer sind als die alten. Für die anderen Fahrten sind die Kleinwagen ohnedies besser. Da finden Ihre Leute viel leichter einen Parkplatz." Auch der Vertriebschef war einverstanden.

Die richtigen Fragen. Die erfolgreiche Strategie, die unser Vermittler angewandt hat, besteht aus drei Fragen in der richtigen Reihenfolge:

1. *„Wer gehört dazu?“* Das sind alle, die am Verhandlungsgegenstand beteiligt sind oder zur Lösung beitragen können. Daher war es wichtig, den Einkäufer mit einzubeziehen. Die nächste Frage ist die gleiche wie im Verkauf:
2. *„Was ist den Beteiligten wichtig?“* Was sind ihre Wünsche und Anliegen? Was soll in Zukunft für sie Wirklichkeit werden, was heute nicht ist? Hören Sie gut zu. Die Beteiligten nennen ihre Kriterien. Wenn sie durch die angebotene Lösung erfüllt werden, dann bekommen Sie ein Ja. Die nächste Frage ist auch ähnlich wie im Verkauf. Es geht nur nicht um ein Produkt, sondern um eine Lösung:
3. *„Welche Lösung erfüllt für die Beteiligten mehr Kriterien als der heutige Zustand?“* Win-win heißt nicht: Alle gewinnen alles. Sie werden selten die Chance haben, Lösungen zu finden, die allen alle Wünsche erfüllen. Eine Win-win-Situation zu schaffen bedeutet, dass es den Beteiligten nachher besser geht als vorher. Gute Verhandler finden Lösungen, die mehr Kriterien erfüllen, als eigentlich erwartet wird. Sie finden mehr als nur eine Lösung. Und Sie machen die Beteiligten damit zu glücklichen Menschen.

Zuhören löst Probleme. Die einzige Voraussetzung, um das zu können, ist zu wissen, was die Menschen glücklich macht. Gute Verhandler und Vermittler sind daher auch gute Zuhörer und haben ein Interesse daran, Menschen glücklich zu machen. Der Vermittler hatte das Thema der Parkplatzprobleme nebenbei aufgeschnappt und nützte es dann als zusätzliches Argument. Es wurde zu einem Kriterium, das er mit seiner angebotenen Lösung auch erfüllen konnte und an das bisher niemand gedacht hatte.

Wenn Sie den Beteiligten Ihre Lösung „verkaufen“, wissen Sie schon, was Sie dabei erfolgreich macht: Verwenden Sie die Zauberworte, die öffnen, und zwar genauso, wie Sie es von den Beteiligten hörten. Wie im Verkauf sind das die Zauberworte, die bewirken, dass sich die Menschen akzeptiert und verstanden fühlen und für die Lösung dankbar sind.

Hart und weich. Gute Verhandler folgen dem Prinzip: Sei hart in der Sache und weich zum Menschen. Sie wissen eines: Die Fakten sind Dinge der Vergangenheit, daran lässt sich nicht mehr rütteln. Es ist nutzlos, unproduktiv und bindet Energie, die Macht des Faktischen zu bejammern. Alte, rostige Autos werden durch Verhandeln und Diskutieren nicht neu und die Finanzlage ist, wie sie ist. Je länger die Diskussionen dauert, die Sie darüber zulassen, desto enger binden Sie alle Beteiligten an das Problem. Seien Sie hart und brechen Sie solche Diskussionen ab. Seien Sie weich, in der Art und Weise, wie sie verhandeln. Respektieren Sie den anderen, und trennen Sie die Sachzwänge von Ihrer Beziehung zu ihm.

6. Feedback

> *Kritik ist schwer zu ertragen, besonders von Verwandten, Freunden, Bekannten oder Fremden.*
> (Peter Ustinov)

Geben Sie den Champions Frühstück. Feedback-Gespräche sind bei Vorgesetzten beliebt, bei Mitarbeitern weniger. „Wenn mein Chef mich zu einem Feedback ruft, hat er etwas zu meckern. Da hilft nur eines: Kopf einziehen und durch." Das war die Stimme der allgemeinen Meinung. Ist das der Sinn von Feedback? Macht sich der Chef die Mühe des Feedback-Gesprächs, damit er seinen Unmut los ist und der Mitarbeiter den Kopf einzieht? Da ist es effizienter, der Chef schreibt seinen Unmut auf ein großes Blatt, zerknüllt es und wirft es an die Wand. Die Methode hat schon vielen geholfen. Welchen Sinn hat Feedback wirklich?

Der rechte Weg. Stellen Sie sich vor, Sie haben den Auftrag, mit verbundenen Augen eine gerade Strecke entlangzugehen. Wenn Sie das tun, sind Sie nach genau tausend Schritten am Ziel. Wenn Sie abweichen, fallen Sie ins Wasser links oder rechts Ihres Pfades. Werden Sie das Ziel erreichen, ohne hineinzufallen? Wahrscheinlich nicht. Mit verbundenen Augen ist es fast unmöglich. Wenn Sie bei jedem Schritt 3 Zentimeter abweichen, sind Sie am Ende 30 Meter vom Ziel entfernt. Ihre Augen sind nicht in der Lage, Ihnen die Abweichung rückzumelden. Sie wissen nicht, dass Sie eigentlich Ihren eingeschlagenen Kurs korrigieren sollten.

Feedback als Genussmittel. Andererseits haben Sie bestimmt auch die Erfahrung gemacht, dass Feedback nicht angenommen wird. Denn auch Feedback-Geben muss gelernt sein. Es gibt Menschen, die das können. Was zeichnet Menschen aus, die als Ratgeber und Mentoren beliebt und geachtet sind? Was tun sie anders als die Masse der Kritisierer?

> Eine Frau und ein kleines Mädchen saßen im Bus, offensichtlich auf dem Weg von der Schule nach Hause. Das Mädchen sah verträumt zum Fenster hinaus. Plötzlich wendete es sich zur Mutter und sagte: „Du Mama, dass ich alleine mit meiner Freundin ins Kino gehen durfte, war echt cool. Und ich bin froh, dass du mir gestern bei der Aufgabe geholfen hast. Ich hätte das alleine nicht verstanden. Riesig freuen würde ich mich, wenn Du mir erlaubst, die Aufgaben zu machen, wann ich möchte. Ich verspreche Dir, sie auch immer vor sechs Uhr am Abend fertig zu haben. Jedenfalls bist du für mich die beste Mama der Welt." Dann erhielt die Mama noch einen dicken Kuss auf die Wange.

Sie schien anschließend über den Vorschlag der Tochter, ihr zu überlassen, wann sie die Hausaufgaben macht, sehr gesprächsbereit. Kinder tun oft von Natur aus das Richtige. Lernen wir von Kindern und anderen Experten. Sehen Sie im Folgenden eine sehr erfolgreiche Methode, um Feedback zu geben:

1. Richtiger Rahmen
2. Drei konkrete positive Rückmeldungen
3. Ein konkreter Verbesserungsvorschlag
4. Eine allgemeine Würdigung der Person

Feedback ist ein Lernprozess. Mit solchem Feedback kann der Empfänger am meisten anfangen. Er weiß, was er beibehalten soll, woran er arbeiten könnte und dass er im Feedback-Geber einen Berater hat, der ihn schätzt. Der Feedback-Geber hat damit die größten Chancen, dass sein Verbesserungsvorschlag angenommen wird. Schauen wir uns die Feedback-Strategie im Detail an:

1. Richtiger Rahmen

Die passende Gelegenheit

Erfolgreiches Lernen braucht den richtigen Rahmen. Dazu zählt die Bereitschaft. Geben Sie Feedback, wenn Sie wahrnehmen, dass der Empfänger auch bereit ist, es anzunehmen. Gestresste und ungemütliche Atmosphäre oder schlechte Stimmung tragen nicht gerade dazu bei zu lernen. Achten sie auf Folgendes:

- So früh wie möglich. Sie hätten doch auch keine Freude, wenn man Ihnen sagt, Sie seien vom Weg abgewichen, und das zu einem Zeitpunkt, wo Sie bereits ins Wasser gefallen sind.
- Der Empfänger muss es wollen. Er muss Ohren für Ihre Botschaft haben. Wenn ihn Stress, Druck oder Unmut verschließen, nützt auch Brüllen nichts.
- Der Sender muss frei von Emotionen sein. Kein Feedback, wenn Sie dem Empfänger etwas heimzahlen wollen. Mentoren geben Rat, weil es dem Empfänger hilft und nicht dem Mentor.

Die restlichen drei Punkte können Sie als drei Lagen eines Sandwiches sehen:

2. Drei konkrete positive Rückmeldungen

Zeigen Sie echte Aufmerksamkeit

Die Stimmung bestimmt, auch und gerade beim Lernen. Die besten Bedingungen für Lernen schaffen Sie durch Lob. Lob bewirkt zweierlei: Der Empfänger fühlt sich durch Sie gewürdigt und auf seinem Weg bestärkt. Sie meinen, das ist ein Widerspruch? Sie wollen ja Feedback geben, also Kritik äußern und nicht den Empfänger auch noch bestärken. Geduld lieber Leser, dazu kommen wir noch. Also bereiten wir zuerst die Oberseite des Sandwich: drei konkrete Verhaltensweisen des Empfängers loben.

Seien Sie wirklich konkret. „Ich sehe, Sie sind sehr fleißig" entspricht nicht diesem Kriterium. Fleißig sein ist eine relative Sache. Man kann unterschiedliche Meinung dazu haben. Loben Sie so konkret, dass der Empfänger nachvollziehen kann, worauf Sie Sich beziehen. Ein Beispiel: „Sie haben gestern nicht nur Ihre Arbeit erledigt, sondern auch Ihrem Kollegen freiwillig geholfen." Voraussetzung für Lob ist Kongruenz des Senders. Also bitte, sagen Sie nur, was Sie auch meinen. Der Empfänger freut sich über Ihr Lob und die Stimmung stimmt.

Es reicht nicht, allein das positive Ergebnis zu würdigen. Wenn Sie das Verhalten von Menschen verstärken wollen, sollten Sie dieses Verhalten hervorheben, das zum guten Ergebnis führte. Der Abteilungsleiter, der anlässlich der Weihnachtsfeier die besonderen Leistungen seiner Mitarbeiter pauschal anerkennt, wird sie damit erfreuen. Er bietet damit allerdings keine Orientierung. Besser wäre Folgendes:

> „Ich bin immer wieder beeindruckt, wie sehr Sie einander unterstützen, auch oder gerade dann, wenn es drunter und drüber geht. Ich erinnere mich mit Stolz, wie meine Assistentin nach ihrer zweiwöchigen Krankheit im Oktober wiederkam und mit großer Freude feststellte, dass die Kollegen ihre Post fast vollständig aufgearbeitet hatten." Da wird klar, was der Abteilungsleiter anerkennt. Beispiele helfen, die Dinge verständlich zu machen.

3. Ein konkreter Verbesserungsvorschlag

Seien Sie Ideenlieferant

Lösungsorientiert. Das ist der Unterschied zu herkömmlicher Kritik. Kritik wendet sich der Vergangenheit zu. Sie beschreibt, was schlecht oder böse war. Niemandem ist damit geholfen, denn die Vergangenheit lässt sich nicht ändern. Also warum sollen wir sie breittreten. Widerstehen Sie der Lust, die Vergangenheit auf diese Art und Weise aufzuarbeiten. Die Menschen tun es, weil sie insgeheim glauben, sie damit loszuwerden. Ein fataler Irrtum, denn sie wird dadurch nur noch belastender. Zu sagen, was nicht gut war, ist sehr einfach. Das ist ein weiterer Grund, warum Menschen Kritik üben.

Zukunftsorientiert. Die größere Herausforderung und Chance ist es, in die Zukunft zu blicken und dem Empfänger einen konkreten Verbesserungsvorschlag anzubieten. Da heißt es vorher ein bisschen nachdenken und das tut allen gut. Wir meinen auch wirklich anbieten, und nicht befehlen. „Und künftig machen Sie es gefälligst so ..." wird den Empfänger nicht gerade zu Beifallsstürmen über Ihren tollen Vorschlag hinreißen. Genauso wenig, wie eine Aussage darüber, was künftig nicht sein soll. Was soll jemand damit anfangen: „Ich möchte künftig nicht mehr erleben, dass Sie eine ganze Stunde früher nach Hause gehen." Der Empfänger weiß bloß, was er nicht soll. Das ist nur die halbe Miete.

> Viel wirkungsvoller ist: „... und ich bitte Sie, wenn Sie in Zukunft früher nach Hause gehen wollen oder müssen, mir das vorher zu sagen, denn dann kann ich rechtzeitig dafür sorgen, dass jemand da ist, der Kundenanrufe entgegennimmt."

Sie meinen, das sei zu weich formuliert, das befolgt niemand? Gegenfrage: Hatten Sie mit harten Formulierungen jemals langfristig Erfolg? Menschen sind nur dann für Vorschläge aufnahmebereit, wenn sie als Mensch gewürdigt werden. Und nun zur Abrundung die Unterlage.

4. Eine allgemeine Würdigung der Person

Zeigen Sie Großzügigkeit

Die gute Absicht sehen. Jetzt haben Sie ja schon Übung, und allgemeines Lob ist leicht gefunden. Damit beenden Sie Ihr Feedback in positiver Stimmung und geben dem Empfänger die Chance, damit rundum einverstanden zu sein. Er lässt es sich schmecken, und Sie haben bereits den Boden aufbereitet für das nächste Mal. Denn die Bereitschaft, Verbesserungsvorschläge aufzunehmen, wird von Mal zu Mal größer.

Wenn Sie so Feedback geben, haben Sie beste Chancen auf Akzeptanz. Der Empfänger wird sich denken: „Er sagt nicht irgendetwas, sondern er hat mir wirklich zugesehen. Er ist objektiv, er sieht das Positive und das Negative. Er und ich haben eine gemeinsame Basis." In einer weiteren Disziplin haben Sie die Qualitäten eines Sprachmagiers bewiesen.

7. Small Talk

Ein echtes Gespräch bedeutet,
sein eigenes Haus zu verlassen und
an die Tür des anderen zu klopfen.
(Albert Camus)

Großes kleines Gespräch. Man plaudert bei einem Glas Sekt über dies und das, zieht über diese oder jenen her, verbreitet den neuesten Tratsch und lässt die Kessel der Gerüchteküche dampfen. Nach einiger Zeit wechselt man den Gesprächspartner und gähnt den nächsten an. Eine langweilige Angelegenheit, aber man will ja sehen und gesehen werden. Muss Small Talk wirklich langweilig sein? Im Gegensatz dazu: Sie haben mit jemandem geplaudert und dachten nachher: Ein wirklich angenehmes Gespräch. Ich habe mich dabei sehr wohlgefühlt. Die Zeit verging viel zu schnell." Sprachmagier finden auch im Small Talk die richtigen Worte und lassen die Gesprächspartner eine angenehme Zeit erleben. Woran liegt das? Was ist ihr Geheimnis?

Zwei Geschäftsleute saßen während des Fluges von New York nach Schipol nebeneinander. Nach dem Essen begann ein Film, doch beide hatten ihn offensichtlich schon gesehen. Sie blickten einander seufzend an und kramten gleichzeitig die Zeitungen aus dem Fach im Vordersitz. Den gleichen Gedanken zu haben, erheiterte sie. Sie lächelten und der Jüngere der beiden begann zu sprechen.
Es stellte sich heraus, dass der Ältere in wenigen Wochen seinen Ruhestand antreten würde. Er erzählte, er sei besorgt. Einerseits über den Fortbestand des Unternehmens und auch darüber, was der nächste Lebensabschnitt für ihn bringen würde. Der Jüngere der beiden unterbrach nach einiger Zeit das Klagen:
„Ich erinnere mich gut. Mein Vater war vor ein paar Jahren in derselben Situation, und er bat mich um Rat. Ich sagte: ‚Geh in Gedanken zurück in die Vergangenheit. Jedes Mal, wenn Du dachtest: Das würde ich jetzt eigentlich viel lieber tun, als zu arbeiten – was war das alles? Womit hättest Du in diesen Momenten viel mehr Spaß gehabt?' Er sah mich ziemlich überrascht an, etwa so wie Sie gerade, und dann sprudelte eine Idee nach der anderen aus ihm heraus. Denn es waren so viele Dinge gewesen, die er verdrängt hatte."
Der Ältere blickte kurz zum Fenster hinaus, wandte sich wieder seinem Nachbarn zu und begann zu erzählen, was er im Ruhestand unternehmen könnte. Unterstützt durch Fragen des Jüngeren träumte er seine Zukunft, als wäre sie bereits Realität. Er entwarf und schilderte Pläne mit jugendlichem Elan und Enthusiasmus, sein Gesicht spiegelte die Freude wider, die er empfand. Nach etwa einer Stunde unterbrach er: „Die Zeit ist aber schnell vergangen. Ich habe

jetzt nur über mich selbst gesprochen, aber es war sehr angenehm. Sie sind ein guter Gesprächspartner."

Positiv stimmen. Ein guter Redner, der kaum spricht, nur zuhört? Ist das nicht ein Widerspruch? Nein. Denken Sie daran, Zweck der Rede ist nicht zu reden, sondern das Publikum zu bewegen. Und das geht auch ohne viel zu reden. Die Sache ist ganz einfach: Zuerst sollten wir die Frage beantworten: Was muss geschehen, damit wir uns wohlfühlen? Egal ob in einem Gespräch oder irgendeiner anderen Gelegenheit. Genau: Es muss etwas geschehen, das für Sie positive Bedeutung hat. Das wissen und nützen Small Talk-Spezialisten. Sie lassen ihre Gesprächspartner die wunderbarsten Träume träumen.

Small Talk-Spezialisten wissen, auf Small Talk kann man sich nicht vorbereiten, und haben daher folgende Strategie:

1. Auf den Gesprächspartner einstellen: Schon vor der Kontaktnahme
2. Interesse am anderen zeigen: Namen, nachfragen
3. Was ist ihm wichtig und ein Vergnügen?
4. Vertiefende Fragen stellen
5. Aufrichtige Komplimente machen

1. Auf den Gesprächspartner einstellen

Den richtigen Draht finden

Gemeinsamkeiten verbinden. Was ist das Geheimnis von kontaktfreudigen Menschen? Wie finden sie immer ganz leicht Anschluss? Warum öffnen sich andere bei ihnen so schnell? Sehen wir uns zuerst das Gegenteil an: Wenn wir mit jemandem Probleme haben, sagen wir: „Wir haben Differenzen." Unterschiede trennen, müssen erst, wenn es wichtig genug ist, überwunden werden.

Menschen mögen Menschen, die so sind, wie sie, denen wichtig ist, was ihnen wichtig ist, die an das glauben, woran sie glauben, die so ähnlich fühlen, denken, empfinden und wahrnehmen wie sie. Einen guten Draht zum anderen finden ist daher gleichbedeutend mit: Gemeinsamkeiten schaffen und finden. Genau in dieser Reihenfolge. Schaffen Sie zuerst Gemeinsamkeiten, dann werden Sie weitere finden.

Folgendes können Sie tun:

- Gleichen Sie Ihre *Körpersprache* an. Das ist die einfachste und mächtigste Maßnahme. Schon bevor Sie das erste Wort mit dem anderen sprechen, können Sie beginnen, in seine Haut zu schlüpfen. Wenn sich der andere rasch bewegt, tun Sie das auch, macht er große Gesten, tun Sie das auch, sitzt er vorgeneigt, tun Sie das auch.
  Wenn wir engagiert um einen anderen bemüht sind, ist das ein natürlicher Impuls. Haben Sie schon einmal beobachtet, wenn Erwachsene ein Baby mit einem Löffel füttern? Wir haben noch keinen gesehen, der nicht auch den Mund öffnen musste, wenn sich der Löffel dem Kindermund näherte. Nutzen Sie diese natürliche Verbindung über die Körpersprache.
- Gleichen Sie ihre *Tonalität* an. Hören Sie darauf, wie der andere spricht, dann tun Sie das Gleiche. Achten Sie besonders auf:
  Lautstärke,
  Sprechtempo und
  Tonhöhe.
- Gleichen Sie ihre *Sprachregister* an:
  Hochsprache und Dialekte: Nähern Sie sich an, solange Sie sich wohlfühlen damit.
  Verwendete Sinnessysteme: Achten Sie darauf, ob die Wahrnehmung Ihres Gesprächspartners eher visuell, auditiv oder kinästhetisch geprägt ist. Verwendet er oder sie eines dieser drei Sinnessysteme häufiger, dann tun Sie das auch.

Die Voraussetzung. Um alles Obige tun zu können, brauchen Sie eine gefestigte Persönlichkeit. Sie müssen in der Lage sein, sich körpersprachlich auf Ihr Gegenüber einzustellen, ohne Ihre Persönlichkeit aufzugeben. Das gelingt nur, wenn wir unser Selbstbewusstsein „in Sicherheit gebracht" haben. Das heißt, solange unsere Handlungen mit unseren Werthaltungen in Einklang sind, sollten wir so dasitzen können wie Frau Huber oder Herr Meier und noch immer wir selber sein. Wir müssen unser Zentrum, unser Selbstverständnis von diesen Äußerlichkeiten losgelöst und in tieferen Schichten unserer Persönlichkeit verankert haben. Dann sind wir frei, körpersprachlich zu tun oder zu lassen, was wir wollen, bleiben dabei natürlich und ganz wir selbst. „Nicht anhaften“, sagt der Zen-Meister dazu.

2. Interesse am anderen zeigen

Hinter die Fassade schauen

Den ganzen Menschen sehen. Alles Bisherige können Sie tun, ohne noch ein Wort gesprochen zu haben. Trotzdem hat sich Ihre gemeinsame Basis schon verbessert. Der nächste Schritt ist, sich aufrichtig für den anderen zu interessieren. Dazu gehört: Über das aktuell Gezeigte hinauszusehen und -zudenken. Dieser Mensch vor Ihnen, was für eine Geschichte, was für eine Kindheit hatte er möglicherweise? Jetzt in der Gegenwart, was ist das Unausgesprochene, was sind seine Geheimnisse, seine Ängste und Wünsche? Was sind die Hoffnungen für die Zukunft?

Nicht belanglos sein. Bei allem, was ein Mensch nach außen zeigt, fragt sich der Sprachmagier, was er dadurch verbergen möchte. Auf eines können wir uns verlassen: Hinter jeder glatten Fassade steckt ein lebendiges, fühlendes Herz. Wir wollen es nicht entdecken, um es auszunützen. Wir wollen es finden, um weniger Irrelevantes zu reden und zu tun, um die Minuten mit dem anderen so zu nützen, wie wir es uns in unseren besten Momenten vorgenommen haben.

3. Was ist ihm wichtig?

Führen Sie die Stimmung durch Fragen

Fragen sind die Antwort. Small Talk-Spezialisten stellen ihren Gesprächspartnern Fragen. Zunächst, um herauszufinden, was ihnen in ihrem Leben wichtig ist. Manche Menschen haben Scheu, ihre Mitmenschen nach den wichtigen Dingen im Leben zu fragen. In anderen Regionen dieser Erde ist das selbstverständlich. Zum Beispiel auf Bali kann es Ihnen schon passieren, dass Sie von Einheimischen, ohne jede kommerzielle Absicht, gefragt werden, wie es Ihnen geht. Und zwar nicht mit der Bedeutung, wie wir „How are you?“ sagen. Sie wollen es wirklich wissen, ob Sie Kinder haben, ob Sie gesund und mit Ihrem Partner glücklich sind. Ein bisschen davon tut uns im Small Talk gut. Also keine Scheu, fragen Sie ruhig. Sie können auch indirekt fragen, so wie es der Flugpassagier tat, indem er die Geschichte über seinen Vater erzählte. Beachten Sie dabei Folgendes:

- Stellen Sie *offene Fragen*: Was- und Wie-Fragen sind besonders gut geeignet, den anderen ins Reden kommen zu lassen. Entweder-oder-Fragen sind weniger geeignet. Fragen Sie stattdessen lieber: „Was spricht Ihrer Meinung nach für Alternative A?“
- Geben Sie auch *Eigenes* preis. Erzählen Sie zwischendurch kurz etwas, das Ihnen wichtig ist. Seien Sie dabei nicht unverbindlich, beziehen Sie Stellung.
- Fragen Sie nach *angenehmen* Dingen. Ungeeignet wäre z.B. „Wie war Ihre letzte Wurzelbehandlung?“ Man verbindet Sie als Gesprächspartner mit den Stimmungen, in die Sie andere versetzen. Fragen Sie stattdessen: „Was war denn das Beste an Ihrem letzten Urlaub?“, „Wie bereichert das Ihr Leben?“ oder „Was machen Sie denn, wenn Sie mal auftanken wollen?“

Bei diesen Fragen erfahren Sie auch, was dem anderen wichtig ist. Seien Sie dabei aufmerksam, und gehen Sie auf diese Themen weiter ein.

4. Vertiefende Fragen stellen

Folgen Sie dem anderen

Mit dem anderen freuen. Sobald Sie wissen, was Ihrem Gesprächspartner im Leben wichtig ist, was er gerne genießt, worauf er sich immer wieder freut, lassen Sie ihn träumen. Ein altes Ehepaar, dessen großes Glück die Kinder und Enkel sind, wird auf folgende Fragen mit Freude antworten:

> Wann haben Sie Ihre Enkel zuletzt gesehen?
> Was haben Sie mit Ihnen unternommen?
> Was macht Ihnen besonders viel Spaß, wenn Sie die Enkel sehen?
> Wann werden Sie sie wiedersehen und was haben Sie vor?

Genießen Sie das Glück in den Gesichtern Ihrer Gesprächspartner, wenn sie über Erlebnisse der Vergangenheit nachsinnen oder die Zukunft erträumen, und Sie werden als Gesprächspartner hoch im Kurs stehen.

5. Aufrichtige Komplimente machen

Der Sprachmagier als Salonlöwe

Eine Kunst, die man lernen kann. Lernen Sie die Kunst, aufrichtige Komplimente zu machen. Das geht leicht, wenn Sie die obigen Punkte in einem Gespräch gerade erlebt haben. Dann haben Sie alles getan, was notwendig ist. Sie haben Kontakt hergestellt mit dem anderen, Sie haben genau hingesehen und erfahren, was den anderen interessiert und was nicht. Berücksichtigen Sie all diese Informationen, um ein angemessenes Kompliment zustande zu bringen. Halten Sie sich an folgende Struktur:

- Verkaufen Sie den anderen nicht für blöd. Wenn Ihre Gesprächspartnerin 50 Kilogramm Übergewicht hat, wird sie es wissen. Ein Kompliment über ihre Figur macht Sie unglaubwürdig. Aber vielleicht hat sie schöne Hände, Augen oder Haare. Vielleicht hat sie interessante Ansichten oder ein gutes Herz. Sprechen Sie darüber.
- Sagen Sie „ich“. Komplimente sind Ich-Botschaften. Sie beziehen Stellung, Sie urteilen, Sie vertreten Ihre Meinung.

- Sagen Sie, was Sie sehen oder hören. Meiden Sie dabei Allgemeinplätze. Seien Sie so konkret wie möglich!
- Verbinden Sie die konkrete Beobachtung mit einem Wert. Beginnen Sie bei den drei Ideen Platos: dem Schönen, Wahren und Guten. Von dort geht es dann weiter mit: Einfühlungsvermögen, Eleganz, Mut ...
- Sagen Sie etwas über Ihre eigenen Gefühle dabei.

Üben Sie sich darin. Sie werden lernen, andere gleich so wahrzunehmen, dass Sie zum richtigen Zeitpunkt die richtigen Worte parat haben, um dann Sätze zu sagen wie:

> „Ich höre aus Ihrer Erzählung, dass Sie viel Einfühlungsvermögen haben. Das finde ich sehr beruhigend. Ich bin gerne mit einfühlsamen Menschen zusammen."
> „Ich finde Ihre Hände sehr elegant und die Länge Ihrer Nägel unterstreicht das noch. Wirkt harmonisierend auf mich."
> „Sie haben das alles alleine geschafft. Aber am meisten bewundere ich Ihren Mut für den ersten Schritt. Das gibt mir Zuversicht in Bezug auf mein nächstes Projekt."

Solche Komplimente werden gerne genommen. Wenn Sie damit jemandem seinen Tag verschönen, wird er intuitiv wissen, dass Sie ihn aufmerksamer und einfühlsamer wahrgenommen haben als die meisten. Solche Gesprächspartner sind gesucht.

8. Brainstorming

Eine Idee ist nichts anderes als
der Begriff einer Vollkommenheit,
die sich in der Erfahrung noch nicht vorfindet.
(Immanuel Kant)

Gute GAMES. Bevor Sie einige neue Techniken kennenlernen, um auch bei Brainstorming als Sprachmagier zu glänzen, lassen Sie uns noch einen Blick auf die Grundregeln des kreativen Ideensammelns werfen. Mit dem Akronym GAMES sind sie leicht zu merken.

GAMES, die Grundregeln für Brainstorming:

- *G* wie: *generieren von Ideen ist das Ziel.* Später erst kommen Ideenbewertung und Gedanken zur Umsetzung.
- *A* wie: *alle Ideen sind willkommen.* So viele Ideen wie möglich finden, denn man weiß im Vorhinein nicht, welche am Ende die beste sein wird.
- *M* wie: *meckern verboten!* Keine Diskussion über die Qualität der Ideen. Keine Kritik, keine Beurteilung, keine Einschränkungen, keine Killerphrasen. All das kommt später.
- *E* wie: *ergänzen und kombinieren erwünscht!* Ideen dürfen ergänzt und kombiniert werden, dabei muss die Ursprungsidee auch erhalten bleiben.
- *S* wie: *schriftliches Festhalten aller Ideen*, sodass die bereits geborenen Ideen stets zu sehen sind und befruchtend wirken können.

Diese Regeln mit Teams umzusetzen ist nicht immer einfach. Zwei Fragen stellen sich in der Praxis:

- Wie kann ich als Moderator Kreativität fördern?
- Wie kann ich als Moderator das Kritikpotenzial mit einbeziehen?

Exzellente Redner haben das rhetorische Werkzeug, im Brainstorming negative Kritik zu unterbinden und Kreativität zu fördern. Es sind die Menschen, die von Brainstorming als eine Methode mit hervorragenden Ergebnissen schwärmen.

1. Kreativität fördern

Die richtige Stimmung schaffen

Der Start-Ziel-Sieg. Gehen Sie mit Ihren Teilnehmern in die Poleposition. Wie das geht? Ganz einfach! Sie haben vielleicht selbst schon beobachtet, dass Sie manchmal sprühen vor Ideen und manchmal läuft gar nichts. Haben Sie schon einmal daran gedacht, zu beobachten, was Sie dabei tun, wenn Sie hoch kreativ sind? Tun Sie das jetzt. Überlegen Sie: In welcher Körperhaltung befinden Sie sich, und wie bewegen Sie sich? Sitzen Sie aufrecht, die Arme auf den Schreibtisch gestützt oder gehen Sie im Raum auf und ab oder stehen Sie am Fenster, eine Hand am Kinn, und blicken hinaus? Egal was es ist, jeder Mensch hat eine typische Position, in der er besonders kreativ und einfallsreich ist.

Irgendwann in Ihrer Vergangenheit ist Ihnen diese Haltung und Bewegung im Kreativitätsprozess zur Gewohnheit geworden. Das besonders Interessante daran: Die Sache funktioniert auch umgekehrt. Wenn Sie diese Haltung einnehmen und sich auf Ihre spezifische Art und Weise bewegen, erzeugen Sie damit ein Milieu im Gehirn, das Ihre Kreativität fördert. Manche Künstler wissen diese Fähigkeit sehr zu schätzen.

Was heißt das für die Methode Brainstorming?

1. *Rahmen:* Legen Sie offiziell einen engen Zeitrahmen fest. Maximal 20 Minuten. Machen Sie danach eine Pause, und überprüfen Sie, ob Sie genügend gute Ideen gefunden haben. Wenn nicht: noch ein Durchgang! Maximal drei Durchgänge. Danach: neuer Termin, mindestens ein Halbtag Pause.
2. *Aufwärmen:* Kein Weltmeister startet unaufgewärmt. Laden Sie die Teilnehmer ein, an eine Situation zu denken, in der sie besonders kreativ waren. Lassen Sie sie ein paar Minuten in dieser Erinnerung schwelgen.

3. *Körper:* Lassen Sie jeden der Teilnehmer seine spezifische Körperhaltung von damals hierher mitnehmen. Sie werden staunen, wie viele gute Ideen zur Welt kommen, wenn einer der Teilnehmer gerade am Tisch sitzt und in die Luft schaut, ein anderer auf dem Tisch und die Beine baumeln lässt, ein dritter auf und ab spaziert und ein vierter im Schneidersitz am Boden hockt.

Diese Maßnahmen sind anfangs ungewohnt. Einmal probiert, ist der Erfolg überzeugend genug. Bringen Sie Ihr Team in die Poleposition zum Erfolg. Damit haben Sie den Raum für neue Ideen eröffnet.

2. Kritikpotenzial mit einbeziehen

Das Negativpotenzial abarbeiten

Von „weg von" zu „hin zu". Wie können Sie als Moderator negative Kritik der Teilnehmer unterbinden und sie in den Kreativitätsprozess mit einbinden? Manche Menschen denken eher positiv, andere nicht. Das werden wir vor Ort nicht ändern können. Was wir ändern können, ist die Qualität von Fragen, die wir stellen, und die Maßnahmen, die wir ergreifen.

Gerhard, der Leiter eines Projektteams, hat ein Problemlösungsmeeting einberufen. Das Problem: Misstrauen zwischen den Arbeitsgruppen. „Wie können wir das Misstrauen ausräumen?", stand auf der Pinnwand ganz oben. Der Rest des Blattes war leer, bereits seit eineinhalb Stunden, die Stimmung am Tiefpunkt, Gerhard verzweifelt, die Gruppenleiter missmutig. Die ersten drei Ansätze zur Lösung wurden mit „Das geht nie!", „Nicht bei uns!", „Unmöglich!" begrüßt. Danach war Funkstille. Dann Diskussionen über mögliche Ursachen. Da hatte jeder seine eigene Theorie. Schön langsam wurde es philosophisch, aber auch deprimierend. Lösung war keine in Sicht.
Probieren Sie es stattdessen mit folgenden Maßnahmen:

1. *Zielbildung:* Machen Sie kein Brainstorming zur Problemlösung. Entwickeln Sie aus dem Problem ein Ziel. Gerhard könnte fragen: „Was ist unser Ziel in Bezug auf das entstandene Misstrauen?“ Bei der Beantwortung könnte er die Kriterien aus dem Kapitel „Design“ berücksichtigen. Wenn Sie das Ziel formuliert haben, dann stellen Sie die erste Frage in den Raum.
2. *Paradox:* Mit dieser Frage lenken Sie die Gedanken der Teilnehmer in völlig neue Denkrichtungen. Das Kritikpotenzial bekommt Raum. Gleichzeitig kommt Humor dazu, was für Kreativität immer gut ist. Außerdem bringen die Antworten wertvolle Ansätze zur Lösung des Anliegens:
   – Was können wir mehr tun, um die Zielerreichung zu verhindern?

   Die nächste Frage ist genauso ungewöhnlich:
   – Was können wir weniger tun, um die Zielerreichung zu verhindern?
3. *Lösungen:* Erst nach diesen Exkursen in das Land der Paradoxie gehen Sie die erwartete Ideenfindung an. Aber auch nicht auf die übliche Art. Fragen Sie zuerst:
   – Was können wir weniger tun, um das Ziel zu erreichen?

   Und erst zu guter Letzt stellen Sie die erwartete Frage:
   – Was können wir mehr tun, um das Ziel zu erreichen?

   Zu diesem Zeitpunkt verstehen die Teilnehmer, welche Faktoren die Zielerreichung beeinflussen, haben ihr Kritikpotenzial abgearbeitet und liefern erstklassige Ideen.

Bei Gerhards Projektgruppe angewandt, kamen folgende erste Antworten:

- Ziel: Gute Vertrauensbasis wie vor einem Jahr.
- Was können wir mehr tun, um die Zielerreichung zu verhindern? Mehr Wissen, das für alle wichtig ist, geheim halten. Mehr Untergruppen bilden, die einander bekämpfen. Mehr über andere Mitglieder insgeheim nörgeln. Mehr die Leistung der Gruppe nach außen hin als die eigene darstellen. Mehr intern getroffene Zusagen missachten.

- Was können wir weniger tun, um die Zielerreichung zu verhindern?
  Weniger regelmäßig einander informieren. Weniger gegenseitige Wertschätzung. Weniger intern getroffene Zusagen einhalten. Weniger gegenseitiges Feedback.
- Was können wir weniger tun, um das Ziel zu erreichen?
  Weniger streiten und einander herabwürdigen. Weniger Gruppenregeln brechen. Weniger Territoriumsverteidigung spielen. Weniger stur sein.
- Was können wir mehr tun, um das Ziel zu erreichen?
  Mehr gegenseitige Information über alles Wichtige. Mehr regelmäßige Kontakte miteinander, auch wenn es keine sachlichen Themen zu besprechen gibt. Mehr gegenseitige Achtung, egal ob die Arbeit gut oder schlecht läuft. Mehr Gruppenregeln vereinbaren und einhalten. Mehr Feedback nur in Form des Sandwich-Feedbacks.

Jede Frage brachte neue Aspekte ans Licht. Die letzte Frage subsumiert die Konsequenzen aller Antworten zu gemeinsamen Maßnahmen. Zuletzt war den Teilnehmern nicht nur viel klarer als vorher, warum die Zusammenarbeit nicht geklappt hatte, sie wussten auch präzise und einhellig, was zu tun ist.

Auch wenn Sie bisher mit der Methode Brainstorming vielleicht weniger gute Erfahrungen machen konnten: Nutzen Sie die zusätzlichen Werkzeuge, und Brainstorming wird für Sie künftig zum Vergnügen. Denn diese Welt braucht die richtigen Ideen.

9. Workshop-Moderation

Die Jugend will lieber angeregt
als unterrichtet sein.
(Goethe)

Hebamme sein. Wenn Sie einen Workshop moderieren sollen, gilt es, das Wissen und die Energie der Teilnehmer zu kanalisieren. Der Moderator trägt die Teilnehmer nicht zum Ziel, er ebnet ihnen den Weg dorthin. Bei einem gut laufenden Workshop ist die Gruppe auf einen Anlass konzentriert und die Teilnehmer stürzen sich auf die Arbeit. Die Vielfalt der Erfahrungen und Problemlösungsstrategien führt im Workshop zu Synergieeffekten. Die Identifikation der Teilnehmer mit dem Ergebnis ist höher als bei anderen Methoden. Eine Nebenwirkung: Die Teilnehmer lernen zu kooperieren und einander besser kennen.

Nutzen Sie diese Möglichkeiten, die ein Workshop bietet. Lernen Sie, auch dabei ein Sprachmagier zu sein, indem Sie sich vertraut machen mit den sieben Phasen der erfolgreichen Moderation. Mit dem Akronym „FANTOMA" können Sie sich die Phasen leichter merken. Typische Moderationsmethoden werden wir näher erläutern.

Sieben Phasen der FANTOMA-Moderation:

- *F* wie: Führung übernehmen
- *A* wie: Anfang und Orientierung
- *N* wie: Neue Informationen geben und Ziele vereinbaren
- *T* wie: Themen sammeln und zusammenfassen
- *O* wie: Optionen entwickeln und bewerten
- *M* wie: Maßnahmen auswählen und planen
- *A* wie: Abschluss und Dank

1. Führung übernehmen

Sich mit Beteiligten und Inhalt vertraut machen

Ziele: Wenn Ihnen die Moderation eines Workshops angeboten wird, sollten Sie sich überlegen, ob Sie die Führung übernehmen wollen. Ein Moderator hat andere Aufgaben als ein Redner, Präsentator oder Seminarleiter. Manchmal könnte es auch besser sein, selbst Teilnehmer zu sein. Wenn Sie sich dazu entschlossen haben, dann nehmen Sie aber auch die Führung in die Hand: Beschaffen Sie sich alle nötigen Vorinformationen. Klären Sie die Absichten aller Beteiligten. Stellen Sie die Akzeptanz der Teilnehmer sicher, sowohl für den Anlass als auch für Ihre Person als Moderator. Organisieren Sie einen geeigneten Rahmen, ausreichend Zeit und Verpflegung. Treffen Sie eine Methodenauswahl, und legen Sie die Dramaturgie fest.

Methoden: Kontaktnahme mit den Auftraggebern, den Teilnehmern und den durch die Workshop-Ergebnisse Betroffenen. Vorfeldkontakte mit den Beteiligten. Visualisierungsmaterialien vorbereiten:

- Pinnwände und Flipcharts,
- Metaplankarten und Nadeln,
- verschiedenfarbige Stifte und Klebepunkte.

2. Anfang und Orientierung

Gute Arbeitsatmosphäre und sichere Basis schaffen

Ziele: Beginnen Sie mit der Begrüßung der Teilnehmer und der Vorstellung des Moderators. Klären Sie den Zeitplan und anderes Organisatorisches. Sorgen Sie für einen Rahmen zum Kennenlernen. Nennen Sie den Anlass. Fragen Sie die Erwartungen und Anliegen der Teilnehmer ab. Gehen Sie auf eventuelle Vorbehalte oder Störungen ein.

Methoden: Zusätzlich zu den schon bekannten Möglichkeiten der gelungenen Eröffnung passen folgende Methoden gut zur Workshop-Moderation: Erwartungsabfrage und Stimmungsbarometer:

- Die Erwartungsabfrage macht Vorbehalte, Ängste, Wünsche und Hoffnungen der Teilnehmer erkennbar. Sowohl Sie als Moderator als auch die Teilnehmer wissen damit, was erreicht werden soll und was nicht. In weiterer Folge können Sie daraus Ziele und Spielregeln ableiten:
  1. Stellen Sie dazu ein Flipchart oder eine Pinnwand mit Papier bereit und schreiben Sie ganz oben: „Hier soll geschehen“ und: „Hier soll nicht geschehen“.
  2. Die Teilnehmer geben Ihnen Stichworte dazu und erläutern gleichzeitig, was sie damit genau meinen.
  3. Halten Sie das Ergebnis der Erwartungsabfrage stets in Ihrem Blickfeld und in dem der Teilnehmer. Wenn Sie merken, dass ein Teilnehmer durch seine Aussagen oder Handlungen diese Erwartungen verletzt, weisen Sie ihn darauf hin und geben ihm danach die Möglichkeit, seine Aussage abzuwandeln.
     Sie würdigen damit als Moderator die Wünsche der Teilnehmer. Es ist die erste Gelegenheit, in ihr Herz aufgenommen zu werden. Falls absehbar ist, dass die Stimmung anfangs verbessert gehört, können Sie folgende Methode zusätzlich wählen:
- Das Stimmungsbarometer: Wie fühlen sich die Teilnehmer gerade? Es ist der Wetterbericht des Meetings, gibt Ihnen die Möglichkeit, die schlechte Stimmung mancher Teilnehmer anzusprechen, und den Teilnehmern die Gelegenheit, sich das Anliegen von der Seele zu reden. Gute Stimmung wird dadurch, dass die Teilnehmer sich offen dazu äußern, noch besser. So geht es:
  1. Zeichnen Sie auf dem Flipchart drei Kästchen.
  2. Malen Sie in ein Kästchen ein trauriges, in das nächste ein neutrales und in das dritte ein lachendes Gesicht.
  3. Nun darf jeder Teilnehmer in eines der Kästchen einen Punkt malen oder kleben und ein paar Worte dazu sagen.

3. Neue Informationen geben und Ziele vereinbaren

Ausgangsbasis schaffen und einen gemeinsamen Weg festlegen

Ziele: Stimmen Sie die Teilnehmer auf den Anlass ein. Gleichen Sie den Informationsstand der Teilnehmer aus und/oder erhöhen Sie ihn. Machen Sie die Wichtigkeit der heutigen Auseinandersetzung deutlich und erzeugen Sie Betroffenheit. Treffen Sie mit den Teilnehmern eine Vereinbarung über: Ziele, Inhalte, Vorgehensweisen, Methoden, Spielregeln und abschließende Dokumentation.

Methoden: Impulsreferate, Expertenbefragung, Einpunkt-Abfrage.

- Die Einpunkt-Abfrage. Um die Meinung einer Gruppe zum Anlass sichtbar zu machen, ist diese Methode hervorragend geeignet. Damit hat jeder Teilnehmer die Möglichkeit, sein Empfinden darüber deutlich zu machen. Tendenzen sind leicht ablesbar.
  1. Schreiben Sie auf eine Flipchart oben die Frage in der Ich-Form. Beispiel: „Meine Erfahrungen mit Direkt-Mailings sind ..."
  2. Dann zeichnen Sie darunter eine gerade Strecke und schreiben am linken Ende die weniger gute Einschätzung und am rechten Ende die sehr positive.
  3. Entlang dieser sollen die Teilnehmer einen Punkt zeichnen und dadurch ihre Einschätzung ausdrücken.
  4. Zuletzt können alle Teilnehmer ablesen, wozu die Mehrheit tendiert. Sie kennzeichnet sich durch die größte Häufung von Punkten.

  Eine weitere Möglichkeit der Einpunkt-Abfrage ist, die Meinung dazu in fünf Gruppen zusammenzufassen. Beispiel: „Schlecht – eher schlecht – mittelmäßig – gut – sehr gut". Zeichnen Sie fünf Kästchen unter die Frage, und lassen Sie jeden Teilnehmer einen Punkt in eines der Kästchen malen. Sie können das Ergebnis anschließend kommentieren und in der weiteren Arbeit berücksichtigen.

4. Themen sammeln und zusammenfassen

Thematisch in die Breite gehen

Ziele: Formulieren Sie konkrete Fragestellungen, die zu einer Auffächerung des Anlasses in verschiedene Themen führt. Thema kann hier bedeuten: Probleme, Ideen oder Ziele zum ursprünglichen Anlass. Lassen Sie die Teilnehmer Antworten finden und festhalten (zumeist auf Metaplan-Kärtchen). Lassen Sie die Themen in Clustern zusammenfassen, die entstandenen Cluster benennen und die Namen der Cluster festhalten. Danach einigen Sie sich mit den Teilnehmern auf die Reihenfolge der Bearbeitung der Cluster. Das muss nicht der Priorität der Themen entsprechen. Es kann sinnvoll sein, untergeordnete Punkte zuerst zu klären, um dann mehr Informationen für die Bearbeitung eines wichtigeren Themas zu haben.

Methoden: PAKKO-Fragen, Kartenabfrage, Mehrpunkt-Abfrage.

- PAKKO-Fragen. Wenn Sie engagierte Mitarbeit haben wollen, dann stellen Sie aktivierende Fragen nach diesem Muster:
  P wie: Persönlich ansprechen. Statt „man“ sagen Sie „Sie“, „wir“, „du“ etc.
  A wie: Aktivierend. Weniger Hauptwörter, mehr Verben!
  K wie: Konkret. Genaue Angaben zu Zeit, Ort, Beteiligte etc.
  K wie: Kurz. Kommen Sie auf den Punkt.
  O wie: Offen. Formulieren Sie in „W-Fragen“ (Vorsicht bei „Warum“!).
  Statt: „Ist das Logistikproblem, so wie es sich im Moment darstellt, aus Ihrer Sicht lösbar?“
  Besser: „Wie können wir ab sofort pünktliche Lieferung sicherstellen?“
- Kartenabfrage: Visionen und Ideen brauchen Struktur. Wenn Sie den Ideengenerator der Teilnehmer in Gang setzen, erhalten Sie viele Schlagworte, zum Teil grobe Vorstellungen, zum Teil detaillierte Ideen. Machen Sie alle sichtbar, und setzen Sie sie in Beziehung:

1. Geben Sie den Teilnehmern Meta-Plankarten in genügender Zahl und Stifte zur Hand, um Ideen festzuhalten, jede Idee auf ein Kärtchen.
2. Heften Sie dann alle ungeordnet an einer Pinnwand fest und lesen sie vor.
3. Lassen Sie dann einen Was-Typen (siehe „Schulung") erste Themen generieren, die mehrere Kärtchen gemeinsam haben.
4. Schreiben Sie die Themen am oberen Rand der Pinnwand auf, und heften Sie die zugehörigen Kärtchen darunter, so lange, bis jedes Kärtchen einem Thema zugeordnet ist. Damit ist die Grobstruktur festgelegt.

- Die Mehrpunkt-Abfrage ist ein visuelles Abstimmungsinstrument. Welcher Cluster zuerst bearbeitet werden soll, kann so festgestellt werden. Bedenken Sie: Demokratie ist bloß die akzeptierteste Form der Ungerechtigkeit. Sollte jemand klar unterliegen, lassen Sie diese Person Stellung nehmen und holen Sie ausdrücklich ihre Zustimmung ein.

1. Schreiben Sie am Flipchart alle infrage kommenden Alternativen untereinander auf, und zeichnen Sie neben jede ein Kästchen.
2. Die Teilnehmer malen oder kleben nun neben jene Themen einen Punkt, denen sie den Vorzug geben. Je nach Vereinbarung darf jeder der Teilnehmer eine, zwei oder höchstens drei Alternativen auf diese Art und Weise kennzeichnen. Sie dürfen aber jedem Thema nur einen Punkt geben.
3. Zählen Sie danach die Zahl der Punkte pro Thema. Der Sieger mit den meisten Punkten wird zuerst bearbeitet, der Rest ergibt eine vielleicht recht nützliche Rangfolge.

5. Optionen entwickeln und bewerten

Thematisch in die Tiefe gehen

Ziele: Hier hört die Bestandsaufnahme auf, die Entwicklung neuer Möglichkeiten beginnt. Plenumsdiskussionen wären hier möglich, aber aus Gründen der Effizienz, Zeitdauer und Identifikation mit den Ergebnissen empfehlen wir die Kleingruppenarbeit.

Methoden: Plenumsdiskussion, Kleingruppenarbeit.

- Kleingruppenarbeit:
  1. Geben Sie dafür konkrete Aufgaben, die sich aus den zuletzt erreichten Ergebnissen ergeben. Folgende Zielsetzungen kann es für die Kleingruppenarbeit geben:
     Problemanalyse,
     Lösungsideen finden,
     Umsetzungsmöglichkeiten entwickeln,
     Machbarkeit prüfen.
     In der Vollform widmen sich die Gruppen in dieser Reihenfolge allen vier Zielen. Wenn bei der Machbarkeitsprüfung zu viele Probleme auftauchen, kann man mit dem ersten Punkt, Problemanalyse, wieder beginnen. So lange, bis machbare Lösungen vorliegen.
  2. Optimale Gruppengröße drei bis neun Personen.
  3. Zeitrahmen: zwischen 40 und 60 Minuten.
  4. Die Gruppen sollten von Ihnen besucht und betreut werden.
  5. Das Ergebnis sollte auf der Pinnwand dokumentiert sein. Eventuell zusätzlich durch eine szenische Darstellung.
  6. Ergebnispräsentation im Plenum: maximal 10 Minuten, von allen Gruppenmitgliedern getragen.

6. Maßnahmen auswählen und planen

Realistische Vorgehensplanung und persönliche Verantwortung

Ziele: Stellen Sie fest, welche obigen Ergebnisse umgesetzt werden sollen (Mehrpunkt-Abfrage). Zum Projektplan gibt es hier keine Alternative. Er ist zwar in verschiedenen Formen möglich, muss aber an dieser Stelle zustande kommen. Das Commitment und die Eintracht der Teilnehmer wird nie mehr so groß sein wie an dieser Stelle des Workshops.

Methoden: Notwendige Aktivitäten vereinbaren, Projektplan.

- Projektplan:
  1. Wer: Holen Sie bei jedem, der eine Aufgabe übernimmt, ein überzeugendes „Ja" ab. Übergehen Sie keine Dissonanzen, seien Sie hier genau!
  2. Was: Lassen Sie die Gruppe die Aufgabe definieren. Die Kriterien für die Zielerreichung sollten sehr konkret und meßbar sein.
  3. Womit: Klären Sie zur Verfügung stehende Ressourcen.
  4. Mit wem: Lassen Sie vor Ort Partnerschaften entstehen.
  5. Bis wann: Timing inklusive Abhängigkeit der Projektteile voneinander.

7. Abschluss und Dank

Ende gut, alles gut.

Ziele: Fassen Sie die Ergebnisse zusammen. Reflektieren Sie mit der Gruppe die Arbeitsweise und die Erfüllung der Erwartungen. Geben Sie einen Ausblick mit Terminvereinbarung für Folgetermine. Danken Sie den Beteiligten für deren Engagement. Der Ruhm für die Qualität der Arbeit gebührt den Teilnehmern.

Methoden: In einer Abschlussrunde kann jeder Teilnehmer seiner Meinung, Zufriedenheit und Hoffnung Ausdruck verleihen. Zusätzlich ist eine Einpunkt-Abfrage auf einem Kontinuum von „nicht zufrieden" bis „sehr zufrieden" möglich.

10. Vorstellen und Verabschieden eines Redners

Die Falle Zufall. Für Sie als Redner ist es immer von Vorteil, sich von einem Dritten vorstellen zu lassen, nur: Schreiben Sie Ihre Vorstellung und Verabschiedung selbst! Überlassen Sie es nicht dem Zufall, was die ersten und letzten Eindrücke des Publikums sind. Sie sind zu wichtig. Die Organisatoren sind zumeist mit anderen Dingen beschäftigt und schlecht vorbereitet für diese Aufgabe. Sie versuchen dann, witzig zu sein, und sind nur peinlich. Was für ein Start für eine gelungene Performance! Tun Sie den Organisatoren, dem Publikum und sich einen Gefallen: Kommen Sie mit einer gut vorbereiteten schriftlichen Vorstellung und Verabschiedung. Sollte der Organisator eigene Ideen haben, soll er sie mit Ihnen absprechen.

Wenn Sie Organisator sind und einen Redner vorstellen und verabschieden, zeigen Sie den Sprachmagier in Ihnen, auch in diesen Situationen. Fragen Sie den Vortragenden, ob er eine schriftliche Vorbereitung dafür hat. Wenn nicht, erarbeiten Sie mit ihm eine. Nach folgenden Mustern:

Vorstellung

1. Begrüßung und eigene Vorstellung. Sagen Sie einen Satz zu Ihrer Person.
2. Drei Gründe, warum das Folgende für das Publikum wichtig ist.
3. Fünf Gründe, warum der Referent qualifiziert ist, zum Thema zu sprechen.
4. Den Vortragenden gemeinsam mit Applaus begrüßen.

Monika hat die Aufgabe am Anfang eines NLP-Kompakt & Trinergy®-Seminars, eine zweitägige Einführungsveranstaltung, den Trainer vorzustellen.
„Guten Morgen. Mein Name ist Monika Braun, ich bin bei Trinergy® International für die Öffentlichkeitsarbeit zuständig und heiße Sie im Namen des Institutes herzlich willkommen!
NLP, Trinergy® – das hört sich geheimnisvoll an; an diesem Wochenende werden Sie mehr darüber erfahren, Sie werden Neues erleben und vielleicht Ideen mitnehmen für Ihren Alltag.
Bei Ihrem Einstieg in die Welt des NLP und Trinergy® haben Sie mit Roman Braun einen erfahrenen, kompetenten Begleiter. Roman Braun ist Bestseller-Autor und hat bei großen Lehrern gelernt: Viktor Frankl, Paul Watzlawick, den NLP Begründern Richard Bandler und John Grinder, Bert Hellinger, Steve de Shazer und einigen anderen. Er war in

Österreich der erste NLP-Master-Trainer und der erste Master-Coach der ICF – International Coach Federation.
Dieses Wissen hat Roman Braun weiter entwickelt und ergänzt und daraus entstand Trinergy®-NLP, eine Methodik, die von Menschen aus unterschiedlichsten Bereichen mit unterschiedlichsten Zielen – so wie Sie es sind – erfolgreich angewendet wird: von Führungskräften und Spitzenpolitikern für beruflichen Erfolg, von traumatisierten Kindern aus dem Kosovo-Krieg, genauso wie von Kindern aus dem Hochbegabungs-Modell, von Weltcupsiegern und Weltmeistern für mentale und sportliche Spitzenleistungen.
Was auch immer Sie vorhaben, was auch immer Sie mit diesem Wissen anfangen wollen – Ich wünsche ich Ihnen viel Spaß und ein schönes Wochenende. Bitte begrüßen Sie mit mir ganz herzlich: Roman Braun!"

Verabschieden

1. Eröffnen Sie die Verabschiedung mit einem einfachen „Danke!" und nennen Sie den Namen des Vortragenden.
2. Sagen Sie, was Sie persönlich an
   Einsichten und/oder
   Berührendem und/oder
   Unterhaltendem und/oder
   Hilfreichem
   erfahren haben.
3. Stellen Sie Vermutungen darüber an, was allen an
   Einsichten und/oder
   Berührendem und/oder
   Unterhaltendem und/oder
   Hilfreichem
   in Erinnerung bleiben wird.
4. Wertschätzen Sie Mühe und Zeit, die der Vortragende auf sich genommen hat, und die Energie, mit der er bei der Sache war.
5. Gemeinsamer Dank.

Nach zwei Tagen NLP-Kompakt & Trinergy(r)-Seminar verabschiedet Monika den Vortragenden.

„Herr Braun, vielen Dank!
Ich muss jetzt noch immer lachen, wenn ich an Ihr Beispiel mit den aufblasbaren Schafen denke. [Gelächter im Publikum] Mir wird dadurch leicht in Erinnerung bleiben, dass das Gewohnte nicht immer das Natürliche ist.
Und ich glaube, uns allen wird in Erinnerung bleiben, dass Kinder 400-mal pro Tag lachen und Erwachsene nur mehr zwölfmal, dass die drei Ls für Lachen, Lernen und Lieben stehen und dass ein glückliches Leben nicht posthum verliehen werden kann.
Vielen Dank für Ihr Engagement, mit dem Sie uns so eine lebhafte Vorstellung vermittelt haben, von dem, was möglich wird, wenn es uns wichtig genug ist.
[Blick zum Publikum]
Danken Sie nun mit mir ... Roman Braun.“ [Applaus]

Zusammenfassung

Mit einem großen Repertoire – daheim in allen Situationen

1. Veränderungen oder Neueinführungen

Die Trägheit überwinden. Stellen Sie das Problem dar. Bieten Sie erst eine Scheinlösung, dann Gegenargumente. Bringen Sie schließlich Ihren Lösungsvorschlag und einen Zusatznutzen.

2. Schulung

Zwei Dimensionen des Lernens. Gehen Sie auf die vier Lerntypen ein: Schlüpfen Sie in die Rolle des Motivators, Dozenten, Coaches und Kollegen.

3. Verkaufen

Mithilfe zum Glücklichsein. Verstärken Sie die verlockende Zukunftstrance Ihres Kunden. Geben Sie die Zauberworte des Kunden bereichert zurück.

4. Stegreifrede

Struktur aus der Westentasche. Sammeln Sie sich. Sprechen Sie über die Vergangenheit des Themas, über die Gegenwart und über die Zukunft. Dann schweigen Sie und nehmen wieder Platz.

5. Verhandeln und Vermitteln

Waage-Recht. Finden Sie Lösungen, die gerechten Ausgleich und mehr Zufriedenheit schaffen.

Hart und weich. Verhandeln Sie nach dem Prinzip: Sei hart in der Sache und weich zum Menschen.

6. Feedback

Feedback ist ein Lernprozess. Schaffen Sie den richtigen Rahmen. Rückmelden Sie drei konkrete positive Dinge. Bieten Sie einen konkreten Verbesserungsvorschlag an. Würdigen Sie die Person.

7. Small Talk

Großes kleines Gespräch. Stellen Sie sich auf Ihren Gesprächspartner ein. Interessieren Sie sich für ihn. Fragen Sie ihn, was ihm Spaß macht, und lassen Sie ihn träumen. Machen Sie Komplimente.

8. Brainstorming

Gute GAMES. Fördern Sie die Kreativität und gehen Sie mit Ihren Teilnehmern in die Poleposition. Beziehen Sie Kritikpotenzial mit ein – von „weg von“ zu „hin zu“.

9. Workshop-Moderation

Hebamme sein. Lernen Sie das Wissen und die Energie der Teilnehmer zu kanalisieren. Ebnen Sie Ihren Teilnehmern den Weg zum Ziel mit „FANTOMA“.

10. Vorstellen und Verabschieden eines Redners

Die Falle Zufall. Schreiben Sie Ihre Vorstellung und Verabschiedung selbst! Sollte der Organisator eigene Ideen haben, sprechen Sie sie mit ihm ab.

Hören Sie auf, damit anzufangen

Sind Sie ein Glückspilz?

Ein junger Mann hörte, dass Gott in der Mitte eines Waldes wohne. Er machte sich auf den Weg zu ihm, um ihn zu bitten, ihn zu einem Glückspilz zu machen. Am Waldrand wurde er von einem Wolf angesprochen: „Wohin gehst du?"

„Ich gehe in die Mitte des Waldes, zu Gott. Damit er mich zu einem Glückspilz macht!"

„Wenn du ihn triffst, könntest du ihn fragen, warum ich immer so hungrig bin?", bat ihn der Wolf.

„Sehr gerne", antwortete unser junger Freund und ging hinein in den Wald.

Er kam vorbei an einer großen Eiche, die an einem Bach stand. „Wohin des Weges?", fragte sie.

„Ich gehe in die Mitte des Waldes, um Gott zu finden. Damit er mich zu einem Glückspilz macht!"

„Wenn du ihn triffst, könntest du ihn fragen, warum ich immer so durstig bin, obwohl ich doch nahe am Wasser stehe?"

„Sehr gerne", antwortete unser junger Freund und ging tiefer hinein in den Wald.

Er kam an eine Lichtung. Da hörte er das leise Weinen einer schönen jungen Frau.

„Wohin gehst du?", fragte sie ihn.

„Ich gehe in die Mitte des Waldes, dorthin wo Gott wohnt. Damit er mich zu einem Glückspilz macht!"

„Wenn du ihn triffst, könntest du ihn fragen, warum ich immer so traurig bin, obwohl ich jung und schön bin?"

„Sehr gerne", antwortete unser junger Freund und ging noch tiefer in den Wald.

Bis in die Mitte. Dort traf er Gott.

Auf dem Rückweg kam er an der jungen Frau vorbei: „Gott hat gesagt, du bist immer so traurig, weil du keinen Mann hast. Aber ich muss schnell weiter, hinaus in die Welt, denn ich bin jetzt ein Glückspilz!"

Als er bei der Eiche vorbeikam, rief er: „Du bekommst kein Wasser, weil ein großer Schatz deine Wurzeln vom Wasser trennt. Aber ich muss schnell weiter, hinaus in die Welt, denn ich bin jetzt ein Glückspilz!"

Am Waldrand traf er auf den Wolf. Der fragte ihn: „Hast du Gott getroffen?"

„Ja, und er hat mich zu einem Glückspilz gemacht!"

„Hast du auch eine Antwort für mich?", fragte der Wolf.

„Ach ja, die Antwort für dich." Der junge Mann überlegte kurz. „Gott hat gesagt: ‚Wenn der Dummkopf bis zu dir kommt, friss ihn auf!'"

Sieben Tipps auf den Weg

Sie haben alles, was Sie brauchen, um ein Sprachmagier zu werden. Sie haben die Informationen und die Möglichkeit zu lernen.

Probieren Sie nicht. Probieren ist halbherzig. Man hat zwar nachher die Entschuldigung, man habe ja nur probiert, aber der Preis ist zu hoch.

Machen Sie lieber Fehler. Ganzherzig, denn dann lernen Sie daraus. Seien Sie ausdauernd dabei. Machen Sie immer interessantere Fehler.

Behalten Sie Ihre Erfolge im Auge. Setzen Sie sich konkrete Ziele. Klopfen Sie sich auf die Schulter, wenn Sie eines erreicht haben. Feiern Sie es.

Interessieren Sie sich für die Seele des Menschen. Lernen Sie, was sie bewegt. Das lernen Sie nicht aus Büchern. Stellen Sie sich Ihren eigenen Leiden und Freuden.

Testen Sie Ihre Reden bei Kindern. Erwachsene sind Kinder, die so tun, als wären sie erwachsen. Die meisten. Die anderen stehen dazu, Kinder zu sein.

Versuchen Sie nicht im Gewohnten exzellent zu werden. Gewöhnen Sie sich an Ihre Exzellenz.

Ein Tipp von Johann Wolfgang von Goethe

Erfolg hat drei Buchstaben:
TUN

Anhang

Danksagung

Eventuelle Mängel des Buches sind ausschließlich mir anzurechnen. Mögliche Stärken hingegen sind in hohem Maße den folgenden Menschen zu verdanken:

Helmut Gawlas für seine aufopfernde wissenschaftliche Mitarbeit.

Monika Braun für ihre Mitarbeit bei den Zusammenfassungen und Grafiken sowie die permanente Diskussion und die ungewöhnlichen Ideen.

Herbert und Peter Warzel, Otto Knapp, Hans Meyer, Renate Rücker und Kristina Zettl für Korrekturlesen, Verbesserungsideen und Ermutigungen.

Allen von Trinergy®-International, allen voran Viktoria Wunder für ihre engagierte Leitung des Instituts, durch die ich mir den Freiraum nehmen konnte, um dieses Buch zu schreiben, und Andreas Plasek für die Recherchen.

Den Seminarteilnehmern von Trinergy®-International, die mich mit Anregungen, Ideen und guten Wünschen versorgt haben. Im Besonderen: Martina Druckenthaner, Alexander Kopper, Shu Gaigg, Edgar Dauz, Petra Lehner, Astrid Haltmeyer, Birgit Reiß, Horst Pachler, Daniela Sabelko, Stephan Holzgruber, Günther Frank, Heinz Schäfer, Daniela Karch, Alex Lemmler, Petra Heidler und Markus Schnitzer.

Literatur

Hans AEBLI: Zwölf Grundformen des Lehrens
(Klett-Cotta, Stuttgart 1998, 10. Auflage)

Ingrid AMON: Die Macht der Stimme
(Ueberreuter, Wien 2000)

ARISTOTELES: Rethorik
(Fink, München 1995, UTB 159)

Aurelius AUGUSTINUS : De Magistro
(Reclam, Ditzing 1998)

Roman BRAUN: NLP – Eine Einführung. Kommunikation als Führungsinstrument
(Ueberreuter, Wien 2001, 4. Auflage)

Roman BRAUN: NLP für Chefs und alle, die es werden wollen
(Ueberreuter, Wien 2000, 2. Auflage)

Gabriele CERWINKA, Gabriele SCHRANZ: Die Macht der versteckten Signale.
(Ueberreuter, Wien 1999)

Gabriele CERWINKA, Gabriele SCHRANZ: Die Macht des ersten Eindrucks
(Ueberreuter, Wien 1999)

Peter H. DITKO, Norbert Q. ENGELEN: In Bildern reden
(Econ, Düsseldorf 1996)

Christine HARVEY: Power Talk
(Goldmann, München 1996)

Emil HIERHOLD: Sicher präsentieren – wirksamer vortragen
(Ueberreuter, Wien 1998, 4. Auflage)

Gustave LE BON : Psychologie der Massen
(Kröner, Stuttgart 1982, 15. Auflage)

Ulrich LIPP, Hermann WILL: Das große Workshop-Buch
(Beltz, Weinheim und Basel 1996)

Doris MÄRTIN, Karin BOECK: Small Talk
(Heyne, München 2000, 7. Auflage)

Marcus Fabius QUINTILIANUS : Ausbildung des Redners (Erster Teil)
(Wissenschaftliche Buchgesellschaft, Darmstadt 1995, 3. Auflage)

Marcus Fabius QUINTILIANUS : Ausbildung des Redners (Zweiter Teil)
(Wissenschaftliche Buchgesellschaft, Darmstadt 1995, 3. Auflage)

Benedictus de SPINOZA: Die Ethik
(Reclam, Ditzing 1997)

Gert UEDING: Moderne Rhetorik
(C.H. Beck, München 2000)

Gert UEDING: Klassische Rhetorik
(C.H. Beck, München 2000, 3. Auflage)

Übungen, Formblätter, Links und mehr Literatur

Übungen und Formblätter erhalten Sie gratis – senden Sie einfach eine Email an rhetorik@trinergy.at. Ein Lexikon, einen Test, mehr Literatur und weitere Informationen finden Sie auf der Homepage von Trinergy® International: www.trinergy.at

Kontakt

Um tiefer gehende Fragen zu beantworten, um mehr über Rhetorik und Persönlichkeitsentwicklung zu erfahren, wenden Sie sich direkt an den Autor:

Roman Braun
c/o Trinergy® International
Linzer Straße 77
1140 Wien
Österreich
Tel.: +43 1 985 10 60
roman.braun@trinergy.at

Stichwortverzeichnis

David Allen

So kriege ich alles in den Griff

Selbstmanagement im Alltag. Aus dem Amerikanischen von Anne Emmert. 192 Seiten. Piper Taschenbuch

Ein klarer Kopf, ein organisierter Schreibtisch und eindeutige Ziele – das sind nach David Allen die besten Voraussetzungen für einen erfolgreichen Arbeitstag. In seinem neuen Erfolgsbuch erklärt er mit Witz und Charme, wie man Dinge bewegen kann, ohne sich dabei unter Druck zu setzen oder sich stressen zu lassen. Das perfekte Buch für mehr Energie, Kreativität und Klarheit im Alltag.

05/2246/02/L

François Lelord / Christophe André

Die Macht der Emotionen

und wie sie unseren Alltag bestimmen. Aus dem Französischen von Ralf Pannowitsch. 400 Seiten. Piper Taschenbuch

Sind Sie eifersüchtiger, als Ihnen lieb ist? Schämen Sie sich für Ihre Wutausbrüche? Oder wären Sie Ihrem Chef gegenüber manchmal gern etwas mutiger? Das erfahrene, seit Jahren erfolgreich praktizierende Psychologenduo Lelord und André erklärt die biologischen und sozialen Wurzeln unserer Emotionen, untersucht Konflikte bei einem Zuviel oder Zuwenig an Gefühlen und gibt dem Leser grundlegende Ratschläge zum Umgang mit Zorn, Neid, Glück, Traurigkeit, Scham, Eifersucht, Angst und Liebe.

Vom Autor der Bestseller »Hectors Reise oder die Suche nach dem Glück«, »Hector und die Geheimnisse der Liebe« und »Hector und die Entdeckung der Zeit«.

05/2124/02/R

Nathaniel Branden

Die 6 Säulen des Selbstwertgefühls

Erfolgreich und zufrieden durch ein starkes Selbst. Aus dem Amerikanischen von Anni Pott. 355 Seiten. Piper Taschenbuch

Ein stabiles Selbstwertgefühl und positive Ausstrahlung sind entscheidende Voraussetzungen für privaten und beruflichen Erfolg. Die Selbstwahrnehmung der eigenen Stärken und Schwächen beeinflußt tatsächlich jeden Moment der persönlichen Existenz. Leider ist man sich jedoch selbst am meisten im Weg und verhindert dadurch Zufriedenheit und Erfolg. Wer den Weg zu einem gesunden Selbstwertgefühl sucht, findet den Schlüssel dazu in diesem Buch. Nathaniel Branden stellt die Grundprinzipien vor, die zu innerer Stärke, Gleichgewicht und Harmonie führen. Anhand vieler Beispiele und Übungen zeigt der Erfinder des modernen Begriffs des Selbstwertgefühls, wie Sie dies in Ihrem eigenen Leben umsetzen können.

05/1209/03/L

Jürgen Lürssen

Die heimlichen Spielregeln der Karriere

Wie Sie die ungeschriebenen Gesetze am Arbeitsplatz für Ihren Erfolg nutzen. 224 Seiten. Piper Taschenbuch

Erfolg und Karriere resultieren nur zu 10 Prozent aus fachlicher Kompetenz – zu 90 Prozent werden sie von anderen Faktoren bestimmt. Dieser erfolgreiche Ratgeber zeigt, über welche Fähigkeiten und Kenntnisse man verfügen sollte, um die heimlichen Spielregeln im Betrieb zu durchschauen und Einfluß zu gewinnen. Vom kleinen Einmaleins der Büropolitik über das Verhältnis zu Chef und Kollegen, den Umgang mit Informationen bis hin zur Kunst, andere zu überzeugen und Macht zu gewinnen – diese zentralen Punkte für die Karriereleiter erläutert Jürgen Lürssen umfassend, anschaulich und amüsant.

05/1218/02/R

Felix von Cube

Lust an Leistung

Die Naturgesetze der Führung. 176 Seiten. Piper Taschenbuch

Wir alle wissen: Nur wer Spaß an seiner Arbeit hat, kann auf Dauer gute Leistung bringen. Diese Erkenntnis ist wahrlich nicht neu. Wie aber die Arbeitswelt so human gestaltet werden kann, daß die Arbeit nicht als »Maloche«, sondern als positive Herausforderung erlebt wird, da setzt Felix von Cube an. Aus den Grundsätzen der Verhaltensbiologie leitet er die Naturgesetze für konstruktive Führung ab. Erfolgreiche Unternehmensführung wiederum gewährleistet zufriedenere, gesündere und kooperativere Mitarbeiter, setzt Qualitätsstandards und bringt Schwung in den Arbeitsalltag.

05/1211/02/L

Felix von Cube

Fordern statt verwöhnen

Die Erkenntnisse der Verhaltensbiologie in Erziehung und Führung. 336 Seiten. Piper Taschenbuch

Der Mensch strebte schon immer nach Verwöhnung, nach Lust ohne Anstrengung. Technik, Wohlstand, Freizeitkonsum machen dies heute möglich. Aggressive Langeweile, Gewalt, Drogenkonsum sind die Folgen. Wir zerstören die Umwelt und uns selbst. Müssen wir Verzicht üben und Askese? Die Erkenntnisse der Verhaltensbiologie zeigen einen eigenen Weg: Aktivität statt Apathie, Abenteuer statt Langeweile, lustvoller Einsatz natürlicher Energien statt Schonung. Erziehung muß zur Selbstforderung befähigen.

»Für Pädagogen und Führungskräfte von allerhöchster Bedeutung.«
Die höhere Schule

05/1206/02/R

Elisabeth Haberleitner, Elisabeth Deistler, Robert Ungvari

Führen, Fördern, Coachen

So entwickeln Sie die Potentiale Ihrer Mitarbeiter. 267 Seiten. Piper Taschenbuch

Führungskräfte haben es schwer! Unter den ständig wachsenden Anforderungen haben herkömmliche Führungsmodelle längst ausgedient. Leitende Angestellte müssen heute qualifizierte Begleiter ihrer Mitarbeiter sein. Coaching ist eine Führungsmethode, die Selbstverantwortung und unternehmerisches Denken der Mitarbeiter fördert. Ausführliche Beispieldialoge und zahlreiche praktische Hinweise zu typischen Coaching-Situationen klären grundsätzliche Fragen: Wem nützt Coaching? Wonach fragt der Coach? Wie ist der Ablauf eines Coachingprozesses? Ein wertvoller Ratgeber im Führungsalltag.

»Wer wissen will, wie Coaching im Unternehmensalltag funktioniert, sollte sich diesen Ratgeber zulegen.«
Wirtschaftsblatt

05/1441/04/L

Uwe Scheler

Erfolgsfaktor Networking

278 Seiten. Piper Taschenbuch

»Beziehungen schaden nur dem, der keine hat.« Wer dagegen die richtigen Leute kennt und von ihnen geschätzt wird, profitiert in allen Lebensbereichen davon. Wenn Sie also noch nicht über Ihr persönliches Netzwerk verfügen, sollten Sie schnellstmöglich damit beginnen, es aufzubauen. Mit Netzen fängt man nicht nur Fische. Networking ist ein methodisches und systematisches Vorgehen, Kontakte zu knüpfen, Beziehungen zu pflegen und längerfristig zu gestalten. Networking beruht auf Gegenseitigkeit – was ein Vorteil für den anderen ist, hat auch immer gute Folgen für einen selbst. Networking heißt Interesse an anderen Menschen haben und Kontakte sowie Begegnungen aktiv herbeiführen. Ob es um einen Tip, eine Information oder um Hilfestellungen geht: Wer über ein funktionierendes Netzwerk verfügt, kommt schneller ans Ziel – beruflich wie privat.

05/1207/02/R

Peter Noll, Hans Rudolf Bachmann

Der kleine Machiavelli

Handbuch der Macht für den alltäglichen Gebrauch. 173 Seiten. Piper Taschenbuch

Im Mittelpunkt dieses »Handbuchs« steht der Manager, der erfolgreiche Aufsteiger der Neuzeit – oder auch der, der es gerne wäre –, dem jedes Mittel recht ist, wenn es nur der eigenen Karriere dient. Daran hat sich wenig geändert, seit Niccolò Machiavelli in seiner Streitschrift »Il principe« die Regeln des Machtspiels beschrieben hat. Machtgewinn heißt das erklärte Ziel, es gilt, sich möglichst perfekt die »Powerplay«-Gesetze anzueignen. Eine erfrischende Satire auf die Wirtschaft und ihre Drahtzieher.

»Ein Buch, das in den vergangenen Jahren Wort um Wort an Wirklichkeitsgehalt gewonnen hat.«

Der Tagesspiegel

05/1665/02/L

Paul Watzlawick

Wenn du mich wirklich liebtest, würdest du gern Knoblauch essen

Über das Glück und die Konstruktion der Wirklichkeit. Herausgegeben von Heidi Bohnet und Klaus Stadler. 224 Seiten. Piper Taschenbuch

Als Psychotherapeut und Konstruktivist ist Paul Watzlawick (1921–2007) weltberühmt, seine »Anleitung zum Unglücklichsein« ist Kult. Ob es um Glück, Liebe, schwierige Beziehungen zwischen Menschen, die wirkliche Wirklichkeit oder die Mentalität der Amerikaner geht: Es lohnt immer, Paul Watzlawicks Denken kennenzulernen. Dieses Buch bietet seine wichtigsten und unterhaltsamsten Texte.

»Lebenshilfe auf höchstem Niveau.«

Österreich Wien

05/2232/02/R

Marion Knaths

Spiele mit der Macht

Wie Frauen sich durchsetzen. 128 Seiten. Piper Taschenbuch

»Ich habe es zwei Mal gesagt. Meinst du, einer hätte zugehört? Und zwei Minuten später sagt Kollege Schröder das Gleiche, und alle sagen: Klasse, Schröder!« – Welche Frau kennt nicht diese oder ähnliche Situationen? Marion Knaths verrät, was Sie tun müssen, damit Ihnen künftig alle zuhören, und sie zeigt, wie Sie als Frau beim Spiel mit der Macht am besten mitspielen.

»Ein Muss für alle Frauen, die ihr Gehirn einsetzen wollen, um sich durchzusetzen.«

Louann Brizendine, Bestsellerautorin (»Das weibliche Gehirn«)

05/2325/02/L

Ingke Brodersen, Renée Zucker

Werden Sie wesentlich!

Die Frau um 50. 224 Seiten. Piper Taschenbuch

Frauen ab 50 sind heute anders als früher. Sie sehen nicht mehr so aus wie ihre Mütter, definieren sich nicht zuerst über Männer oder Kinder. Auf ein Leben in bescheidener Unsichtbarkeit haben sie keine Lust. Sie reisen allein und nehmen sich einen Jüngeren, suchen berufliche Neueinstiege oder gründen eine eigene Firma, schließlich haben sie noch Jahrzehnte vor sich ... Ein mitreißender Ausblick auf das, was für etwas wildere Frauen noch kommen kann.

»Das Buch gibt Frauen um die 50 die Lust am Alter zurück, und Jüngere dürfen ruhig neidisch werden.«

Norddeutscher Rundfunk

05/2327/02/R

Hannes Stein

Immer Recht haben!

Totschlagargumente für alle Lebenslagen. 256 Seiten. Piper Taschenbuch

Atomstrom oder Solar, Picasso oder Rubens, Beatles oder Stones – solchen Streitthemen folgen meist unbefriedigende Diskussionen. Wie man charmant und siegreich durchs nächste Wortgefecht kommt, verrät Hannes Stein. Kurz, knapp und eloquent führt er in zahlreiche Themenfelder ein, zeigt Argumentationsketten auf und liefert stichhaltige Argumente für und gegen fast alles.

Dieses Buch ist die ultimative dialektische Wunderwaffe um andere Gesprächsteilnehmer rhetorisch schachmatt zu setzten.

Denn das letzte Wort ist doch das schönste!

05/2631/01/L

Malcolm Gladwell

Überflieger

Warum manche Menschen erfolgreich sind – und andere nicht. Aus dem Englischen von Jürgen Neubauer. 272 Seiten. Piper Taschenbuch

Warum sind manche Menschen Gewinnertypen – und andere nicht? Der Wissenschafts-Guru Malcolm Gladwell untersucht, was einen Überflieger ausmacht. Denn nicht das Wie spielt beim Erfolg die Hauptrolle, sondern das Woher. Nicht Fleiß und Begabung sind ausschlaggebend, sondern vielmehr Herkunft und kulturelle Prägung. Seine spannende Erkundung der Welt der Genies steckt voller Geschichten und Beispiele. So erklärt Gladwell, warum Asiaten gut in Mathe sind, wie man ein herausragender Fußballer wird und welches Geheimnis die Beatles zur erfolgreichsten Band aller Zeiten machte.

»Für Leser, die Aha-Effekte lieben.«
Emotion

05/2630/02/R